《论衡》选注

〔东汉〕王充 著

邵毅平 选注

浙江人民出版社

图书在版编目（CIP）数据

《论衡》选注 / （东汉）王充著 ； 邵毅平选注. ——
杭州 ： 浙江人民出版社，2024.4
ISBN 978-7-213-11338-3

Ⅰ. ①论… Ⅱ. ①王… ②邵… Ⅲ. ①《论衡》-注
释 Ⅳ. ①B234.82

中国国家版本馆CIP数据核字(2024)第034897号

《论衡》选注

〔东汉〕王充　著　邵毅平　选注

出版发行：浙江人民出版社(杭州市环城北路177号　邮编　310006)
　　　　　市场部电话:(0571)85061682　85176516

丛书策划:王利波　卓挺亚	营销编辑:陈雯怡　陈芊如　张紫懿
责任编辑:卓挺亚	责任印务:程　琳
责任校对:姚建国	大家读浙学经典印章设计:锁　剑
封面设计:王　芸	

电脑制版:杭州天一图文制作有限公司
印　　刷:杭州钱江彩色印务有限公司
开　　本:710毫米×1000毫米　1/16　　印　　张:18
字　　数:225千字　　　　　　　　　　插　　页:6
版　　次:2024年4月第1版　　　　　　印　　次:2024年4月第1次印刷
书　　号:ISBN 978-7-213-11338-3
定　　价:86.00元

如发现印装质量问题,影响阅读,请与市场部联系调换。

"浙江文化研究工程成果文库"总序

有人将文化比作一条来自老祖宗而又流向未来的河,这是说文化的传统,通过纵向传承和横向传递,生生不息地影响和引领着人们的生存与发展;有人说文化是人类的思想、智慧、信仰、情感和生活的载体、方式和方法,这是将文化作为人们代代相传的生活方式的整体。我们说,文化为群体生活提供规范、方式与环境,文化通过传承为社会进步发挥基础作用,文化会促进或制约经济乃至整个社会的发展。文化的力量,已经深深熔铸在民族的生命力、创造力和凝聚力之中。

在人类文化演化的进程中,各种文化都在其内部生成众多的元素、层次与类型,由此决定了文化的多样性与复杂性。

中国文化的博大精深,来源于其内部生成的多姿多彩;中国文化的历久弥新,取决于其变迁过程中各种元素、层次、类型在内容和结构上通过碰撞、解构、融合而产生的革故鼎新的强大动力。

中国土地广袤、疆域辽阔,不同区域间因自然环境、经济环境、社会环境等诸多方面的差异,建构了不同的区域文化。区域文化如同百川归海,共同汇聚成中国文化的大传统,这种大传统如同春风化雨,渗透于各种区域文化之中。在这个过程中,区域文化如同清溪山泉潺潺不息,在中国文化的共同价值取向下,以自己的独特个性支撑着、引领着本地经济社会的发展。

从区域文化入手,对一地文化的历史与现状展开全面、系统、扎实、有序的研究,一方面可以借此梳理和弘扬当地的历史传统和文化资源，繁荣和丰富当代的先进文化建设活动，规划和指导未来的文化发展蓝图，增强文化软实力，为全面建设小康社会、加快推进社会主义现代化提供思想保证、精神动力、智力支持和舆论力量；另一方面，这也是深入了解中国文化、研究中国文化、发展中国文化、创新中国文化的重要途径之一。如今，区域文化研究日益受到各地重视，成为我国文化研究走向深入的一个重要标志。我们今天实施浙江文化研究工程，其目的和意义也在于此。

千百年来，浙江人民积淀和传承了一个底蕴深厚的文化传统。这种文化传统的独特性，正在于它令人惊叹的富于创造力的智慧和力量。

浙江文化中富于创造力的基因，早早地出现在其历史的源头。在浙江新石器时代最为著名的跨湖桥、河姆渡、马家浜和良渚的考古文化中，浙江先民们都以不同凡响的作为，在中华民族的文明之源留下了创造和进步的印记。

浙江人民在与时俱进的历史轨迹上一路走来，秉承富于创造力的文化传统，这深深地融汇在一代代浙江人民的血液中，体现在浙江人民的行为上，也在浙江历史上众多杰出人物身上得到充分展示。从大禹的因势利导、敬业治水，到勾践的卧薪尝胆、励精图治；从钱氏的保境安民、纳土归宋，到胡则的为官一任、造福一方；从岳飞、于谦的精忠报国、清白一生，到方孝孺、张苍水的刚正不阿、以身殉国；从沈括的博学多识、精研深究，到竺可桢的科学救国、求是一生；无论是陈亮、叶适的经世致用，还是黄宗羲的工商皆本；无论是王充、王阳明的批判、自觉，还是龚自珍、蔡元培的开明、开放，等等，都展示了浙江深厚的文化底蕴，凝聚了浙江人民求真务实的创造精神。

代代相传的文化创造的作为和精神，从观念、态度、行为方式和价值取向上，孕育、形成和发展了渊源有自的浙江地域文化传统和与时俱进的浙江文化精神，她滋育着浙江的生命力、催生着浙江的凝聚力、激发着浙江的创造力、培植着浙江的竞争力，激励着浙江人民永不自满、永不停息，在各个不同的历史时期不断地超越自我、创业奋进。

悠久深厚、意韵丰富的浙江文化传统，是历史赐予我们的宝贵财富，也是我们开拓未来的丰富资源和不竭动力。党的十六大以来推进浙江新发展的实践，使我们越来越深刻地认识到，与国家实施改革开放大政方针相伴随的浙江经济社会持续快速健康发展的深层原因，就在于浙江深厚的文化底蕴和文化传统与当今时代精神的有机结合，就在于发展先进生产力与发展先进文化的有机结合。今后一个时期浙江能否在全面建设小康社会、加快社会主义现代化建设进程中继续走在前列，很大程度上取决于我们对文化力量的深刻认识、对发展先进文化的高度自觉和对加快建设文化大省的工作力度。我们应该看到，文化的力量最终可以转化为物质的力量，文化的软实力最终可以转化为经济的硬实力。文化要素是综合竞争力的核心要素，文化资源是经济社会发展的重要资源，文化素质是领导者和劳动者的首要素质。因此，研究浙江文化的历史与现状，增强文化软实力，为浙江的现代化建设服务，是浙江人民的共同事业，也是浙江各级党委、政府的重要使命和责任。

2005年7月召开的中共浙江省委十一届八次全会，作出《关于加快建设文化大省的决定》，提出要从增强先进文化凝聚力、解放和发展生产力、增强社会公共服务能力入手，大力实施文明素质工程、文化精品工程、文化研究工程、文化保护工程、文化产业促进工程、文化阵地工程、文化传播工程、文化人才工程等"八项工程"，实施科教兴国和人才强国战略，加快建设教育、科技、卫生、体育等"四个强省"。作为文化建设"八项工程"之一的文化研究工程，其任务就是系统研究浙江文化的历史成就和当代发展，深入挖掘浙江文化底蕴、研究浙江现象、总结浙江经验、指导浙江未来的发展。

浙江文化研究工程将重点研究"今、古、人、文"四个方面，即围绕浙江当代发展问题研究、浙江历史文化专题研究、浙江名人研究、浙江历史文献整理四大板块，开展系统研究，出版系列丛书。在研究内容上，深入挖掘浙江文化底蕴，系统梳理和分析浙江历史文化的内部结构、变化规律和地域特色，坚持和发展浙江精神；研究浙江文化与其他地域文化的异同，厘清浙江文化在中国文化中的地位和相互影响的关系；围绕浙江生动的当代实践，深入解读浙江现象，总结浙江经验，指导浙江发展。在研究力量上，通过课题组织、出版资助、重点研究基地建设、加强省内外大院名校合作、整合各地各部门力量等途径，形成上下联动、学界互动的整体合力。在成果运用上，注重研究成果的学术价值和应用价值，充分发挥其认识世界、传承文明、创新理论、咨政育人、服务社会的重要作用。

我们希望通过实施浙江文化研究工程，努力用浙江历史教育浙江人民、用浙江文化熏陶浙江人民、用浙江精神鼓舞浙江人民、用浙江经验引领浙江人民，进一步激发浙江人民的无穷智慧和伟大创造能力，推动浙江实现又快又好发展。

今天，我们踏着来自历史的河流，受着一方百姓的期许，理应负起使命，至诚奉献，让我们的文化绵延不绝，让我们的创造生生不息。

2006年5月30日于杭州

"浙江文化研究工程成果文库"序言

易炼红

国风浩荡、文脉不绝，钱江潮涌、奔腾不息。浙江是中国古代文明的发祥地之一，是中国革命红船启航的地方。从万年上山、五千年良渚到千年宋韵、百年红船，历史文化的风骨神韵、革命精神的刚健激越与现代文明的繁荣兴盛，在这里交相辉映、融为一体，浙江成为了揭示中华文明起源的"一把钥匙"，展现伟大民族精神的"一方重镇"。

习近平总书记在浙江工作期间作出"八八战略"这一省域发展全面规划和顶层设计，把加快建设文化大省作为"八八战略"的重要内容，亲自推动实施文化建设"八项工程"，构筑起了浙江文化建设的"四梁八柱"，推动浙江从文化大省向文化强省跨越发展，率先找到了一条放大人文优势、推进省域现代化先行的科学路径。习近平总书记还亲自倡导设立"文化研究工程"并担任指导委员会主任，亲自定方向、出题目、提要求、作总序，彰显了深沉的文化情怀和强烈的历史担当。这些年来，浙江始终牢记习近平总书记殷殷嘱托，以守护"文献大邦"、赓续文化根脉的高度自觉，持续推进浙江文化研究工程，接续描绘更加雄浑壮阔、精美绝伦的浙江文化画卷。坚持激发精神动力，围绕"今、古、人、文"四大板块，系统梳理浙江历史的传承脉络，挖掘浙江文化的深厚底蕴，研究浙江现象、总结浙江经验、丰富浙江精神，实施"'八八战略'理论与实践研究"等专题，为浙江干在实处、走在前列、勇立潮头提供源源不断的价值引导力、文化凝聚力、精神推动力。坚持打造精品力作，目前一期、二期工程已经完结，三期工程正在进行中，出版学术著作超过1700部，推出了"中国历代绘画大系"等一大批有重大影响的成果，持续擦亮阳明文化、和合文化、宋韵文化等金名片，丰富了中华文化宝库。坚持砺炼精兵强将，锻造了一支老中青梯次配备、传承有序、学养深厚的哲学社会科学人才队伍，培养了一批高水平学科带头人，为擦亮新时代浙江学术品牌提供了坚实智力人才支撑。

文化是民族的灵魂，是维系国家统一和民族团结的精神纽带，是民族生命力、创造力和凝聚力的集中体现。在以中国式现代化全面推进强国建设、民族复兴伟业的新征程上，习近平文化思想在坚持"两个结合"中，以"体用贯通、明体达用"的鲜明特质，茹古涵今明大道、博大精深言大义、萃菁取华集大成，鲜明提出我们党在新时代新的文化使命，推动中华文脉绵延繁盛、中华文明历久弥新，推动全党全国各族人民文化自信明显增强、精神面貌更加奋发昂扬。特别是今年9月，习近平总书记亲临浙江考察，赋予我们"中国式现代化的先行者"的新定位和"奋力谱写中国式现代化浙江新篇章"的新使命，提出"在建设中华民族现代文明上积极探索"的重要要求，进一步明确了浙江文化建设的时代方位和发展定位。

文明薪火在我们手中传承，自信力量在我们心中升腾。纵深推进文化研究工程，持续打造一批反映时代特征、体现浙江特色的精品佳作和扛鼎力作，是浙江学习贯彻习近平文化思想和习近平总书记考察浙江重要讲话精神的题中之义，也是浙江一张蓝图绘到底、积极探索闯新路、守正创新强担当的具体行动。我们将在加快建设高水平文化强省、奋力打造新时代文化高地中，以文化研究工程为牵引抓手，深耕浙江文化沃土、厚植浙江创新活力，为创造属于我们这个时代的新文化贡献浙江力量。要在循迹溯源中打造铸魂工程，充分发挥习近平新时代中国特色社会主义思想重要萌发地的资源优势，深入研究阐释

"八八战略"的理论意义、实践意义和时代价值，助力夯实坚定拥护"两个确立"、坚决做到"两个维护"的思想根基。要在赓续厚积中打造传世工程，深入系统梳理浙江文脉的历史渊源、发展脉络和基本走向，扎实做好保护传承利用工作，持续推动优秀传统文化创造性转化、创新性发展，让悠久深厚的文化传统、源头活水畅流于当代浙江文化建设实践。要在开放融通中打造品牌工程，进一步凝炼提升"浙学"品牌，放大杭州亚运会亚残运会、世界互联网大会乌镇峰会、良渚论坛等溢出效应，以更有影响力感染力传播力的文化标识，展示"诗画江南、活力浙江"的独特韵味和万千气象。要在引领风尚中打造育德工程，秉持浙江文化精神中蕴含的澄怀观道、现实关切的审美情操，加快培育现代文明素养，让阳光的、美好的、高尚的思想和行为在浙江大地化风成俗、蔚然成风。

我们坚信，文化研究工程的纵深推进，必将更好传承悠久深厚、意蕴丰富的浙江文化传统，进一步弘扬特色鲜明、与时俱进的浙江文化精神，不断滋育浙江的生命力、催生浙江的凝聚力、激发浙江的创造力、培植浙江的竞争力，真正让文化成为中国式现代化浙江新篇章中最富魅力、最吸引人、最具辨识度的闪亮标识，在铸就社会主义文化新辉煌中展现浙江担当，为建设中华民族现代文明作出浙江贡献！

2023 年 12 月

丛书引言

陈　来

改革开放以来，浙江的经济社会发展取得了迅速的、巨大的进步。面对于此，浙江省政府和学术界，积极探讨经济社会发展的文化根源，展开了不少对于"浙学"的梳理、探讨和总结，使之成为当代浙江文化发展的一项重要课题。

就概念来说，"浙学"并不是一个新的概念，而是一个宋代以来就不断使用于每个时代用以描述浙江学术文化的概念。经过20余年的梳理，如浙江学者吴光、董平等的研究，已经大致弄清了浙学及与之相关的学术学派观念的历史源流，为我们今天总结思考这一问题提供了坚实的基础。

本文所理解的"浙学"，当然以历史上的浙学观念为基础，但强调其在新时代的意义。今天我们所讲的浙学，应该是"千百年来的浙江人的文化创造和代代相传的文化传统"，包含了"浙江大地上曾经有的文化思想成果"，因此这一浙学概念不是狭义的，而是广义的大浙学的观念。

这样一个大浙学的观念，在历史上有没有依据呢？我认为是有的，从宋代以后，浙学的观念变化过程就是一个内涵和外延不断扩大的过程。以下我们就对这一过程作一个简述。

一

众所周知，最早提出"浙学"这一观念的是南宋大儒朱熹。但浙学的开端，现有的研究者基本认为可以追溯到汉代的王充。王充在其《论衡》中提倡的"实事疾妄"的学术精神，明显影响到后来浙学的发展。王充之后，浙学又经历了相当长的演化过程，不过直到南宋，浙江才有了成型的学术流派。朱熹不仅提出并使用浙学的概念，而且还使用"浙中学者""浙中之学""浙间学问"等概念，这些概念与他使用的浙学概念类似或相近。朱熹说：

> 浙学尤更丑陋，如潘叔昌、吕子约之徒，皆已深陷其中，不知当时传授师说，何故乖讹便至于此？（《朱子文集》卷五十《答程正思》）

潘叔昌，名景愈，金华人，是吕祖谦的弟子，而吕子约是吕祖谦的弟弟，可见朱子这里所说的浙学是指以吕祖谦为代表的婺学。《朱子年谱》淳熙十一年（1184）下："是年辩浙学。"所列即朱子与吕子约书等，说明朱子最开始与浙学的辩论是与以吕子约为首的婺学辩论。上引语录中朱熹没有提到其他任何人。这也说明，朱子最早使用的浙学概念是指婺学。

《朱子年谱》列辩浙学之后，同年中又列了辩陈亮之学。事实上，朱子与陈亮的辩论持续了两年。这也说明《朱子年谱》淳熙十一年一开始所辩的浙学不包括陈亮之学，以后才扩大到陈亮的永康之学。朱子也说：

> 婺州近日一种议论愈可恶，大抵名宗吕氏，而实主同父，深可忧叹。（《朱子文集》，《续集》卷一《答黄直卿》）

同父（同甫）是陈亮的字，朱子还说："海内学术之弊，江西顿悟，永康事功。"（《朱子年谱》淳熙十二年）用事功之学概括陈亮永康之学的宗旨要义。

《朱子年谱》淳熙十二年（1185）言"是岁与永嘉陈君举论学"，说明到了淳熙十二年，朱子与浙学的辩论从吕氏婺学、陈亮永康之学进一步扩大至陈傅良之学。绍熙二年（1191）又扩大至叶适之学。陈傅良、叶适二人皆永嘉学人，此后朱子便多以"永嘉之学"称之，而且把永康、永嘉并提了。

《朱子年谱》为朱子门人李方子等编修，李本年谱已有"辩浙学"的部分，说明朱子门人一辈当时已正式使用浙学这个概念。

朱子谈到永嘉之学时说：

> 因说永嘉之学，曰："张子韶学问虽不是，然他却做得来高，不似今人卑污。"（《朱子语类》卷一百二十三）

这是朱子晚年所说，他以张子韶之学对比永嘉之学，批评永嘉之说卑污，这是指永嘉功利之说。

> "永嘉学问专去利害上计较，恐出此。"又曰："'正其谊不谋其利，明其道不计其功。'正其谊，则利自在；明其道，则功自在。专去计较利害，定未必有利，未必有功。"（《朱子语类》卷三十七）
>
> 因言："陆氏之学虽是偏，尚是要去做个人。若永嘉永康之说，大不成学问，不知何故如此。"（《朱子语类》卷一百二十二）

这里的"大不成学问"，也是指卑陋、专去利害上计较功利。

以上是对南宋浙学观念的概述。朱子提出的浙学，原指婺州吕学，后扩大到永康陈亮之学，又扩大到永嘉陈傅良、叶适之学，最后定位在指南宋浙江的事功之学。由于朱子始终将浙学视为"专言功利"之学而加以批判，故此时的"浙学"之概念不仅是贬义词，而且所指也有局限性，并不足以反映当时整个浙学复杂多样的形态和思想的丰富性。

<h1 style="text-align:center">二</h1>

现在我们来看看明代。明代浙江学术最重要的是阳明学的兴起。那么，阳明学在明代被视为浙学吗？

明代很少使用"浙学"一词，如《宋元学案》中多次使用浙学，《明儒学案》竟无一例使用。说明宋人使用"浙学"一词要远远多于明人，明代学术主流学者几乎不用这一概念。不过，明代万历时的浙江提学副使刘麟长曾作《浙学宗传》，此书具有标志性的意义。《浙学宗传》仿照周汝登《圣学宗传》，但详于今儒，大旨以王阳明为主，而援朱子以入之。此书首列杨时、朱子、象山，以作为浙学的近源：

> 缘念以浙之先正，呼浙之后人，即浙学又安可无传？……论浙近宗，则龟山、晦翁、象山三先生。其子韶、慈湖诸君子，先觉之鼻祖欤？阳明宗慈湖而子龙溪数辈，灵明耿耿，骨骨相贯，丝丝不紊，安可诬也！（刘麟长《浙学宗传序》）

刘麟长不是浙江人，他把南宋的杨时、朱熹、陆九渊作为浙学的近宗之源，而这三人也都不是浙江人。如果说南宋理学的宗师是浙学的近宗，那么远宗归于何人？刘麟长虽然说是尧舜孔孟，但也给我们一个启发，即我们把王充作为浙学的远源应该也是有理由的。然后，刘麟长把南宋的张子韶（张九成）、杨慈湖（杨简）作为浙学的先觉鼻祖，这两位确实是浙江人。《浙学宗传》突出阳明、龙溪，此书的意义是，把阳明心学作为浙学的主流，而追溯到宋代张子韶和杨慈湖，这不仅与朱子宋代浙学的观念仅指婺州、永康、永嘉之学不同，包括了张九成和杨简，而且在学术思想上，把宋代和明代的心学都作为浙学，扩大了浙学的范围。

此书的排列，在杨时、朱熹、陆九渊居首之后，在宋代列张九成、吕祖谦、杨简、何基、王柏、金履祥、许谦。刘麟长说："于越东莱先生与吾里考亭夫子，问道质疑，卒揆于正，教泽所渐，金华四贤，称朱学世嫡焉。"何基以下四人皆金华人，即"北山四先生"，这四先生都是朱学的传人。这说明在刘麟长思想中，浙学也是包括朱子学的。这个问题我们下面再讲。

此书明代列刘伯温、宋潜溪、方正学、吴叡仲、陈克庵、黄世显、谢文肃、贺医闾、章枫山、郑敬斋、潘孔修、萧静庵、丰一斋、胡支湖、王阳明、王龙溪、钱绪山、邵康僖、范栗斋、周二峰、徐曰仁、胡川甫、邵弘斋、郑淡泉、张阳和、许敬庵、周海门、陶石篑、刘念台、陶石梁、陈几亭。其中不仅有王阳明学派，还有很多是《明儒学案》中《诸儒学案》的学者，涵盖颇广。但其中最重要的应是王阳明和刘宗周（念台）。可见王阳明的心学及其传承流衍是刘麟长此书所谓浙学在明代的主干。在此之前蔡汝楠也说过"吾浙学自得明翁夫子，可谓炯如日星"，把王阳明作为浙学的中坚。

三

朱子的浙学观念只是用于个人的学术批评，刘麟长的浙学概念强调心学是主流，而清初的全祖望则是在学术史的立场上使用和理解浙学这一概念，他对浙学范围的理解就广大得多。

全祖望对南宋永嘉学派的渊源颇为注意，《宋元学案》卷六：

王开祖，字景山，永嘉人也。学者称为儒志先生。……又言：

"由孟子以来，道学不明。今将述尧、舜之道，论文、武之治，杜淫邪之路，开皇极之门。吾畏天者也，岂得已哉！"其言如此。是时，伊、洛未出，安定、泰山、徂徕、古灵诸公甫起，而先生之言实遥与相应。永嘉后来问学之盛，盖始基之。

这是认为，北宋，在二程还未开始讲学时，被称为"宋初三先生"的胡瑗（安定）、孙复（泰山）、石介（徂徕）等刚刚讲学产生影响，王开祖便在议论上和"三先生"远相呼应而成为后来永嘉学派的奠基人。

全祖望在《宋元学案·周、许诸儒学案》案语中说：

世知永嘉诸子之传洛学，不知其兼传关学。考所谓"九先生"者，其六人及程门，其三则私淑也。而周浮沚、沈彬老，又尝从蓝田吕氏游，非横渠之再传乎？鲍敬亭辈七人，其五人及程门。……今合为一卷，以志吾浙学之盛，实始于此。（《宋元学案》卷三十二）

这就指出，在南宋永嘉学派之前，北宋的"永嘉九先生"（周行己、许景衡、沈躬行、刘安节、刘安上、戴述、赵霄、张辉、蒋元中）都是二程理学的传人。南宋浙学的盛行，以"永嘉九先生"为其开始。这就强调了二程理学对浙学产生的重要作用，也把二程的理学看作浙学的奠基源头。

祖望谨案：伊川之学，传于洛中最盛，其入闽也以龟山，其入秦也以诸吕，其入蜀也以谯天授辈，其入浙也以永嘉九子，其入江右也以李先之辈，其入湖南也由上蔡而文定，而入吴也以王著作信伯。（《宋元学案》卷二十九）

这就明确指明伊川之学是由"永嘉九先生"引入浙江，"永嘉九子"是二程学说入浙的第一代。

"九先生"之后，郑伯熊、薛季宣都是程氏传人，对南宋的永嘉学派起了直接的奠基作用。《四库全书总目提要》说："朱子喜谈心性，季宣兼重事功，永嘉之学遂为一脉。"

> 永嘉以经制言事功，皆推原以为得统于程氏。永康则专言事功而无所承，其学更粗莽抢魁，晚节尤有惭德。述《龙川学案》。（《宋元学案》卷五十六）

永嘉学派后来注重经制与事功，其源头来自二程；而永康只讲事功不讲经制，这正是因为其学无所承。

> 祖望谨案：永嘉之学统远矣，其以程门袁氏之传为别派者，自艮斋薛文宪公始。艮斋之父，学于武夷，而艮斋又自成一家，亦人门之盛也。其学主礼乐制度，以求见之事功。（《宋元学案》卷五十二）

按照全祖望的看法，永嘉之学的学统可远溯及二程，袁道洁曾问学于二程，又授其学于薛季宣，而从薛氏开始，向礼乐兵农方向发展，传为别派。此派学问虽为朱子所不喜，被视为功利之学，但其程学渊源不可否认。

> 梓材谨案：永嘉之学，以郑景望为大宗，止斋、水心，皆郑氏门人。郑本私淑周浮沚，以追程氏者也。（《宋元儒学案》序录）

王梓材则认为，"永嘉九先生"之后，真正的永嘉学派奠基于郑景望，而郑景望私淑周行己，追慕二程之学。

梓材谨案：艮斋为伊川再传弟子，其行辈不后于朱、张，而次于朱、张、吕之后者，盖永嘉之学别起一端尔。（《宋元儒学案》序录）

王梓材也认为，薛季宣是二程再传，但别起一端，即传为别派，根源上还是程学。

黄百家《宋元学案·龙川学案》案语说：

永嘉之学，薛、郑俱出自程子。是时陈同甫亮又崛兴于永康，无所承接。然其为学，俱以读书经济为事，嗤黜空疏随人牙后谈性命者，以为灰埃，亦遂为世所忌，以为此近于功利，俱目之为浙学。（《宋元学案》卷五十六）

总之，传统学术史认为，两宋浙学的总体格局是以程学为统系的，南宋的事功之学是从这一统系转出而"别为一派"的。

二程门人中浙人不少，在浙江做官者亦不少，如杨时曾知余杭、萧山。朱熹的门人、友人中浙人亦不少，如朱子密友石子重为浙人，学生密切者巩仲至（婺州）、方宾王（嘉兴）、潘时举（天台）、林德久（嘉兴）、沈叔晦（定海）、周叔瑾（丽水）、郭希吕（东阳）、辅广（嘉兴）、沈僩（永嘉）、徐寓（永嘉）等都是浙人。

全祖望不仅强调周行己是北宋理学传入浙江的重要代表，"永嘉九先生"是浙学早期发展的引领者，永嘉学派是程氏的别传，更指出朱熹一派的传承在浙学中的地位：

勉斋之传，得金华而益昌，说者谓北山绝似和靖，鲁斋绝似上蔡，而金文安公尤为明体达用之儒，浙学之中兴也。述北山四先生学案。（《宋元学案》卷八十二）

勉斋即黄榦，是朱子的高弟，北山即何基，鲁斋即王柏，文安即金履祥，再加上许谦，这几人都是金华人，是朱学的重要传人，代表了南宋末年的金华学术。全祖望把"永嘉九先生"称为"浙学之始"，把"北山四先生"称为"浙学之中兴"，可见他把程朱理学看作浙学的主体框架，认为程朱理学的一些学者在特定时期代表了浙学。这一浙学的视野就比宋代、明代要宽广很多了。于是，浙学之中，不仅有事功之学，有心学，也有理学。

其实，朱学传承，不仅是勉斋传北山。黄震的《日钞》说：

> 乾淳之盛，晦庵、南轩、东莱称三先生。独晦庵先生得年最高，讲学最久，尤为集大成。晦庵既没，门人如闽中则潘谦之、杨志仁、林正卿、林子武、李守约、李公晦，江西则甘吉父、黄去私、张元德，江东则李敬之、胡伯量、蔡元思，浙中则叶味道、潘子善、黄子洪，皆号高弟。（《宋元学案》卷六十三《勉斋学案》附录）

浙江的这几位传朱学的人，都是朱子有名的门人，如叶味道，"嘉定中，叶味道、陈埴以朱学显"（《宋元学案》卷三十二）。"永嘉为朱子学者，自叶文修公（味道）、潜室（陈埴）始。"（《宋元学案》卷六十五》）黄子洪名士毅，曾编《朱子语类》"蜀类"。潘子善名"时举"。这说明南宋后期永嘉之学中也有朱学。

关于朱学，全祖望还说：

> 四明之专宗朱氏者，东发为最，《日钞》百卷，躬行自得之言也，渊源出于辅氏。晦翁生平不喜浙学，而端平以后，闽中、江右诸弟子，支离舛戾固陋无不有之，其能中振之者，北山师弟为一支，东发为一支，皆浙产也。（《宋元学案》卷八十六）

他把黄震（字东发）视为四明地区传承朱学最有力的学者，说黄震出自朱子门人辅广。全祖望指出，南宋末年，最能振兴朱学的，一支是前面提到的金华的"北山四先生"，一支就是四明的黄震。他特别指出，这两支都是浙产，即都是浙学。《宋元学案》序录底本谓："勉斋之外，庆源辅氏其庶几乎！故再传而得黄东发、韩恂斋，有以绵其绪焉。"

此外，全祖望在浙江的朱学之外，也关注了浙江的陆学：

> 槐堂之学，莫盛于吾甬上，而江西反不逮……甬上之西尚严陵，亦一大支也。（《宋元学案》卷七十七）

"甬上四先生"是陆学在浙江的代表。全祖望称之为"吾甬上"，即包含了把浙江的陆学派视为浙学的一部分之意。严陵虽在浙西，但在全祖望看来，是浙江陆学在甬上之外的另一大支，自不能不看作浙学的一部分。

四

谈到浙学就不能不谈及浙东学派的概念。

黄宗羲是浙东学派这一概念的最早使用者之一。在《移史馆论不宜立理学传书》中，他反驳了史馆馆臣"浙东学派最多流弊"的说法，这说明馆臣先已使用了"浙东学派"这个概念，并对浙东学术加以批评。黄宗羲认为：

> 有明学术，白沙开其端，至姚江而始大明。……逮及先师蕺山，学术流弊，救正殆尽。向无姚江，则学脉中绝；向无蕺山，则流弊充塞。凡海内之知学者，要皆东浙之所衣被也。今忘其衣被之

功，徒訾其流弊之失，无乃刻乎！（《黄宗羲全集》增订本第十册）

黄宗羲认为陈白沙开有明一代学脉，至王阳明始大明，这说明他是站在心学的立场上论述明代思想的主流统系。他同时指出，阳明之后流弊充塞，刘蕺山（刘宗周）出，才将流弊救正过来。所以，明代思想学术中，他最看重的是陈白沙、王阳明和刘蕺山，而王阳明、刘蕺山被视为浙东学术的中坚。在这个意义上，他强调要看到浙东学派的功绩，而不是流弊。黄宗羲是在讨论浙东学派的历史功绩，但具体表述上他使用的是"学脉"，学脉比学派更宽，超出了学派的具体指向。从黄宗羲这里的说法来看，他对"浙东学派"的理解是儒学的、理学的、哲学的，而不是历史的。而黄宗羲开其端，万斯同、全祖望等发扬的清代浙东学派则以史学为重点，不是理学、哲学的发展了。

浙东学派的提法，可以看作是历史上一个与浙学观念类似的、稍有局限的学术史观念。因为浙东学派在名称上就限定了地域，只讲浙东，不讲浙西。这和"浙学"不分东西是不同的。浙东学派这样一个概念的提出也是有理由的，因为历史上浙学的发展，其重点区域一直在浙东，宋代、明代都是如此。

在全祖望之后，乾隆时章学诚《浙东学术》提出：

浙东之学，虽出婺源，然自三袁之流，多宗江西陆氏，而通经服古，绝不空言德性，故不悖于朱子之教。至阳明王子，揭孟子之良知，复与朱子抵牾。蕺山刘氏本良知而发明慎独，与朱子不合，亦不相诋也。梨洲黄氏，出蕺山刘氏之门，而开万氏弟兄经史之学，以致全氏祖望辈，尚存其意，宗陆而不悖于朱者也。唯西河毛氏，发明良知之学，颇有所得，而门户之见，不免攻之太过，虽浙东人亦不甚以为然也。

世推顾亭林氏为开国儒宗，然自是浙西之学，不知同时有黄梨洲氏出于浙东，虽与顾氏并峙，而上宗王、刘，下开二万，较之

> 顾氏，源远而流长矣。顾氏宗朱，而黄氏宗陆，盖非讲学专家，各持门户之见者，故相互推服，而不相非诋。学者不可无宗主，然必不可有门户。故浙东、浙西，道并行而不悖也。（《文史通义》内篇卷五）

其实，清初全祖望在回顾北宋中期的学术思想时曾指出：

> 庆历之际，学统四起。齐、鲁则有士建中、刘颜夹辅泰山而兴。浙东则有明州杨、杜五子，永嘉之儒志、经行二子，浙西则有杭之吴存仁，皆与安定湖学相应……（《宋元学案》卷六）

这说明全祖望在回顾浙学发展之初，就是浙东、浙西不分的。章学诚认为浙东之学，出于朱熹，而从"三袁"（袁燮为"明州四先生"之一，袁燮与其子袁肃、袁甫合称"三袁"）之后多宗陆象山，但是宗陆不悖于朱。他又说王阳明与朱子不合亦不相诋，这就不符合事实了，阳明批评朱子不少，在其后期尤多。章学诚总的思想是强调学术上不应有门户之见，宗陆者应不悖朱，宗朱者可不诋陆，不相非诋。他认为浙东与浙西正是如此，道并行而不悖。所以，他论浙学，与前人如黄宗羲不同，是合浙东、浙西为一体，这就使其浙学观较之前人要宽大得多了。

> 四明之学多陆氏。深宁之父亦师史独善以接陆学，而深宁绍其家训，又从王子文以接朱氏，从楼迂斋以接吕氏，又尝与汤东涧游，东涧亦兼治朱、吕、陆之学者也。和齐斟酌，不名一师。（《宋元学案》卷八十五）

《宋元学案·深宁学案》中把兼治陆学、朱学、吕学，没有门户之见的状态描述为"和齐斟酌"。章学诚用"并行不悖"概括浙学"和齐斟酢"的性格，也是很有见地。

由以上所述可见，"浙学"所指的内容从宋代主要是事功之学，到明代扩大到包含心学，再到清初进一步扩大到包含理学，"浙学"已经变成一个越来越大的概念；经过全祖望、章学诚等的论述，浙学由原来只重浙东学术而变成包括浙东、浙西，成为越来越宽的概念。这些为我们今天确立大的浙学概念，奠定了深厚的历史基础。

五

有关儒学的普遍性与地域性，我一向认为，中国自秦汉以来，各地文化已经交流频繁，并没有一个地区是孤立发展的，特别是在帝国统一的时代。宋代以后，文化的同质性大大提高，科举制度和印刷业在促进各地文化的统一性方面起了巨大作用。因此，儒学的普遍性和地域性是辩证的关系，这种关系用传统的表述可谓"理一而分殊"，统一性同时表达为各地的不同发展，而地域性是在统一性之下的地方差别。没有跳出儒学普遍性之外的地域话语，也不可能有离开全国文化总体性思潮涵盖的地方儒学。不过，地域文化的因素在交往还不甚发达的古代，终究是不能忽视的，但要弄清地域性的因素表现在什么层次和什么方面。如近世各地区的不同发展，主要是因为各地的文化传统之影响，而不是各地的经济—政治结构不同。所以，问题的关键不在于承认不承认地域性的因素，而在于如何理解和认识、掌握地域性因素对思想学术的作用。

近一二十年，全国各地，尤其是经济发达的地区或文化教育繁荣发展的地区，都很注重地域文化的挖掘与传承。这可以看作是中国崛起的总态势下、中华文化自觉的总体背景之下各种局部的表达，有着积极的意义，也促进了地域文化研究的新开展。其中浙学的探讨似乎是在全国以省为单位的文化溯源中特别突出的。这一点，只要对比与浙江地域文化最接近、经济发展和教育发展水平最相当的邻省江苏，就很清楚。江苏不仅没有浙江那么关注地域文化总体，其所关注的也往往是"吴文化"一类。指出下面一点应该是必要的，即与其他省份多侧重"文化"的展示不同，浙江更关注的是浙学的总结发掘。换言之，其他省份多是宣传展示广义的地域文化的特色，而浙江更多关注的是学术思想史意义上的地域学术的传统，这是很不相同的。

当然，这与一个省在历史上是否有类似的学术资源或论述传统有关。如朱熹在南宋时已使用"浙学"，主要指称婺州吕氏、永康陈亮等所注重的着重古今世变、强调事功实效的学术。明代王阳明起自越中，学者称阳明学在浙江的发展为"浙中心学"；清初黄宗羲倡导史学，史称"浙东史学"。明代以后，"浙学"一词使用渐广。特别是，"浙东史学"或"浙东学派"的提法，清代以来已为学者所耳熟能详，似乎成了浙学的代名词。当代关于浙学的探讨持续不断，在浙江尤为集中。可以说，南宋以来，一直有一种对浙学的学术论述，自觉地把浙学作为一个传统来寻求其建构。我以为这显示着，至少自南宋以来，浙江的学术思想在各朝各代都非常突出，每一时代浙江的学术都在全国学术中成为重镇或重点，产生了较大影响。所谓浙学也应在这一点上突出其意义，而与其他各省侧重于"文化"展现有所分别。事实上，"浙学"与"浙江文化"的意义就并不相同。总之，这些历史上的浙学提法显示，宋代以来，每一时代总有一种浙学被当时的学术思想界所重视、所关注，表明近世以来的浙江学术总是积极地参与中国学术思想、思潮的发展潮流，使浙学成为宋代以来中国学术思想发展中的重要成分。每一时代的浙江学术都在全国发出一种重要的声音，影响了全国，使浙学成为中国学术思想史内在的一个重要部分。

当然，每一时代的浙江学术及其各种学术派别往往都有所自觉地与历史上某一浙学的传统相联结而加以发扬，同时参与全国学术思想的发展。因此，浙学的连续性是存在的，但这不是说宋代永嘉事功学影响了明代王阳明心学，或明代阳明心学影响了清代浙东史学，而是说每一时期的学术都在以往的浙学传统中有其根源，如南宋"甬上四先生"可谓明代浙中心学的先驱，而浙东史学又可谓根源于南宋浙学等。当然，由于全国学术的统一性，每一省的学术都不会仅仅是地方文化的传承，如江西陆氏是宋代心学的创立者，但其出色弟子皆在浙江如甬上；而后来王阳明在浙中兴起，但江右王学的兴盛不下于浙中，这些都是例子。浙学的不断发展不仅是对以往浙江学术的传承，也是对全国学术思想的吸收、回应和发展，是"地方全国化"的显著例子。

对浙学的肯定不必追求一个始终不变的特定学术规定性，然而，能否寻绎出浙学历史发展中的某种共同特征或精神内涵呢？浙学中有哪些是与浙江的历史文化特色有密切关联，从而更能反映浙江地域文化和文化精神的呢？关于历代浙学的共同特征，已经有不少讨论，未来也还会有概括和总结。我想在这里提出一种观察，即南宋以来，浙江的朱子学总体上相对不发达。虽然朱熹与吕祖谦学术关系甚为密切，但吕氏死后，淳熙、绍熙年间，在浙江并未出现朱子学的重要发展，反而出现了以"甬上四先生"为代表的陆学的重要发展。南宋末年至元初，"金华四先生"的朱子学曾有所传承，但具有过渡的特征，而且在当时的浙江尚未及慈湖心学的影响，与"甬上四先生"在陆学所占的重要地位也不能相比。元、明、清时代，朱子学是全国的主流学术，但在文化发达的浙江，朱子学始终没有成为重点。这似乎说明，浙江学术对以"理"为中心的形而上学的建构较为疏离，而趋向于注重实践性较强的学术。不仅南宋的事功学性格如此，王阳明心学的实践性也较强，浙东史学亦然。朱子学在浙江相对不发达这一事实可以反衬出浙江学术的某种特色，我想这是可以说的。从这一点来说，虽然朱熹最早使用"浙学"的概念，但我们不能站在朱熹批评浙学是功利主义这样的立场来理解浙学，而是要破除朱熹的偏见，跳出朱熹的局限来认识这一点。对此，我的理解是，与重视"理"相比，浙学更重视的是"事"。黄宗羲《艮斋学案》案语："永嘉之学，教人就事上理会，步步著实，言之必使可行，足以开物成务。"（《宋元学案》卷五十二）这个对永嘉之学的概括，是十分恰当的。南宋时陈傅良门人言："陈先生，其教人读书，但令事事理会，……器便有道，不是两样，须是识礼乐法度皆是道理。"此说正为"事即理"思想的表达。故永嘉之学的中心命题有二，一是"事皆是理"，二是"事上理会"。这些应该说不仅反映了永嘉学术，而且在一定意义上反映了浙学的性格。总之，这个问题的思考和回答是开放的，本丛书的编辑目的之一，正是为了使大家更好地思考和回答这些问题。

浙学是"浙江大地上曾经有的文化思想成果"，浙学在历史上本来就不是单一的，而是富于多样性的。这些成果有些是浙江大地上产生的，有些是从全国各地引进发展的，很多对浙江乃至全国都发生了重要影响。正如学者指出的，南宋的事功学、明代的心学、清代的浙东史学是"浙学最具坐标性质的思想流派"，是典型的根源于浙江而生的学术思想，而民国思想界重要的浙江籍学者也都继承了浙学的"事上理会""并行不悖""和齐斟酌"的传统，值得不断深入地加以总结研究。

目 录

导 读

王充（27—约97）是近两千年前、中国东汉初期出现的大思想家，他的《论衡》（约撰于74—84）是中国思想史上的一部名著，自问世以来近两千年间，因其百科全书式的知识，"疾虚妄""求实诚"的精神，在思想各个领域里的创获，而广受读者的喜爱，流传不绝，成了中国思想史上的经典。

一、王充是个怎样的人

王充，字仲任，会稽上虞（今浙江上虞）人，生于东汉光武帝建武三年（27），也就是东汉建立的第三年——再过几年，我们将迎来他两千年诞辰，卒于东汉和帝永元八年至十六年间（96—104）。他在《论衡》的最后一篇、相当于自传的《自纪篇》里提到，自己"年渐七十"，也就是年近七十，这是后人所知其最大年龄。那么，他大约去世于七十岁左右或稍后（97年左右或稍后）。

王充祖籍魏郡元城（今河北魏县、河南元城一带），祖上曾以军功封会稽郡乌程欧阳亭侯（今浙江湖州南），一年以后就因故失去了爵位，但从此定居在了会稽郡。从当时的地域上来说，王家是从文明中心的中原迁到了偏远的东南地区。此后，王家从乌程迁到钱塘，再从钱塘迁到上虞，迁徙路线一路往东南，但都未出会稽郡范围。

王充的祖上失去爵位以后，先是"以农桑为业"，也就是务农，到了祖父辈，开始"以贾贩为事"，也就是经商。王家从以军功封侯，到务农，再到经商，从汉代的社会地位来说，应该是每下愈况了。这是因为在汉代，商人阶层社会地位比较低，政府有种种歧视政策。

但另一方面，商人阶层一般比较富裕，在实际生活中受人羡慕，常游离于体制之外，得以有较大的自由度。王充后来能够不事生产，一门心思读书游学，或回到乡下教书，闭门著书立说，应该说受惠于家里较好的经济条件；他的思想开放，能够打破常规，不合于众，也应该得力于较为自由的生活。

但是，他的家族毕竟属于"细族孤门"，也就是普通人家，"中产阶层"，这在东汉，也就意味着不能像班彪、班固父子那样，出入宫廷，进入上流社会，也很难有机会进入兰台（国家图书馆）修史。这成了王充一生最大的遗憾。

另外，中国的东南沿海，在秦汉以前为"百越"之地，浙江有瓯越，福建有闽越，广东有南越，先后为吴、越、楚所统治，"秦、楚、吴、越，夷狄也"（《史记·天官书》），至战国始成为"中国"的一部分，秦汉时纳入中原王朝的版图。《左传·昭公二十七年》："使延州来季子聘于上国。"孔颖达疏引服虔曰："上国，中国也。盖以吴辟在东南，地势卑下，中国在其上流，故谓中国为上国也。"可见当时称中原诸国为上国，吴、越、楚诸国为"下土"。

《后汉书·方术列传上·谢夷吾传》载司徒第五伦令班固为文，荐举王充的同乡好友谢夷吾，其中提到："窃见巨鹿太守谢夷吾，出自东州，厥土涂泥，而英姿挺特，齐伟秀出。""东州"的意思是东方的州，具体指扬州部的会稽郡，也就是所谓的越中地区，显然与中原各州郡有别；而称赞其挺特秀出于"涂泥"，类所谓"出淤泥而不染"（周敦颐《爱莲说》），将越中地区比作"涂泥"，也是带有轻视意味的说法，显然是京师出身者的视角。由此可见，直至东汉前期，在中原士大夫的眼里，越中仍属未完全开化地区。而即使到了三国时期，诸葛亮力劝孙吴抗魏，还说"若能以吴越之众与中国抗衡"（《三国志·蜀书·诸葛亮传》），仍明显不认为其属于"中国"。越中地区的彻底开化开发，应该是六朝时期之事。

王充就出生在这样的偏远之地，用他自己的话说是"古荒流之地"（《论衡·须颂篇》），没有任何可以凭恃的地缘或门第，而完全靠了自己的天赋与努力，成长为一代大学者大文人，成为越中乃至东南地区的骄傲。

据王充在自传性质的《论衡·自纪篇》里说，他自幼聪敏过人，早慧早熟，父亲没有揍过他，母亲没有骂过他，街坊邻居没有数落过他。还在小时候，他就表现出独立、不合群的倾向：与小朋友们一起玩，也不喜欢打打闹闹；小朋友们都喜欢抓麻雀、捉知了、玩钱、上树，这些他都不喜欢。因此，他的父亲觉得儿子不同寻常，街坊邻居也总把他当"别人家的孩子"，以他为榜样来教育自家的孩子。

但是童年幸福好景不长，据《后汉书·王充传》说："充少孤，乡里称孝。"意思是王充从小就失去了父亲或双亲，乡里都称道他能够孝顺长辈（母亲或祖辈）。东汉光武帝建武十四年（38），会稽郡发生瘟疫，死了上万的人，王充的父亲或双亲，也许就死于那场瘟疫。其时王充仅十二岁，后来可能就跟母亲或祖辈一起生活。少年失怙所造成的心理上的不安全感，也许对他的性格形成和处世态度有很大的影响。

他在乡里受完启蒙和基础教育，大约十七八岁的时候，就到首都洛阳去上太学。洛阳的太学是东汉最高学府，那时刚建立不久，全国各地的学子都云集于此，攻读经典，等待着出人头地的机会。在洛阳的太学，王充有幸拜班彪为师，经常得到班彪的指点。班彪的儿子班固比王充小五岁，十三岁时，被王充看出来前程远大，后来果然成了大史学家。而这位生长于京师的小世兄，天然占据了人生的有利位置，也成了王充一生羡慕的对象。

不过，比起太学的课程和老师的教诲来，王充所受的教育，更多的是在洛阳的书摊上完成的。他说自己家贫无书，常到洛阳的书摊上，站着读那里卖的书（所谓"立读"）。"家贫"是相对而言的，这里指的不是吃不上饭，而是难以买书或雇人抄书。因为当时纸张虽已发明，却还没有普及，书都得抄写在简帛上。简帛当然不会便宜，抄写又很费工费时，所以书在当时是奢侈品，只有富贵人家才能拥有。比如东汉后期的蔡邕，就曾拥书近万卷。王充家的条件显然还不具备。

但这也反而成了一件好事，逼他练就了"立读"的本领，培养了过目成诵的能力，而且"博通众流百家之言"。我们读他的《论衡》，看到他的学问那么渊博，引书那么繁富，想到这些大都奠基于他早年在洛阳书摊上的"立读"，就不禁要深感佩服并赞叹其功夫了。当然，从《论衡》的引书大都准确无误来看，王充二三十年后写作《论衡》时，他身边应该还是聚拢了一些书的。

此外，他在洛阳书肆"立读"所养成的"好博览"的读书习惯，大概也造就了他"不守章句"的治学风格，迥异于当时一班只会"寻章摘句"的儒生，最终孕育出了《论衡》这部另类的"异书"。

王充后来的人生道路颇不平坦。他出身于"细族孤门"，很早就失去了父亲或双亲；又生活于偏远之地，主要时间屏居教授；一生没有做过大官，大都只是长官的僚属（一般都是掾史级别，岁入仅百石左右），仕宦时间也都很短暂。其原因大抵不在于他不能干，而是因为他性格独立不群，不善于与人相处，所以不容易受到上司赏识，也因此经常遭受挫折和失败。

王充的早年失怙，他的"任气"性格，他的独立不群，他的不善与人相处，他的一再遭受挫折，他在人际关系上的历练，都影响了他的人生观：一方面，促成了他的命定论倾向，认为一切都是命中注定的，人为努力是无济于事的；另一方面，也加深了他对于社会人生的认识，养成了远过常人的洞观能力，激发了他"疾虚妄""求实诚"的精神。

生活不遂心，仕途不顺利，"立德""立功"均无望，促使王充把全部精力投入"立言"中。于是他关起门来读书思考，著书立说，红白喜事全不参加，家里到处都放置了书写工具，想到什么就马上写下来。在中国传统的"人情"社会中，红白喜事全不参加，意味着断绝人际交往，这是需要极大勇气的，但王充为了专心著书立说，就这么义无反顾地做了。

这样，从三十岁左右，到年近七十，近四十年时间里，他著述不辍，除了一些单篇文章外，先后著有四部著作，也就是《讥俗》《节义》之书、《政务》之书、《论衡》之书、《养性》之书，总篇数超过一百。可惜流传下来的只有《论衡》之书八十五篇（一篇有目无文，实际八十四篇），其他著作都已经佚失了。

就因为身处"古荒流之地"的南方，所以王充一生都对自己的不利地缘耿耿于怀，对居于宫廷的班固等文人向往不已，对他们因此而得到的资源充满羡慕，于是希望通过《论衡》等著作的写作，自己也能有机会跻身于他们的行列。《论衡·须颂篇》的最后一段话，便透露了其中的消息：

> 从门应庭，听堂室之言，什而失九；如升堂窥室，百不失一。《论衡》之人，在古荒流之地，其远非徒门庭也。日刺径千里，人不谓之广者，远也。望夜甚雨，月光不暗，人不睹曜者，隐也。圣者垂日月之明，处在中州，隐于百里。遥闻传授，不实；形耀不实，难论。得诏书到，计吏至，乃闻圣政。是以襃功失丘山之积，颂德遗膏腴之美。使至台阁之下，蹈班、贾之迹，论功德之实，不失毫厘之微。

王充在这段话中表示，自己由于僻处南方，所以即使歌功颂德，也会"失丘山之积"，"遗膏腴之美"；如果自己也能像班固等人那样被征入兰台，成为文学侍从之臣，那么自己一定会"论功德之实，不失毫厘之微"。其中透露了王充想要跻身宫廷的愿望，"歌功颂德"只不过是用来说事的幌子。

随着越中文化的逐步发展，汉代越中地区产生了不少像王充这样的文人学士，他们之间往往互通声气并互相批评。如王充在《论衡·案书篇》中就曾评论过会稽吴君高的《越纽录》和周长生的《洞历》，说是"刘子政、杨子云不能过也"。他们都是与王充同时代的同乡人，王充从自己的生活处境出发，充分理解和肯定他们的努力和著作，认为连扬雄和刘向也不能超过他们。

有志者事竟成，王充晚年时来运转，据《后汉书·王充传》说，东汉章帝章和二年（88），同郡友人谢夷吾上书，荐举王充卓有才学，东汉章帝特下诏书，公车征召王充上京，那年王充六十二岁。这本来是他一生梦寐以求的机会，可惜来得晚了点，他因病无法成行。又过了若干年，他"病卒于家"，葬在家乡上虞。①现在，上虞有条主干道就叫"王充路"。

越中作为汉代新开发的地区，整个西汉时期，都没有出过什么文人学者，而同为新开发地区的蜀中，早已出现了大文人司马相如、辞赋家王褒，以及两汉之交的大学者扬雄。到了东汉初期，越中终于出现了王充这个大学者，成为源远流长的"浙学"的开山始祖，使越中开始成为人杰地灵的风水宝地。

二、《论衡》是部怎样的书

（一）"百科全书"式的知识和"疾虚妄""求实诚"精神

就中国古代的学术分类而言，《论衡》难以归入任何一派，而只能归入杂家。《论衡》继承《吕氏春秋》《淮南子》以来的杂家传统，将其发扬光大，尤其是以破为立，以一人之力——《吕氏春秋》《淮南子》都是集体著作——成就了一部包罗万象、百科全书式的著作。

《七略》是中国第一部国家藏书目录，里面著录了当时几乎所有的书籍，总共有一万三千篇左右。王充在《论衡·案书篇》里说，该目

---

① 王充墓今天还在上虞郊外，清咸丰五年（1855）重修，后遭毁坏，1981年在原址上按原貌修复。

录所著录的一万三千篇，自己虽然没有全部读到，只读过其中的大部分，但读过的部分都了解其旨趣，他要指出其中的问题之处，加以讨论并提出自己的见解。这是多大的功夫和抱负呀！

1958年，日本学者曾经编撰《论衡事类索引》，把《论衡》的内容分成哲学、自然科学、古典解释、历史、法刑、政治、经济、社会生活、文艺等九部，每一部里又细分为若干门，每一门下又细分为若干类，每一部后又各附"自说"，以概括王充有关该部类的思考和评论，结果形成了九部四十七门一百五十三类的庞大体系。这显示了王充作为一个独立于各家各派的思想家，对于当时整个文化和所有知识的把握和批判。而其基础，就是他当年在洛阳的书摊上博览群书时打下的。

正如《论衡·自纪篇》末所说的，王充想要探讨的，上自上古，下至当代，各种学问，无所不包，都要衡量鉴别一下。也就是说，他的意图，是凭着自己的见识和方法，考察整个文化遗产，无论各家，无论各派，凡有错误，在所必究。

所以，也有学者称《论衡》是"批判哲学"，王充是"批判哲学家"。"批判"乃是为了"求是"，这是一体两面的事情。王充的批判、求是精神，一言以蔽之，曰"疾虚妄""求实诚"。

王充的"疾虚妄""求实诚"精神锋芒所至，可以说遍及方方面面，但主要指向迷信陋俗、天人感应论和"圣贤"经传这三个方面。

（二）清算迷信陋俗

关于《论衡》中所载各种迷信陋俗和天人感应论，我们认为可以借鉴法国学者列维-布留尔关于原始思维的理论来理解其含义。王充以"疾虚妄""求实诚"的精神，批判迷信陋俗和天人感应论，究其实质，便是用理性思维来清算原始思维。

原始思维的基本要素是原始表象。原始表象有两个基本特征，一个是"神秘性"，一个是"集体性"。所谓"神秘性"，就是说它是不能用理性来理解或解释的；所谓"集体性"，就是相信这些原始表象的，不是个别人的个别行为，而是整个社会的集体行为。每个人在相信这些原始表象时，不是通过个人的感觉和判断，而是受到"世俗"和"传书"的影响，在未经理性思考的情况下接受的。

在《论衡》中我们可以看到，在中国古代的传说记载中，保留了不少典型的具有神秘性的原始表象。

如古人认为，时间是神秘的，纪年的岁星，纪月的月亮，都不是纯粹的自然现象，而是具有某种神秘力量的东西，可以危及人类的生活与生命。在这种对于岁、月、日的神秘看法的基础上，民间产生并流传着形形色色有关岁、月、日的禁忌之说。比如"太岁头上动土"，就是指冒犯了岁星。

不仅时间是神秘的，方位也是神秘的。中国古代的方位皆与五行相配，不仅是方位概念，还具有神秘的五行属性，能够对人产生神秘的威力。比如古代传说不可以"西益宅"，也就是不可以在屋子西边加盖房子，便是方位禁忌的一种。

另外，在古人看来，自然界的雷电等等，也不是纯粹的自然现象，而是具有神秘威力的东西。记得小时候老人总是关照，不能浪费粮食，否则雷公公要发怒打雷的。

在《论衡》中我们还可以看到，古人的原始表象也具有集体性。《论衡》中经常批判的"世俗"和"传书"，其实就是集体性的东西。而且，这些原始表象，还是通过"世俗"和"传书"世代相传的。

《论衡》从《论死篇》到《祭意篇》等一组（第六组）十六篇文章，运用理性思维、类比推理乃至生活常识，全面清算了这些具有神秘性和集体性的原始表象。

王充的类比推理经常很有意思。比如他批判人死为鬼说，举例之一是，开天辟地以来，已经死掉的人比现在活着的人不知多多少，如果人死后都变成鬼的话，那么道路上每走一步就会碰到一个鬼，鬼会把道路都堵住，把房间都塞满……所以他推论说，人死了是不可能变成鬼的。《论衡》中这样的例子非常多，很好玩。这里顺便澄清一个误会：王充其实是相信世上有鬼的，只是不相信鬼是由死人变的。

（三）批判天人感应论

原始表象不仅具有神秘性和集体性的特征，而且在表象关联上也不同于理性思维，完全不能用逻辑来理解和解释。原始表象关联的这种原逻辑特征，列维-布留尔称之为"互渗"，其实就是我们通常所说的"感应"。

《论衡》中记载了古人所相信的原始表象间的各种感应现象，其中出现得最多的就是天与人之间的感应，也就是所谓的"天人感应"。比如，古人认为人的喜怒哀乐能引起天的寒温，引起星象的变化，人的坏行为会导致灾异的产生，人的善恶能带来天的祸福，人有阴过便会遭到雷击，人的行为会使天象发生奇怪的变化，等等。比如古代发生大的天灾，君主有时就会下诏罪己，说是因为自己为政不善，才导致了天象发生异变，其基础就是天人感应论。

除了天人感应之外，古人还认为，人与自然界也存在着广泛的感应，人的行为会影响自然界，如人能使太阳停止移动，人的一些创造性行为，如仓颉造字，会引起天雨粟、鬼夜哭之类奇异现象，人的行为的好坏会招来不同动物的不同行为。

《论衡》以"九虚"为主的一组文章（第二组），运用理性思维、类比推理乃至生活常识，全面清算了这种具有原逻辑特征的天人感应论；《论衡》的另一组文章（第四组），也就是从《寒温篇》到《感类篇》等十五篇，或从自然现象，或从生物现象，或从灾异角度，或从祥瑞角度，批判了天人感应论的各种表现。

比如自古以来传说，我们今天所使用的汉字，是黄帝的史官仓颉创造的。据说仓颉造字的时候，"天雨粟，鬼夜哭"，也就是天上下起了谷子的雨，鬼神在夜里痛哭流涕，意思是仓颉造字让天地、鬼神不高兴了。但王充反驳说，仓颉造字是了不起的好事呀，天地、鬼神没理由不高兴呀；大概仓颉造字的时候，正巧遇上了"天雨粟，鬼夜哭"，不喜欢认字的人就借题发挥了。王充四两拨千斤，轻轻松松，就把此传说给否定了。

通过对于各种天人感应论事例的批判，王充完成了对于原始表象关联的原逻辑特征的清算，从而为理性思维的发展奠定了更加坚实的基础。

（四）质疑圣贤经传

除了用理性思维清算原始思维残迹以外，王充"疾虚妄""求实诚"精神的另一矛头所向，就是所谓的圣贤经传，也就是到王充当时为止的所有文献，尤其是圣人的经典，质疑和批判其中的"虚妄"之言。

圣贤经传之所以广为人所信服，是因为一般人往往迷信圣人，以为他们有生而知之的能力。王充则指出，人不可能生而知之，一切皆从学习中来。最重要的是，圣人是"圣"而非"神"：神不用学习，生而知之；圣则要靠努力学习，才会知识渊博。也就是说，神是天才，圣是学霸。圣人之所以比凡人厉害，比一般人更聪明、更有智慧，是因为他们好学深思、触类旁通，而不是因为生而知之。一般人恰恰混淆了圣与神的区别。所以王充主张，不应盲从圣贤，更不要把圣贤看作是神，而是要保持怀疑和重审的态度。

《论衡》著名的"九虚三增"（第二组），除了"九虚"中的《书虚篇》以外，在"三增"及以下诸篇中，王充重点批判了圣贤经传（从"传语"到"儒书"到"经艺"）里的各种"虚"（夸大其词）、"增"（言过其实）。而《问孔篇》《非韩篇》《刺孟篇》，则更是批判了一些最知名的圣贤，如孔子、韩非子和孟子书中的"虚"和"增"。

在质疑圣贤经传方面，《问孔篇》堪称杰出代表。其中主要就《论语》和《礼记·檀弓》中记载的孔子言行，一共问难了十九个问题。比如《论语·公冶长》中著名的"宰予昼寝"桥段，孔子骂宰予"朽木不可雕也，粪土之墙不可圬也"，王充就代宰予打抱不平，说"昼寝"不过是小事，孔子却骂得这么凶，宰予一定不会服气，云云。

其实，王充对孔子相当推崇，他问难孔子，不是为了反对孔子，也不是为了打倒孔子，而是反对将孔子神化。他对孔子有所继承和扬弃，而并非简单地抬杠挑刺。他写《问孔篇》这样的文章，主要是不满意世儒学者一味"信师是古"，盲目崇拜"贤圣所言"，却不知难问的学风。在他看来，贤圣认真写的文章尚且有漏洞，何况是传道授业解惑时的随意发言呢。这种时候，最要紧的就是要勇敢问难，以弄清贤圣的真实意思。可是圣贤弟子却不知难问，放过了追求真理的大好时机。王充不满于圣人子弟的这种态度，尤其不满于汉儒将圣贤神化，所以自告奋勇、充满自信地起而问难。这是"吾爱吾师，吾更爱真理"的态度，并非真对圣贤有何不敬。王充更把这种态度上升为学问之根本。这种态度即使在今天也是值得发扬的。

综上所述，王充以其百科全书式的知识和"疾虚妄""求实诚"的精神，对各种社会现象、文化知识作了总体检视和重审，清算了一切他认为是虚妄不实的东西，构建起了他那独特的批判求是哲学。就其"离经叛道"的独立性而言，王充堪称名副其实的"异端"思想家，而《论衡》则是一部名副其实的"异书"。

三、王充的思想与影响

汉代思想继先秦思想之后，达到了中国思想史上的第二个高峰，而王充的思想则是其中最杰出的代表。

王充综合吸收了先秦老子、宋子、尹文子、荀子、韩非子，汉代陆贾、贾谊、《淮南子》、司马迁、扬雄、桓谭等人思想中的合理因素，开创了元气论，把它贯彻到思想的各个领域，在形神论、人性论、认识论、自然观、道德观、历史观等方面，反对天人感应论、目的论，清算迷信陋俗，质疑圣贤经传，取得了杰出的成就。

他的学说后来又被东汉中后期的王符、仲长统，魏晋南北朝时期的杨泉、戴逵、何承天、范缜等继承，在中国思想史上产生了巨大的影响。

王充在思想的各个领域都取得了重要成果，这里只介绍其中几个较为重要的方面。

（一）元气论

王充发扬"疾虚妄""求实诚"精神，清算迷信陋俗，批判天人感应论，质疑圣贤经传，依据的是他自己的理论工具，其中最重要的就是"元气论"。元气论是王充思想的核心，也是《论衡》全书的灵魂，更是他在中国思想史上最大的贡献。

天人感应论、目的论认为，天是有意志的，天有目的、有意识地创造万物和人类，天按照自己的面貌塑造人类，天是人类的主宰，天为了人类而创造万物，天与人的行为可以互相感应，等等。王充以元气论对之作了否定，强调天道自然无为，天人之间没有感应。

王充所谓的"气"，是一种泛指生命本源的东西，来自作为物质实体的天地。王充认为，天地各有其气，天地之气相合，便产生了万物和人类。天道自然无为，天地没有意识，天地是自发地、而不是有意识地合气的。天地合气后产生的万物，天地本身并不知道。天地合气之时，并非为了产生万物，但作为合气的结果，万物却自然出现了。这是一个自然而然的无意识的过程。

王充通过天道自然无为的论证，否定了"天地故生人"的目的论，否定了天道有为的天人感应论，而这是当时一般的儒者，尤其是董仲舒等人所竭力主张的。同时，天道自然无为的观点，也为清算迷信陋俗提供了理论工具。

王充的元气论影响了东汉末的仲长统，他在继承王充元气论的基础上，又修正了由此导出的命定论，强调了人的主观能动性，主张"人事为本，天道为末"（《群书治要》引《昌言》），补充和发展了王充的元气论。

（二）形神论

基于元气论，王充发展了此前的形神论，如宋尹学派的精气说，荀子的"形具而神生"，司马迁的"形神离则死"，桓谭的"人死神灭"等，认为"神"不能离开"形"而独立存在，以此来反对灵魂不灭论、人死为鬼论等。

王充认为，人禀天地之气而生，之所以能超越万物，是因为人有"精神"（意识），它来自"精气"，共生于形体。精神依赖形体而存在，人死了形体朽败不存，精神也就随之寂灭了。

这就正确地揭示了"形"与"神"的关系，批判了"人死为鬼、有知、能害人"的世俗观念，从而也就否定了灵魂不灭论和人死为鬼论。

到了魏晋南北朝时期，如嵇康的《养生论》，杨泉的《物理论》，戴逵的《释疑论》《答周居士难释疑论》，何承天的《报应问》，范缜的《神灭论》等，都继承了王充这一派的思想，并纠正了其理论上的某些缺陷，以之来反对佛教的因果报应论。

（三）命定论

王充的元气论也导出了他的命定论。王充所谓的"命"，类似于今天所说的"宿命"或"命运"之类东西，是一种在人出生前就已经决定了的、任何人为努力都无法改变的、左右人生各个方面的支配性力量，实际上是人对影响人类生活的除自己努力之外的各种力量和因素的一个集中表现。

尽管命定论早在汉初，甚至早在先秦时期就已经出现了，但是对于它的理论阐述和全面总结，却是由王充来完成的。王充的命定论，受过其师班彪的《王命论》的影响，只不过更变本加厉而已。王充认为，一切人生大事，如寿夭、贫富、贵贱、祸福等，都是由"命"决定的。他把"命"的决定作用普及到人生的一切方面，这无疑是对此前言命传统的一个发展。

在王充的命定论看来，人在降生之前，便已因为禀受自然之气的厚薄，先天决定了一切方面。王充的这种说法有一定的科学根据，暗合了现代的遗传、基因理论。不过，后天的生存环境也是非常重要的，将人生全部归结为先天决定，有其片面之处。

不仅人的生理方面，王充认为人的贫富贵贱等，也是由禀气的厚薄决定的，而与人的贤愚善恶无关。王充以自然原因解释社会现象，未能认识到社会制度的作用，自不免有牵强附会之处，但他试图以此否定人的贵贱贫富由道德决定的善恶因果论，努力解释善人遇祸、恶人得福的社会难题，间接地对不合理的社会制度提出抗议，这却是有现实意义的。

另外，王充主张命定论的目的之一，也是为了批判天人感应论。比如，他用"禄命"等命定论来证明祭祀的无用；用"命"的禀受的必然性与实现的偶然性，来否定其他有目的的"厌胜感动"之类原因；用"死生有命，富贵在天"的命定论，来证明岁、月、日、时禁忌的无用。由此可见，在批判天人感应论的种种表现方面，王充的命定论也是起了积极作用的。

王充对"命"的理论阐述和全面总结，又开了六朝时期讨论命运风气的先河。南朝刘孝标的《辩命论》，全面继承了王充的命定论，以此来批判善恶报应论。刘孝标说："所谓命者，死生焉，贵贱焉，贫富焉，治乱焉，祸福焉，此十者天之所赋也。"又把"愚智善恶"分了出来，认为"此四者人之所行也"，从而给人为努力留下了更多的可能性，是对王充命定论的补充和发展。

正是在这种承先启后及集大成的意义上，王充对于命定论的理论阐述和全面总结，才是值得重视并具有历史意义的。

（四）人性论

王充所谓的"性"，是决定一个人本质的最基本的东西，是相对于"表"的内在的东西。

　　王充认为"性"是有善恶的，即人生来就有善有恶，正如命有贵贱、才有高下一样，这是与生俱来、先天决定的。他又以土地、水流、身体为喻，说明人性是有善恶的，并且是禀自天地且无法改变的。

　　王充认为，"性"之所以有善恶贤愚，乃是由于人禀气有厚薄。善人禀气厚，故善而贤；凡人禀气薄，故不及善人。善人因禀气厚，故不仅善而贤，而且还自然无为，因为其所禀之气便是自然无为的；凡人因禀气薄，故不能善而贤，也不能自然无为。人一旦禀气为性，便不可复变易。

　　王充一方面坚持元气论，认为人性善恶是由禀气厚薄决定的，因而是无法"变易"的（这里的意思是无法互相交换的），同时又认为善恶之性是可以经由人为努力改变的，即禀性善的人可由于坏的影响而渐趋于恶，禀性恶的人可由于好的影响而渐趋于善。

　　在王充看来，根据禀气的厚薄，人可以分为上、中、下三等：生来就善的是上等，生来就恶的是下等，无善无恶或有善有恶的是中等。其中以中等占绝大多数，教育尤其适用于他们。

　　这样，性的禀受虽说是先天的、宿命的、不可以人力影响的，但性的实现却是后天的、非宿命的、可以人力影响的。在这里，王充为教育的可能性留下了一席之地，说明王充对教育并没有完全失望，从而透露出他对人性仍抱有希望。

　　（五）人生论

　　王充的人生观相对来说比较消极悲观，其中两个最重要的概念是"命"与"时"，代表了控制人生的两种支配性力量。

　　王充所谓的"时"，是指来自外界的、不取决于自己的、不可预测的、变化多端的力量。这种力量仅次于"命"，对人生有着巨大的支配作用。"时"与"命"的不同之处在于，"命"是在每个人的内部起支配作用的力量，"时"是在每个人的外部起支配作用的力量；它们的相同之处在于，都是与人的操行无关的、非人所能控制的力量。王充认为，穷达祸福之来，不仅取决于"命"，而且取决于"时"。也就是说，"时"和"命"一样，是一种不可抗拒的力量，与人的操行没有关系，它主要来自人周围的环境，和"命"一起支配着人的一生。

如果说富贫、贵贱、寿夭、吉凶、盛衰、祸福等主要取决于"命"的话，那么遭、遇、幸、偶、累、害等则更多地取决于"时"。

那么，"命"与"时"的关系如何呢？王充认为，只有"命"好"时"利时，人才会有好的命运，否则，仍会有坏的命运。但这种"命"好"时"利的情况，在人生中毋宁说是相当罕见的，因而人生也就只能是以不幸为主了。"命"和"时"一起，成了决定人生的两大主因，这就是王充的认识。

说到底，王充之所以反复强调"命"与"时"的支配性力量，反对将人的遭、遇、幸、偶、累、害与人的道德品质挂钩，就是因为看到了太多善人遇祸、恶人得福的不合理的社会现象，却又找不到导致它们发生的社会制度等方面的原因，也提不出什么解决的良方或解脱的道路，所以只能把一切都归之于"命"与"时"了。就此意义而言，王充的人生论虽然有其消极悲观的一面，但同时也是一种社会批判论，是对于不合理的社会秩序的质疑和抗议。

（六）文论

王充是中国早期的重要文论家，其文论具有功利性（实用性）的特色，在后来的中国文论史上影响很大。

王充在有关文的本质、文的起因、文的作用、文类等级、文章风格、文人轩轾等方面，都发表了富于功利性或实用性的看法。这些看法不仅来源于源远流长的儒家文论传统，也来源于王充自己丰富的写作实践，并对后世的文论产生了深远的影响。

在中国文论史上，王充在强调文的功利性的时候，充分肯定了文的价值，这对于提高文的地位具有促进作用，在这一方面，他站在了发端于孔子、壮大于汉代、成熟于魏晋的文学意识的同一面。

但是，王充在强调文的功利性的时候，也否定了文的审美性，这对于以审美价值为目的的文学的发展具有消极作用，在这一方面，他又站在了从汉代开始觉醒的审美性文学意识的对立面。

从对后来的影响来说，王充文论的作用也具有两重性，一方面，它作为中国处于正统地位的功利主义文论史上的一环，发挥着对文学的消极作用；同时，又经常为中国处于非正统地位的唯美主义文论所吸收（典型的例子如刘勰《文心雕龙》关于文学发生论的自然主义观点所受王充文论的影响），从而对文学的发展产生了积极的影响。

四、《论衡》的流传史

由于上述种种的成就，《论衡》成了中国思想史上的一部经典，近两千年来一直受到广大读者的喜爱。

（一）越中人士对《论衡》早期流传的贡献

随着江南的开发开化，汉代的越中地区，产生了不少像王充这样的文人学士，他们之间往往互通声气并互相批评，如王充在《案书篇》中就曾评论过会稽吴君高的《越纽录》、周长生的《洞历》。王充可以看到其他越人的著作，则其他越人也一定能看到他的《论衡》。也就是说，在当时的越中地区，应该存在着一个文人圈子，他们是王充的读者群。

从《论衡》所载许多对于《论衡》的批评意见来看，《论衡》写作当时，肯定是在一定范围内、通过一定途径被当时人看到的。如《自纪篇》说自己之所以作《讥俗》《节义》之书，乃是为了"冀俗人观书而自觉"，《对作篇》说自己之所以作《论衡》之书，乃是为了"冀悟迷惑之心，使知虚实之分"，也就是说，都是为了给别人看的；而《对作篇》说"《论衡》诸篇，实俗间之凡人所能见，与彼作者无以异也"，表明也确实已经给别人看到了。这个"别人"，当然主要是越中的文人学士，而并非引车卖浆者流。

也许正因为这样，所以王充才听到了许多对于《论衡》的批评意见。《自纪篇》说，《讥俗》《节义》之书写成以后，"或谴谓之浅"；《论衡》之书写成后，别人问他："《讥俗》之书，欲悟俗人，故形露其指，为分别之文；《论衡》之书，何为复然？"如别人没有读过王充的这些著作，是不可能提出这种批评的。诸如此类的批评意见还有很多，见于《自纪篇》与《对作篇》等。当然，我们也可以认为这些批评意见都是王充自己的"假想敌"，是他自己在那里说难辩驳，以预作辩护计，但是，如果《论衡》完全没有给别人看过，并且别人也确实提了不少意见，王充能那么真切地凭空想象出那些批评意见吗？

在看到《论衡》的越中人士中，有王充的同乡好友谢夷吾。他应该是读过《论衡》的，对王充的才学非常佩服，于是上书朝廷推荐了王充，把王充比作前世的孟子、荀子，当代的扬雄、刘向、司马迁。据范晔《后汉书》充本传李贤注引谢承《后汉书》充本传说："夷吾荐充曰：'充之天才，非学所加，虽前世孟轲、孙卿，近汉扬雄、刘向、司马迁，不能过也。'"范晔《后汉书》充本传也说："友人同郡谢夷吾上书荐充才学，肃宗特诏公车征，病不行。"

正如谢夷吾那样，只要有机会，越中人士就会努力将《论衡》介绍给北方人士，以扩大《论衡》的影响。据《三国志·吴书·虞翻传》裴松之注引会稽人士所著《会稽典录》记载，初平四年（193），王朗为会稽太守，任期四年（193—197），在任期内，他曾问功曹、会稽余姚人虞翻[1]曰："且曾闻士人叹美贵邦，旧多英俊，徒以远于京畿，含香未越耳。功曹雅好博古，宁识其人邪？"从王朗的问话中可以看出，会稽的人文之盛，即在北方也是盛传的，但是，由于远离文化中心的京畿地区，所以知道的人比较少。我想，王充和《论衡》的情况，大

---

[1]虞翻（164—233），字仲翔，《隋书·经籍志》载其有集二卷（梁三卷，录一卷），《旧唐书·经籍志》载其有集三卷。

概也是如此吧？一方面，为有些学者所知道；另一方面，知名度又并不很高。

虞翻在回答中，提到了王充和《论衡》，并给予极高的评价："有道山阴赵晔，征士上虞王充，各洪才渊懿，学究道源，著书垂藻，骆驿百篇。释经传之宿疑，解当世之槃结。或上穷阴阳之奥秘，下摅人情之归极。"从虞翻的回答可以看出，王充及其《论衡》在越中已具有极大的影响和极高的地位，为当地人士所高度重视并津津乐道。这样，虞翻就成了继谢夷吾之后第二个积极表彰王充及其《论衡》的越中人士。

同上书又记载，王朗听了虞翻的介绍后说："善哉话言也！贤矣！非君不著，太守未之前闻也！"可见对于虞翻的上述这番介绍，王朗是非常称道与重视的。他对虞翻的发问，确实表现出北方人士对于南方文献的极大兴趣，这也是有利于《论衡》流传的一大积极因素。

值得注意的是，虞翻和谢夷吾都是会稽人士，又都非常重视乡邦文献。由此可以推测，重视乡邦文献的会稽人士一定还有不少。在《论衡》的名声逐渐显著，并逐渐走向全国之前，《论衡》也许正是靠这些会稽人士才得以保存和流传的。

这一点，从《会稽典录》对于王充的另一部著作《养性》之书的记载与介绍也可看出来。《太平御览》卷七二〇引《会稽典录》云："王充年渐七十，（……）乃作《养生（性）》之书，凡十六篇。养气自守，（适食节酒，）闭明塞聪，爱精自辅（保），（适辅）服药道引（引导），庶几获道（庶冀性命可延，斯须不老）。"（括号里为《论衡·自纪篇》有而《会稽典录》无或不同者）此节文字似出自《论衡·自纪篇》，但不管怎么说，它是现在可知的对于王充著作的最初记载，这同样反映了会稽人士对于乡邦文献的重视。

综上所述，在王充当时及东汉中后期，《论衡》主要在越中地区具有很大的影响，越中人士对于《论衡》的流传作出了最初的也是最可贵的贡献。如果没有他们的努力，《论衡》也许就会像桓谭的《新论》

那样佚失不传。而会稽人士之所以这样做，乃是由于当地具有重视乡邦文献的优良传统，这也是两汉以来当地开化开发的结果。

（二）《论衡》从越中走向全国

进入魏晋南北朝以后，《论衡》由于众多文人学士的表彰介绍而名声渐显，开始成为一部具有全国性影响的著作。

吴国史学家谢承，是第一个私撰《后汉书》的史家。在《东观汉记》是否为王充立传不明的情况下，谢承的《后汉书》成了第一部为王充立传的后汉史著作，而且第一次明确记载了王充著《论衡》八十五篇。谢承《后汉书》为范晔《后汉书》所采摘，从现存谢承《后汉书》充本传的佚文来看，范晔《后汉书》充本传几与之完全相同，可见范晔《后汉书》充本传是沿袭谢承《后汉书》充本传的。范晔《后汉书》后来取代各家《后汉书》，成为现存唯一的后汉正史著作，王充也因范晔《后汉书》而得以"名垂青史"，为世人所稔知，然究其始，实自谢承创之。所以，谢承《后汉书》对于扩大王充的影响和促进《论衡》的流传，实作出了相当大的贡献。

到了两晋时期，出现了一个大学者葛洪（283—343），他的著作《抱朴子外篇》，模仿、介绍和表彰了《论衡》，对于促进《论衡》的流传、扩大《论衡》的影响作出了重要贡献。此外，《抱朴子》中记载的关于蔡邕读《论衡》而"谈论更远"，置于"帐中隐处"，"秘玩以为谈助"的态度和"唯我与尔共之，勿广也"的告诫，反映了晋人，尤其是葛洪，对《论衡》的价值和意义的看法。这种看法既是当时时代风气的产物，又反过来提升了当时人对于《论衡》的兴趣，促进了《论衡》的流传。连东晋史学家袁山松都可能受其影响，将这些材料采入《后汉书》中，唐代李贤注范晔《后汉书》时，又将袁山松《后汉书》的这些材料采入注释中，一直流传到今天，这对于整个《论衡》的流传和评论史都产生了很大影响。

南朝梁代的文论家刘勰，在其所著《文心雕龙》（约500）的《神思》《时序》《养气》等篇中，多次提到并评论了王充和《论衡》。刘勰以王充上与司马相如、扬雄、桓谭，下与班固、张衡、蔡邕、左思等人相提并论，并称王充为"磊落宏儒"，称《论衡》为"巨文"，足见其对于王充和《论衡》的评价之高。由此也可见，在南朝时，《论衡》已成为一部世所公认的"巨文"，王充也成为一个世所公认的"磊落宏儒"，所以刘勰才会给《论衡》以这么高的评价。同时，由于刘勰在《文心雕龙》中将《论衡》置于"巨文"之列，所以更提高了《论衡》的地位，扩大了《论衡》的影响，促进了《论衡》的流传。此外，正如许多学者所指出的，《文心雕龙》在许多方面还曾受过《论衡》的影响。

也就是说，在魏晋南北朝时期，《论衡》的流传更为广泛，影响更为扩大，地位更为提高，已经成了一部名著。

隋唐宋初时期，《论衡》作为一部东汉的古典著作，已经获得了稳定的地位。一般的学者文人，多知道《论衡》；一般的书籍类书，多摘引《论衡》；一般的读书人家，也多收藏《论衡》。

在这一时期，最好地继承和发扬《论衡》理性精神的人，要数唐代史论家刘知幾（661—721）了。在史论名著《史通》中，刘知幾一再提到《论衡》，对《论衡》的理性精神评价甚高，自认为《史通》是继承《论衡》的传统而写的，并表示要继承和发扬《论衡》的怀疑精神。作为史论家的刘知幾对于《论衡》的兴趣，正与文论家刘勰对于《论衡》的兴趣遥相呼应，从而更扩大了《论衡》的影响，促进了《论衡》的流传。

如果说葛洪是从思想家的角度，谢承等是从史学家的角度，刘勰是从文论家的角度，刘知幾是从史论家的角度，分别对《论衡》的流传作出了贡献的话，那么，韩愈（768—824）就是从文学家的角度对《论衡》的流传作出了贡献的。韩愈写了一篇《后汉三贤赞》，其中就有关于王充的赞语。值得注意的是，韩愈为王充作赞这件事本身所具有的重要意义，就是它反映了《论衡》的影响甚至波及"文起八代之

衰"的古文大家韩愈。与此同时,《论衡》也由于韩愈的提倡而产生了
更大的影响。

到了北宋庆历五年（1045），杨文昌第一次刊刻《论衡》时,《论
衡》已经成为一部地位稳固的古典著作了。自此以后,《论衡》进入了
靠版本流传的新阶段,为其垂诸久远创造了良好的条件。

五、《论衡》的评论史

从《论衡》成书到现在,已经有一千九百多年了。在这一千九百
多年里,《论衡》的遭遇是颇为坎坷的。它的声誉时而上升,被褒为天
下奇书;时而下跌,被贬为名教罪人。一部名著的评论史,不仅反映
了著作本身地位的升降浮沉,也反映了各个时期思想意识的演化变迁,
《论衡》的评论史尤其是一个典型的例子。

（一）从东汉到唐

从东汉到唐代,《论衡》一直受到高度的评价,王充被看作是一个
无愧于前贤的大学者,《论衡》被认为是一部与古典齐肩的大著作。而
善评的理由,或因为推崇王充的学问才气,或因为《论衡》的可资谈
助,或因为它有矫枉辨伪之功。对《论衡》的批评意见,或出自道家,
或出自儒家,但在这个时期都未能占据上风。一般认为,《论衡》即使
有缺点,也只是"小疵",无伤大雅。

从东汉至唐代这一历史时期,是佛教思想传播、道教思想兴盛的
时期,儒学独尊的局面逐渐被打破,对圣贤偶像的崇拜观念较为薄弱,
伦理纲常尚未完全控制社会生活。在这种情况下,敢于批评前人、发
表己见的《论衡》,势必会受到人们的广泛欢迎。这是《论衡》在东汉
至唐代八九百年间受到高度评价的根本原因。

（二）宋元

但是到了宋代，《论衡》的命运却发生了一个重大的转折。《论衡》的怀疑精神，《论衡》的"非圣无法"，《论衡》的文章风格，注定了它将不容于儒学独尊的宋代，尤其是理学兴盛的南宋。

首先，随着宋人思想渐趋正统、保守，宋人对从前一直为魏晋人所津津乐道的《论衡》的"新奇"已变得不敏感，甚至反感了。《论衡》在魏晋人眼里一直是部奇书，而在宋人眼里就不稀奇了。这是因为经过儒学熏陶的宋人的眼光不一样了，他们已不能感受魏晋人在读《论衡》时的心情。

其次，经历过唐宋古文运动以后，"八代之文"的地位骤然下降，作为东汉文章的《论衡》也蒙受其殃，受到了宋人的批评。如晁公武说："世谓汉文章温厚尔雅，及其东也，已衰。观此书与《潜夫论》《风俗通义》之类，比西京诸书骤不及远甚，乃知世人之言不诬。"（《郡斋读书志》卷十二子部杂家类《论衡》提要）

再次，宋代对《论衡》评论的最大特点，就是对其"非圣""不孝"的批评，这是在儒学占统治地位的宋代必然会出现的现象。"不孝"的批评发自唐代刘知幾，"非圣"的批评发自宋人自己。"非圣""不孝"在魏晋人眼里，是全然不成为问题的，但在崇拜圣贤、强调纲常的宋人眼里，则成了原则性的大问题，这是时代思想的变化所造成的结果。宋人对《论衡》"非圣""不孝"的批评，对后世的影响很大，尤其到了清代，《论衡》更因此而大受挞伐。

元代对《论衡》的评论较为少见，比较重要的只有韩性的《〈论衡〉序》，其总体基调是宋人的延续。

（三）明

明代对于《论衡》的评论，依古文辞运动的盛衰，可以分为前、后两个阶段，即古文辞运动影响下的阶段，反古文辞运动影响下的阶段。

在轰轰烈烈的古文辞运动中，有不少人注意到了《论衡》。不过由于受到"文必秦汉"（"汉"主要是指西汉）这一文学主张的影响，在关于《论衡》文章的评论方面，当时人大都继承唐宋古文运动以来的观点，因《论衡》属于东汉之文而对之颇有微辞。

随着反古文辞运动的勃兴，人们打破了"文必秦汉"的僵化教条，对历代文章采取了更为灵活宽容的态度。在这样的情况下，自王充当时直到晚明以前几乎一直为人诟病的《论衡》的文章，也开始受到了晚明文人的喜爱和赞扬，而这种对于《论衡》文章的善评，在此前的《论衡》评论史上是看不到的。

（四）清

《论衡》的命运在明代虽略有好转，但到了清代则是一蹶不振。宋代对《论衡》"非圣""不孝"的批评，到了清代更是有增无已，口气也更为严厉。清代凡谈到《论衡》的人，几乎没有不就此骂它几句的，甚至像乾隆皇帝这样的君主也加入进来。这一片责骂之声就是清代对《论衡》评论的基调，它反映了封建末世思想的僵化和专制的加强。

但是在清代对《论衡》的评论中也可以看到一个特异现象，那就是熊伯龙等人对《论衡》在扫除迷信陋俗方面作用的推崇。熊伯龙的《无何集》就是用《论衡》的材料编成的。对《论衡》的这种肯定，反映了人们要求破除迷信陋俗的愿望，这种愿望的出现，是与理性精神的进步分不开的。

不过，他们对于《论衡》的肯定，却有着严重的局限性。他们有取于《论衡》的，只是其中对迷信陋俗的批判，却不能容忍《论衡》对孔、孟的批评，乃至把《问孔篇》《刺孟篇》说成是"小儒伪作"而加以删削，并把《论衡》的思想曲解成是"发明孔子之道"的。这些都说明，熊伯龙等人对《论衡》的评论，仍然不逆清代《论衡》评论的潮流，不出传统儒学思想的范畴。

（五）近代

《论衡》的命运，在近代产生了根本性的变化。近代中国，已经不再像过去那样是一个封闭的文化圈，而是一个东西方文化碰撞交融的反应场。西方近代思想的传入，使人们开始用全新的眼光重新认识传统文化。近代《论衡》评论的质的变化，就是这种重新认识的产物。

近代《论衡》评论最重要的特点，就是肯定王充敢于发表己见，敢于批评圣贤。《论衡》因为"非圣"被骂了近千年，到了近代，第一次因为"非圣"而受到赞扬。从"非圣"之不成问题，到"非圣"罪莫大焉，到"非圣"非得好，近两千年来对《论衡》评论的这个三段式变化，充分证明时代的变迁对人们观念的影响和制约。当然，根据《论衡》对儒家的态度来决定《论衡》的价值，表明近代的《论衡》评论尚未完全摆脱儒学一家得失的纠缠，也可以说是近代《论衡》评论的一个局限。

由于打破了儒学思想的束缚，近代对《论衡》的评论出现了多姿多彩的局面，各种西方近代思想在《论衡》评论中都有所反映。有用西方哲学范畴来评论《论衡》的，有将《论衡》置于中国思想发展史长河中去把握的，有以西方文体为标准来重新评论《论衡》的文章的，有从地理环境角度来评论《论衡》的，有用实用主义哲学来评论《论衡》的，还有用现代科学发现来探讨《论衡》所载之传说的。凡此种种，都是近代思想解放的产物，远非古代的《论衡》评论所能企及。

由于打破了儒学思想的束缚，人们对《论衡》的价值有了新的认识，因此对这部书的整理也就日渐重视了。

六、既有整理成果、本书选目与凡例

（一）既有整理成果

清代考据学兴盛，但正如黄晖《论衡校释·自序》所说："清儒，尤其是乾、嘉时代，校勘古书是一代的伟绩。但对于《论衡》，如卢文弨、王念孙等，都是手校群书二三十种的人，而没有一及此书……俞樾虽然是校正数十条，想是以余力致此，所以不像所校他书那样精当。"①俞樾《曲园杂纂》第二十三《读论衡》，孙诒让《札迻》中有关《论衡》的考证，也就是清代仅有的成果了。与整个清代考据学的成果相比，清人对《论衡》做的整理工作不多。究其原因，清代对于《论衡》"非圣""不孝"的评论，在根本上限制了学者们的工作热情。可以想象，如果没有这样的恶评，清代一定会出现一个较好的《论衡》整理本，而不必把这个工作留给近人来做。

对《论衡》真正的整理工作始于20世纪初期，至今不过百年左右。自20世纪30年代开始，出现了许多有成就的《论衡》整理者，以及好几部有分量的《论衡》校注本。20年代中期，梁启超在清华国学研究院讲授《中国近三百年学术史》时，呼吁学者整理"汉代批评哲学第一奇书"《论衡》。当时的清华国学研究院研究生刘盼遂响应导师号召，经过七年的努力，终于在1932年完成了《论衡集解》（北京古籍出版社，1957年）；与此约略同时，黄晖也经过七年努力，于1935年完成了《论衡校释》（长沙商务印书馆，1938年）。这两部著作，尤其是黄晖之作，成了现代《论衡》整理的奠基之作。此外，杨树达有《论衡》校读本，吴承仕有《论衡校释》，刘师培有《论衡校补》，胡适有《论衡校录》，齐燕铭有《论衡札记》，刘文典有《论衡斠补》（《三余札记》二），章士钊有《论衡校读》，孙人和有《论衡举正》，张宗祥有《论衡校注》，马宗霍有《论衡校读笺识》，等等，一代之名流学者，纷纷措手于《论衡》之整理（惜大多未能及时问世）。在此前后，又有陈益的《评注论衡》（上海扫叶山房，1924年），许德厚的《详注论衡》（上海真美书社，1928年），高魁光的《论衡集解》（抄本，1939年），等等。此外，标点本或影印本《论衡》更多达二十余种。短短数十年间，竟

———————

① 黄晖：《论衡校释·自序》，中华书局1990年版，第7页。

有这么多的《论衡》校本或注本出现，与清代《论衡》的整理状况相比，是有了显著的进展。

1949年以后，因被目为"唯物主义"思想家，王充的《论衡》相对受到重视。而在"文化大革命"期间，因为"评法批儒"的关系，《论衡》的研究热闹了一阵子，其实却是走了一段弯路。但是北京大学历史系《论衡》注释小组的《论衡注释》（中华书局，1979年），作为《论衡》的第一个普及性全注本，虽然带有明显的时代烙印，仍是这时期《论衡》整理的重要成果。

进入新时期以后，《论衡》的研究进入了稳定时期，出现了若干比较重要的整理著作，这里只举几种主要的。袁华忠、方家常译注的《论衡全译》（贵州人民出版社，1993年），是继《论衡注释》之后，既全面吸收其注释成果，又努力消除其时代烙印的第二个普及性全注全译本，为一般读者提供了方便。程湘清等编的《论衡索引》（中华书局，1994年），不仅完成了篇幅浩繁的字词索引，也吸收了此前的整理成果，提供了一个新的"《论衡》原文"（但该书出版后的整理成果，尚有待在修订时补入）。杨宝忠的《论衡校笺》（河北教育出版社，1999年），对此前的各家校勘成果作了一个全面的总结，又富于自己的独到之见，是《论衡》整理的一部力作。郑文的《论衡析诂》（巴蜀书社，1999年），作为第三个普及性全注本，特点是简明实用，篇后有分析点评。时永乐、王景明编的《论衡词典》（人民出版社，2005年），重在字词的解释，是一本有用的工具书。此外，蒋礼鸿、裘锡圭、郭在贻、陈霞村等人有关《论衡》校勘的一些单篇论文，也提供了许多富有启发性的见解。

一些既有校注成果的出版问世，也有助于推动《论衡》研究的深入。如黄晖的《论衡校释》（附刘盼遂的《论衡集解》，中华书局，1990年），作为最重要的学术性全注本，相隔半个多世纪或三十多年，终于得以重版；吴承仕的《论衡校释》（北京师范大学出版社，1986年）、孙人和的《论衡举正》（上海古籍出版社，1990年）等，均曾搁置箧笥数十年，也终于公开出版了；在完成半个多世纪后，张宗祥的《论衡校注》（上海古籍出版社，2010年）、马宗霍的《论衡校读笺识》（中华书局，2010年），虽说姗姗来迟，却也均作为遗稿而公诸于世。后两种书与杨宝忠的《论衡校笺》一起，为《论衡》文本提供了最新整理成果。

拙著《论衡研究》（韩国蔚山大学校出版部，1995年；复旦大学出版社，2009年修订版，2018年修订第二版），则在《论衡》的成书时间和过程、《论衡》篇目排列的内在联系、《论衡》颂汉诸篇的写作动因、《论衡》与王充其他各书的关系、《论衡》的早期流传影响史、两千年来《论衡》的评论史等方面提出了一些一孔之见，也可供《论衡》的读者和研究者参考，本书导读部分及篇末解析等多采用其中的观点。

（二）本书选目与凡例

《论衡》共八十五篇（《招致篇》有目无文，实有八十四篇），大致可以分为七组，各组之间既相对独立，又互有联系。为了让读者全面了解《论衡》，我们既依照各组的重要程度，也考虑到各组间的平衡，以及各篇的具体内容，而选取有代表性的篇目如下：

从《逢遇篇》第一至《奇怪篇》第十五等十五篇是第一组文章，这是一组系统地论述"性""命"问题的文章，但其所谈"命""性""气"等概念与现代读者已相距较远，故仅选开头的《逢遇篇》《累害篇》等两篇，一正一反，以了解王充如何看待人生处境。

从《书虚篇》第十六至《说日篇》第三十二等十七篇是第二组文章，这是一组系统地论述书传和传说中各种虚妄之言的文章，选《感虚篇》《艺增篇》《问孔篇》《刺孟篇》等四篇，在各组中选取比例较高。以"九虚三增"体现王充的"疾虚妄""求实诚"精神，为《论衡》中最重要的一组，而《问孔篇》《刺孟篇》则在历史上影响极大。"九虚"选《感虚篇》，主要考虑到该篇的代表性；"三增"选《艺增篇》，因其批判的是"经"，最能体现王充的怀疑精神，且"三增"小序也位于该篇中。

从《答佞篇》第三十三至《状留篇》第四十等八篇是第三组文章，这是一组系统地论述人才问题的文章，选《答佞篇》一篇。《答佞篇》抨击"佞人"，体现了王充的"小人"观，与全书开头两篇遥相呼应，故选该篇。

从《寒温篇》第四十一至《感类篇》第五十五等十五篇是第四组文章，这是一组系统地论述天人感应问题的文章，选《自然篇》一篇。在批判天人感应论方面，《自然篇》是最重要的篇目，故选该篇。

从《齐世篇》第五十六至《佚文篇》第六十一等六篇是第五组文章，这是一组系统地论述汉代功德的文章，选《齐世篇》一篇。此组各篇为歌颂汉王朝及避祸进取而作，但其中所体现的古今同视思想则又有可取之处，其中《齐世篇》多后者而少前者，故选该篇。

从《论死篇》第六十二至《祭意篇》第七十七等十六篇是第六组文章，这是一组系统地论述迷信陋俗的文章，选《论死篇》一篇。《论死篇》论述"人死不为鬼，无知，不能害人"，为这组文章的核心论点，故选该篇。

从《实知篇》第七十八至《自纪篇》第八十五等八篇是第七组文章，它们可以说是对于《论衡》已完成七十七篇文章的补充和总结，选《书解篇》《案书篇》《对作篇》《自纪篇》等四篇，在各组中选取比例最高。《书解篇》《案书篇》反映了王充对于典籍和著述的看法，《对作篇》实为《论衡》的自序，《自纪篇》则为王充的自传，都很重要，故都选入。

以上共选取十四篇，在全书八十五（四）篇中占六分之一，以供读者尝鼎一脔。

北京大学历史系《论衡》注释小组《论衡注释》以明通津草堂本为底本，以其他各本作为参校，又全部转写为简体字，校勘精审，比较符合本选本的需要，故择之以为工作底本。

除该本外，在文字（包括繁简转换）、标点、分段、校勘等方面，本书还参考了国家图书馆出版社影印出版的《宋本论衡》（即通常所说的"递修本""三朝本"）、《四部丛刊》初编影印明通津草堂本、上海人民出版社据通津草堂本排印的简体字本、吴承仕《论衡校释》、孙人和《论衡举正》、黄晖《论衡校释》、刘盼遂《论衡集解》、杨宝忠《论衡校笺》、张宗祥《论衡校注》、马宗霍《论衡校读笺识》等各本，以及蒋礼鸿、裘锡圭、郭在贻、陈霞村诸家之说，择善而从，以期为读者提供一个较好的文本。

在注释、串讲等方面，本书主要参考《论衡注释》，同时参考黄晖《论衡校释》，刘盼遂《论衡集解》，袁华忠、方家常《论衡全译》，杨宝忠《论衡校笺》，马宗霍《论衡校读笺识》等，以充分吸收现代各家校注本、译注本的研究成果。

以上参考各书，均择善而从，不一一注明。因本书面向一般读者，并非专门的校勘著作，为阅读顺畅起见，凡有讹误，径行改正。但凡改动文字，或引异见之说，则必注明依据，著其名氏，以示尊重；但不著书名，可参见书后所附参考文献，以免繁琐。如各家所见略同，则依其著作公开出版时间为顺。

注释一般仅该词语首次出现时加注，为方便理解文义偶或重复出注。

本书凡引用古代文献，均据通行可靠版本覆按，以杜绝转引所致之讹传。

本书异体字、俗字统一为正体字；古今字、通假字、人名地名用字不强作统一。

（附记：本书的前身，作为"中华传统文化百部经典"之一，2019年6月由国家图书馆出版社出版。此次收入"大家读浙学经典"，仍保留了原来的选目及解题、解析等，而对导读作了全面改写，对注释作了大幅精简，并把原旁批移入脚注中，加"毅平按"以示区别。）

选　注

逢遇篇

◎ 解题

《论衡》自本篇至《奇怪篇》等十五篇，内容皆有关人的"性""命"，为一组有系统的文章。在这组文章的开头，王充首先探讨了"遇""不遇"的问题。本篇探讨佞人的"遇"和贤者的"不遇"，下篇《累害篇》则探讨"不遇"的贤者所易招致的"累害"，因此这开头两篇可以说是姐妹篇，为王充的命定论砌下了最初两块砖。本书选取了这两篇。

操行有常贤[1]，仕宦无常遇[2]。贤不贤，才也[3]；遇不遇，时也[4]。才高行洁，不可保以必尊贵；能薄操浊，不可保以必卑贱。或高才洁行，不遇，退在下流[5]；薄能浊操，遇，进在众上[6]。世各自有以取士[7]，士亦各自得以进[8]。进在遇，退在不遇。处尊居显，未必贤，遇也；位卑在下，未必愚，不遇也。故遇，或抱洿行[9]，尊于桀之朝[10]；不遇，或持洁节，卑于尧之廷[11]。

[1] 常贤：一贯优良。　　[2] 遇：遇合，投合，指受到赏识和重用。[3] 才：指才能和操行。　　[4] 时：时势，时运。　　[5] 下流：低下的地位。　　[6] "进"，原无，据杨守敬、陈霞村、杨宝忠说补。进：升迁。[7] 不同的时世各有自己选拔士的标准。　　[8] 士也各有自己猎取功名利禄的途径。　　[9] 抱：持有。洿（wū）：同"污"，浊。　　[10] 桀（jié）：夏朝的最后一个君主，传说是一个暴君，后被商汤击败，出奔南方而死。[11] 尧：名放勋，史称唐尧，陶唐氏部落的酋长，炎黄联盟的首领，传说中

的上古帝王。

所以遇不遇非一也[1]：或时贤而辅恶[2]；或以大才从于小才；或俱大才，道有清浊[3]；或无道德，而以技合[4]；或无技能，而以色幸[5]。

[1] 所以：导致……的原因。　[2] 或时：或许。　[3] 以上二句意谓：有的臣子和君主都很有才干，而道德却有高低的差别。　[4] 以上二句意谓：有的臣子虽然没有道德，却因一技之长而称了君主的心。　[5] 以上二句意谓：有的臣子虽然没有技能，却以容貌姣好而受到君主的宠幸。 毅平按：以上概括介绍几种"遇"的情况。

伍员、帛喜[1]，俱事夫差[2]，帛喜尊重[3]，伍员诛死，此异操而同主也[4]。

[1] 伍员（yún）：即伍子胥（？—前485），春秋末期楚国人，因父兄被楚平王杀害而逃往吴国，成为吴国的大臣，后遭伯嚭陷害自杀。其事参见《史记·伍子胥列传》。帛喜（pǐ）：即伯嚭，又作白喜、帛否、伯喜，皆同一人，春秋末期吴国大臣。吴承仕说"喜""否"皆"嚭"字之残。　[2] 夫差：春秋末期吴国君主，前495—前473年在位，越灭吴后自杀。　[3] 尊重：位尊权重。　[4] 这是不同操行的人事奉同一个君主的情况。

或操同而主异，亦有遇不遇，伊尹、箕子是也[1]。伊尹、箕子才俱也[2]，伊尹为相，箕子为奴，伊尹遇成汤[3]，箕子遇商纣也[4]。夫以贤事贤君，君欲为治，臣以贤才辅之，趋舍偶合[5]，其遇固宜；以贤事恶君，君不欲为治，臣以忠行佐之，操志乖忤[6]，不遇固宜。[7]

[1] 伊尹：名挚，一名伊，一说是官名，辅助汤王灭夏，被尊为阿衡（宰相）。箕子：名胥余，商纣王的亲戚，封于箕地，故称为"箕子"，因规劝纣王而纣王不听，佯狂为奴，被纣王囚禁。其事参见《史记·殷本纪》《宋微子世

家》。　[2] 俱：同，相等。　[3] 成汤：卜辞作"唐"，又称"汤""成唐"，原名履，又名天乙，卜辞作太乙，高祖乙，子姓，商朝的开国君主。其事参见《史记·殷本纪》。　[4] 纣：名辛，商朝的末代君主，史上视为暴君，故称为"纣"（残暴的意思）。周武王率诸侯攻商，在牧野（今河南淇县西南）之战中，纣兵败自焚。其事参见《史记·殷本纪》。　[5] 趋舍：取舍，好恶。偶合：相合。　[6] 操行和志向正好相反。乖：违背。忤（wǔ）：抵触。　[7] 毅平按：以上二段是说，异操同主，操同主异，是决定遇不遇的两种重要因素。

或以贤圣之臣，遭欲为治之君，而终有不遇，孔子、孟轲是也。孔子绝粮陈、蔡 [1]，孟轲困于齐、梁 [2]，非时君主不用善也，才下知浅 [3]，不能用大才也。夫能御骥骆者 [4]，必王良也 [5]；能臣禹、稷、皋陶者 [6]，必尧、舜也。御百里之手 [7]，而以调千里之足 [8]，必有摧衡折轭之患 [9]；接具臣之才 [10]，而以御大臣之知 [11]，必有闭心塞意之变 [12]。故至言弃捐 [13]，圣贤距逆 [14]，非憎圣贤、不甘至言也，圣贤务高 [15]，至言难行也。夫以大才干小才 [16]，小才不能受，不遇固宜。[17]

[1] 陈：春秋时的小国，在今河南淮阳一带。蔡：春秋时的小国，在今河南新蔡一带。绝粮陈、蔡：前489年，孔子从陈、蔡到楚国去，途中被陈、蔡人包围，七天没吃上一顿饱饭。其事参见《论语·卫灵公》《荀子·宥坐》《史记·孔子世家》。　[2] 齐：战国时的齐国，在今山东北部。梁：指大梁（在今河南开封），魏国的都城，因此魏国也称为"梁"。困于齐、梁：指孟子在齐、魏两国进行游说，遭到拒绝，陷入困境。其事参见《孟子·梁惠王上》《公孙丑下》。　[3] 才智浅陋。知（zhì）：通"智"。　[4] 御：驾驭。骥（jì）：千里马。骆（lù）：骆耳，即"绿耳"，周穆王八骏之一，参见《穆天子传》《列子·周穆王》。　[5] 王良：春秋后期晋国驾驭车马的能手。　[6] 臣：以……为臣。禹：传说是夏朝的开国君主，夏后氏部落的领袖，姒姓，史称"禹""大禹""夏禹""戎禹"，奉舜命治水有功，被舜选为继承人，舜死后担任部落联盟领袖。稷（jī）：后稷，姬姓，名弃，传说是周朝的始祖，善种各种粮食作物，曾在尧、舜时代做过农官，教民耕种。皋陶（gāo yáo）：一作咎繇，偃姓，传说是东夷族的首领，又传说是尧的贤臣，舜时掌管刑罚。

[7] 只能驾驭百里马的人。　　[8] 却任用他去驾驭千里马。调：调理，驾驭。　　[9] 摧：折。衡：缚在车辕上的横木。轭（è）：绑在衡下的曲木，驾车时安放在马颈上。　　[10] 只具备使用"具臣"的才能。"接"上原有"有"字，据杨守敬、杨宝忠说删。接：接纳，使用。具臣：备位充数之臣，尸位素餐之臣。　　[11] 却让他去驾驭具有大臣才智的人。　　[12] 闭心塞意：使心意遭到堵塞。变：患。　　[13] 至言：善言。　　[14] 距：通"拒"，拒绝，抗拒。逆：违背，排斥。　　[15] 圣贤追求的理想太高。　　[16] 干（gān）：求。　　[17] 毂平按：操同主同，殊为难得，但以大才干小才，还是不能遇。进一层说。

　　或以大才之臣[1]，遇大才之主，乃有遇不遇，虞舜、许由、太公、伯夷是也[2]。虞舜、许由俱圣人也，并生唐世[3]，俱面于尧[4]，虞舜绍帝统[5]，许由入山林。太公、伯夷俱贤也，并出周国，皆见武王[6]，太公受封，伯夷饿死。夫贤圣道同、志合、趋齐[7]，虞舜、太公行耦[8]，许由、伯夷操违者[9]，生非其世，出非其时也[10]。道虽同，同中有异；志虽合，合中有离[11]。何则？道有精粗，志有清浊也。许由，皇者之辅也[12]，生于帝者之时[13]；伯夷，帝者之佐也，出于王者之世[14]。并由道德[15]，俱发仁义[16]，主行道德，不清不留[17]，主为仁义，不高不止[18]，此其所以不遇也。[19]尧溷舜浊[20]，武王诛残[21]，太公讨暴，同浊皆粗，举措钧齐[22]，此其所以为遇者也。故舜王天下[23]，皋陶佐政，北人无择深隐不见[24]；禹王天下，伯益辅治[25]，伯成子高委位而耕[26]。非皋陶才愈无择，伯益能出子高也，然而皋陶、伯益进用，无择、子高退隐，进用行耦，退隐操违也。退隐势异，身虽屈，不愿进；人主不须其言，废之，意亦不恨。是两不相慕也[27]。

　　[1] "或"，原无，据黄晖说补。　　[2] 虞舜：即舜。许由：一作许繇，相传尧要让位给他，他拒不接受，逃至箕山隐居。尧又请他做九州长官，他到颍水边洗耳朵，表示不愿意听。其事参见《史记·伯夷列传》及张守节正义引皇甫谧《高士传》。太公：吕尚，姜姓，吕氏，名尚，一名牙，一名望，字牙，

一字子牙，有太公之称，俗称姜太公，商未隐居渭水（今陕西中部）河边，受到周文王的赏识和重用，辅佐周武王伐纣，因功封于齐（今山东北部）。其事参见《史记·齐太公世家》。伯夷：墨胎氏，名允，字公信，商朝末年人，反对周武王伐纣，殷朝灭亡以后，不吃周朝的粮食，饿死在首阳山。其事参见《史记·伯夷列传》。　　[3] 都生活在唐尧统治的时期。　　[4] 都见过尧。面：面向，面对。　　[5] 传说尧年老时把帝位让给了舜。绍：继承。帝统：这里指帝位。　　[6] 武王：周武王姬发，西周的开国君主。　　[7] 趋齐：目标一致。　　[8] 耦（ǒu）：偶。行耦：（与君主）操行一致。　　[9] 操违：（与君主）操行不一致。　　[10] 以上二句意谓：原因在于与其所生长的社会、其所处的时代不一样。　　[11] 离：背离，这里指差别。　　[12] 皇者：指"三皇"，传说中的三个上古帝王，说法不一，或指天皇、地皇、人皇，或指伏羲（xī）氏、神农氏、燧（suì）人氏。参见《白虎通·号》。　　[13] 以上三句意谓：许由是上古"皇者"的辅佐之才，却生在"帝者"的时代。帝者：指"五帝"，传说中的五个上古帝王，说法不一，一般指黄帝、颛顼（zhuān xū）、帝喾（kù）、尧、舜。参见《史记·五帝本纪》。这里的"帝者"具体指尧。[14] 以上三句意谓：伯夷是"帝者"的辅佐之才，却处于"王者"的时代。王者：指夏、商、周三代的夏禹、商汤、周文王和周武王。这里的"王者"具体指周武王。毅平按：古人似皆持九斤老太式历史退化论，"皇""帝""王""霸"（见下文）一代不如一代。　　[15] 由：遵循。　　[16] 发：实行。[17] 以上二句意谓：君主实行德政，如果不够完美就不愿留下当辅佐。[18] 以上二句意谓：君主实行仁义，如果不够理想也不愿留下当辅佐。[19] 毅平按：王充这里意在解释司马迁《史记·伯夷列传》里提出的疑问："或曰：天道无亲，常与善人。若伯夷、叔齐者可谓善人者非耶？积仁絜行如此，而饿死……余甚惑焉，倘所谓天道，是耶非耶？"　　[20] 尧的道德污浊，舜的道德也污浊。溷（hùn）：污浊。　　[21] 诛：讨伐。残：残暴。诛残：指武王伐纣。　　[22] 行动措施都一样。钧：通"均"。毅平按："尧溷舜浊""同浊皆粗"，王充可真敢说，史观相当大胆。　　[23] 王（wàng）：当王，统治。　　[24] 北人无择：上古人名，传说舜想让位给他，他感到受了羞辱，便自投深渊而死。其事参见《庄子·让王》《吕氏春秋·离俗览》。　　[25] 伯益：又称大费，古代嬴姓各族的祖先，相传善畜牧和狩猎，助夏禹治水有功，后为禹所重用，成为主要辅臣。　　[26] 伯成子高：上古人名，传说是尧立的诸侯，禹在位时，因对禹不满，而辞去诸侯务农。其事参见《庄子·天地》《吕氏春秋·长利》。委位：抛弃职位。　　[27] 以上七句意谓：退隐和进用相比，地位低下，（但由于和君主合不来）就宁愿受这种委屈，也不愿去当官；君主不听取他们的意见，不任用他们，心里也不后悔。这是双方互不稀罕啊！

毅平按：操同主同，虽以大才干大才，仍有遇不遇。此段再进一层说。

商鞅三说秦孝公[1]，前二说不听，后一说用者，前二，帝王之论[2]，后一，霸者之议也[3]。夫持帝王之论，说霸者之主，虽精见距[4]；更调霸说[5]，虽粗见受。何则？精，遇孝公所不欲得[6]；粗，遇孝公所欲行也。故说者不在善，在所说者善之；才不待贤，在所事者贤之[7]。马圉之说无方[8]，而野人说之[9]；子贡之说有义[10]，野人不听。吹籁工为善声[11]，因越王不喜，更为野声[12]，越王大说[13]。故为善于不欲得善之主，虽善不见爱；为不善于欲得不善之主，虽不善不见憎。此以曲伎合[14]，合则遇，不合则不遇。[15]

[1] 商鞅（？—前338）：即公孙鞅，战国中期卫国人，故又称"卫鞅"，后到秦国辅佐秦孝公，因变法有功，被封于商，号"商君"，所以又叫"商鞅"，其政治主张见于《商君书》。秦孝公：战国时秦国君主，前361—前338年在位。　[2] 帝王之论：成就"帝业""王业"的理论，即"帝道""王道"。　[3] 霸者之议：成就"霸业"的理论，即"霸道"。其事参见《史记·商君列传》。　[4] 距：通"拒"，拒绝，抗拒。　[5] 更调：调换，改弦更张。　[6] 遇：张宗祥说读若"偶"，下句"遇"同。"欲"，原无，据《论衡全译》、杨宝忠说补。得：取，喜欢。　[7] 以上四句意谓：所以不在于劝说的人说得多么好，而在于所劝说的对象认为好；才能不需要多么高明，而在于所事奉的对象认为高明。贤：认为高明。毅平按："故说者不在善，在所说者善之；才不待贤，在所事者贤之"，四句精辟之言。　[8] 马圉（yǔ）：即马圄，同"马驭"，养马的人。方：道理。据《淮南子·人间》记载，孔子的马吃了农民的庄稼，被扣留起来。孔子先派弟子子贡去要，子贡把仁义道德说了一大堆，农民根本不予理睬。孔子让替他养马的人去要，没说什么大道理，只是说了一下农民的好话，却很快就把马给要回来了。其事又见《吕氏春秋·必己》《论衡·自纪篇》。　[9] 野人：居住在城外郊野地区的人，这里指农民。说（yuè）：通"悦"，喜欢。　[10] 子贡：端木（"木"

一作"沐")赐，字子贡，孔子弟子，小孔子三十一岁。他能言善辩，善于经商，家累千金，所至之处与王侯贵族分庭抗礼，曾任鲁、卫相。有义：符合大道理。　[11]籁（lài）：古代一种管乐器。吹籁工：吹籁的人。为：演奏。善声：优美的乐曲。　[12]野声：指民间乐曲。　[13]其事参见《吕氏春秋·遇合》。　[14]曲伎：小技。　[15]毅平按：此段是说，说话要看对象，有技巧就遇，否则不遇。

或无伎，妄以奸巧合上志[1]，亦有以遇者，窃簪之臣[2]，鸡鸣之客是也[3]。窃簪之臣，亲于子发[4]；鸡鸣之客，幸于孟尝[5]。子发好偷臣，孟尝爱伪客也[6]。以有补于人君[7]，人君赖之，其遇固宜。[8]

[1]妄：胡乱。奸巧：不正当的手段。上：指君主或上司。志：意图。[2]窃簪之臣：指春秋楚宣王时大将司马子发的一个部下，善于偷盗，有一次，齐楚交战，楚军三战三败，他就连续三夜，把齐将的帷帐、枕头、簪子偷了回来，这使得齐军非常害怕，便立即撤兵了。其事参见《淮南子·道应》。　[3]鸡鸣之客：指战国时齐国贵族孟尝君手下一个善于学鸡叫的门客。孟尝君曾出使秦国，被秦昭王囚禁并要杀他，他带领门客出逃，半夜到达边境函谷关，而秦边塞规定，要天明鸡叫才放人出关，孟尝君的这个门客便学鸡叫，引得附近的鸡也跟着叫了起来，孟尝君这才侥幸逃出秦国。其事参见《史记·孟尝君列传》。"也"，原无，据杨守敬、吴承仕说补。　[4]"子发"，原作"子反"，据马宗霍说改。下句"子反"同改。《淮南子·道应》也作"子发"。　[5]孟尝：即田文，战国时齐国贵族，袭封于薛（今山东滕县东南），称薛公，封号"孟尝君"，齐湣（mǐn）王时任相国，门下食客数千人。参见《史记·孟尝君列传》。　[6]伪客：弄虚作假的门客，这里指能学鸡叫的这类人。　[7]补：益，好处。人君：主人，长官。　[8]毅平按：哪怕没有技巧，对人有用就遇，否则不遇。此段进一层说。

或无补益，为上所好，闳孺、邓通是也[1]。闳孺幸于孝惠[2]，邓通爱于孝文[3]。无细简之才[4]，微薄之能，偶以形佳骨娴[5]，皮媚色称[6]。夫好容，人所好也，其遇固宜。[7]

《论衡》选注

[1]"闳孺",原作"籍孺",或为王充误记,据《论衡注释》说改。下文"闳孺"同改。籍孺(名叫"籍"的少年)得宠于汉高祖,闳孺(名叫"闳"的少年)得宠于汉惠帝。其事参见《史记·佞幸列传》。邓通:汉文帝时曾为驾船的黄头郎,文帝梦见有黄头郎推他上天,梦醒后根据衣着寻找此人,找到邓通,遂宠幸之。其事参见《史记·佞幸列传》。 [2]孝惠:汉惠帝刘盈,前194—前188年在位。 [3]孝文:汉文帝刘恒,前179—前157年在位。 [4]简:简略。细简之才:形容学问浅薄。 [5]偶:双方一致,指称君主的心。骨娴(xián):体型妖冶。 [6]媚、称:皆美好之义。[7]毅平按:哪怕没有用,长得好就遇,否则不遇。此段再进一层说。

或以丑面恶色称媚于上[1],嫫母、无盐是也[2]。嫫母进于黄帝[3],无盐纳于齐王[4]。

[1]称媚于上:被君主所宠爱。 [2]嫫(mó)母:亦作"嫫姆",传说是黄帝的妃子,相貌极丑,但秉性贤德。其事参见《吕氏春秋·遇合》。无盐:即钟离春,传说战国时齐国无盐(今山东东平东)人,相貌极丑,三十岁还未嫁人,自请见齐宣王,陈述齐国四点危难,被宣王采纳,遂被立为王后。其事参见《新序·杂事》。 [3]进:这里指选为妃子的事情。黄帝:传说中的"五帝"之一,少典之子,为中央之神,传说是中原各族的共同祖先,姬姓,号轩辕氏,有熊氏,以云为官。 [4]纳:这里指娶以为妻。齐王:指齐宣王,战国初齐国君主,前320—前302年在位。毅平按:哪怕长得不好,有人喜欢就遇,否则不遇。此段再进一层说。

故贤不肖可豫知,遇难先图[1]。何则?人主好恶无常,人臣所进无豫[2],偶合为是,适可为上[3]。进者未必贤,退者未必愚,[4]合幸得进,不幸失之[5]。

[1]图:算计。先图:预测。 [2]人臣究竟要进献什么意见、技能才符合君主心意,无法预知。 [3]以上二句意谓:偶然合于君主的喜好,就算是好;碰巧称了君主的心意,就算上等。 [4]毅平按:"进者未必贤,退者未必愚",这两句才是王充最想说的话。 [5]以上二句意谓:君主满意便被任用,不满意便被斥退。

世俗之议曰："贤人可遇，不遇，亦自其咎也。生而希世准主[1]，观鉴治内[2]，调能定说[3]，审伺际会[4]，能进有补赡主[5]，何不遇之有？今则不然，进无益之能[6]，纳无补之说，以夏进炉，以冬奏扇，为所不欲得之事，献所不欲闻之语，其不遇祸，幸矣，何福祐之有乎？"[7]

[1]"而"，原作"不"，据刘盼遂说改。希世：迎合社会风气。准主：揣摩君主意图。　[2]察言观色于阉宦（以此为进身之阶）。治内：阉宦。[3]调（tiáo）能：指为了适应需要而调整、改变自己的专长。定说：确定自己的主张。　[4]审伺（sì）：详细周密地窥测。伺，窥测，原作"词"，据胡适、黄晖、刘盼遂、张宗祥说改。际会：时机，机遇。　[5]能进献对君主有用的东西。赡（shàn）：供给人财物，这里指给予好处。"主"，张宗祥说一作"士"，属下读。　[6]"进"，原作"作"，据黄晖说改。　[7]毅平按：这种"世俗之议"，我们耳熟能详，王充一生大概听得太多。

进能有益[1]，纳说有补，人之所知也。或以不补而得祐[2]，或以有益而获罪。且夏时炉以炙湿[3]，冬时扇以翣火[4]。世可希，主不可准也[5]；说可转，能不可易也[6]。世主好文[7]，己为文则遇；主好武，己则不遇。主好辩，己有口则遇[8]；主不好辩，己则不遇。文主不好武[9]，武主不好文；辩主不好行[10]，行主不好辩。文与言，尚可暴习[11]；行与能，不可卒成[12]。学不宿习[13]，无以明名[14]；名不素著[15]，无以遇主。仓猝之业[16]，须臾之名[17]，日力不足[18]，名不预闻[19]，何以准主而纳其说，进身而托其能哉[20]？

[1]进能：贡献才能。　[2]不补：无益。　[3]炙（zhì）：烘烤。湿：潮湿，这里指潮湿的东西。　[4]翣（shà）：大扇子，这里指扇风。[5]以上二句意谓：社会的风气可以迎合，君主的意图却难以揣摩。　[6]以上二句意谓：意见可随君主的好恶改换，才能却难以随意地改变。　[7]世主：当时的君主。　[8]"己"，原无，据杨宝忠说补。　[9]"主"，原作"王"，据杨守敬、黄晖、刘盼遂、杨宝忠、张宗祥说改。　[10]行：行为，品行。　[11]暴习：迅速地学会。　[12]卒（cù）：同"猝"，突然。

[13] 宿习：长期学习和积累。　　[14] 明名：显名，成名。　　[15] 不是长久地积累名声。　　[16] 匆匆忙忙学到的本领。　　[17] 短时间内树立的名声。　　[18] 时间和功夫都不够。　　[19] 事先没能使君主对自己有所了解。"名"，原无，据马宗霍说补。　　[20] 进身：使自己得到任用。托：寄托。托其能：发挥才能。

　　昔周人有仕数不遇[1]，年老白首，泣涕于涂者[2]。人或问之："何为泣乎？"对曰："吾仕数不遇，自伤年老失时，是以泣也。"人曰："仕奈何不一遇也？"对曰："吾年少之时，学为文，文德成就，始欲仕宦，人君好用老；用老主亡，后主又用武，吾更为武，武节始就，用武主又亡[3]；少主始立，好用少年，吾年又老。是以未尝一遇。"[4]仕宦有时，不可求也。夫希世准主，尚不可为，况节高志妙，不为利动，性定质成[5]，不为主顾者乎[6]？

　　[1] 数（shuò）：屡次。　　[2] 涂：通"途"，道路。　　[3]"用"，原无，据孙人和说补。　　[4]《文选·思玄赋》注引《汉武故事》载颜驷事与此相似。　　[5] 性格品质已经定型。　　[6] 不被君主重视的人呢。顾：顾惜，这里指重视。毅平按："节高志妙，不为利动，性定质成，不为主顾"，四句乃王充夫子自道。

　　且夫遇也，能不预设[1]，说不宿具[2]，邂逅逢喜[3]，遭触上意[4]，故谓之遇。如准主调说[5]，以取尊贵，是名为揣，不名曰遇。春种谷生，秋刈谷收，求物物得[6]，作事事成，不名为遇；不求自至，不作自成，是名为遇。犹拾遗于涂，摭弃于野，若天授地生，鬼助神辅，禽息之精阴荐[7]，鲍叔之魂默举[8]，若是者，乃遇耳。今俗人既不能定遇不遇之论，又就遇而誉之，因不遇而毁之，是据见效[9]，案成事[10]，不能量操审才能也[11]。

　　[1] 才能不是预先（根据君主的需要）训练好的。设：安排，部署。[2] 意见也不是早就（根据君主的需要）准备好的。具：准备。　　[3] 邂逅

(xiè hòu)：偶然碰上。　　[4] 遭触：恰好符合。"触"，一作"合"。　　[5]
"准"下原有"推"字，据孙诒让、吴承仕、张宗祥说删。　　[6] "物得"，原
作"得物"，据刘盼遂说乙。下句"作事事成"句式同。　　[7] 禽息：春秋时
秦国大夫，曾向秦穆公举荐百里奚，没被接受，他就以头撞车，脑浆迸出，感
悟了秦穆公，于是任用百里奚，秦国得以强盛。其事参见《后汉书·循吏列
传·孟尝》李贤注引《韩诗外传》。阴荐：暗中推荐。"荐（薦）"，原作"庆
（慶）"，据黄晖说改。　　[8] 鲍叔：鲍叔牙，春秋时齐国大夫，曾向齐桓公
举荐管仲，后管仲被任为齐相，齐国称霸。其事参见《史记·管晏列传》。默
举：暗中举荐。　　[9] 见效：已经出现的效果，指是否当官或被重用。
[10] 成事：已经形成的事实，指是否当官或被重用。　　[11] 以上三句意谓：
这种依据现有效果和既成事实判断是非的做法，是不可能衡量操行、考察才
能的。

◎ 研读

在王充的命定论中，"遇""不遇"是一对重要的概念。所谓
"遇""不遇"，是指与人主（上司）相投的机缘，也是实现禄命的条
件。《命义篇》说："遇者，遇其主而用也。虽有善命盛禄，不遇知
己之主，不得效验。"可见"遇"在实现禄命方面的重要性。本篇
说："不求自至，不作自成，是名为遇。"可见"遇"是与人为努力
无关而偶然得到的一种机缘。

王充总结了历史人物的各种遭遇，指出了"遇""不遇"的八种
情况：（1）或异操而同主；（2）或操同而主异；（3）或以贤圣之
臣，遭欲为治之君，而终有不遇；（4）或以大才之臣，遇大才之主，
乃有遇不遇；（5）或以曲伎合，合则遇，不合则不遇；（6）或无伎，
妄以奸巧合上志，亦有以遇者；（7）或无补益，为上所好；（8）或
以丑面恶色称媚于上。

这些"遇""不遇"的情况虽说都能找到原因，却取决于"时"
的偶然运作，所以王充说："故贤不肖可豫知，遇难先图。何则？人

主好恶无常，人臣所进无豫，偶合为是，适可为上。进者未必贤，退者未必愚，合幸得进，不幸失之。""世可希，主不可准也；说可转，能不可易也。"在这里，"时"具体表现为人主（上司）的非理性权力运作，代表了不合理的社会秩序对个人的压迫，虽说不是命中注定的，但同样是支配人的，不可以人为努力改变的。

对于"遇""不遇"的情况，世俗认为，遇者都是有才能品行的人，不遇者都是无才能品行的人，因而誉遇者，毁不遇者。这其实是将不合理的社会秩序合理化。王充则认为，"遇""不遇"既然取决于"时"，就与才能品行无关，故他批评世俗的看法道："今俗人既不能定遇不遇之论，又就遇而誉之，因不遇而毁之，是据见效，案成事，不能量操审才能也。"又提出自己的看法道："操行有常贤，仕宦无常遇。贤不贤，才也；遇不遇，时也。才高行洁，不可保以必尊贵；能薄操浊，不可保以必卑贱。或高才洁行，不遇，退在下流；薄能浊操，遇，进在众上……处尊居显，未必贤，遇也；位卑在下，未必愚，不遇也。故遇，或抱洿行，尊于桀之朝；不遇，或持洁节，卑于尧之廷。"这也就意味着，既然遇不遇与个人才能品行无关，则贤者不遇而不贤者遇，显然就是社会秩序有问题了。说这些话的时候，王充不仅联想到了自己的不遇以及一生的坎坷，其实也是在为所有像他那样的"贤人"打抱不平。

所以，世俗的这种论调，其本质是维护当时不合理的社会秩序；王充批判这种论调，客观上也是在批判不合理的社会秩序。后来南朝刘孝标的《辩命论》说"福善祸淫，徒虚言耳"，对"高才而无贵仕，饕餮而居大位"的不合理的社会秩序表示愤慨，其实也继承了王充的这种观点。

累害篇

◎ 解题

上篇探讨了佞人的"遇"和贤者的"不遇",本篇则继续探讨"不遇"的贤者所易招致的"累害"。

凡人仕宦有稽留不进,行节有毁伤不全,罪过有累积不除,声名有暗昧不明,才非下,行非悖也[1],又知非昏,策非昧也[2],逢遭外祸,累害之也[3]。非唯人行[4],凡物皆然,生动之类[5],咸被累害。累害自外,不由其内。[6]夫不本累害所从生起[7],而徒归责于被累害者,智不明、暗塞于理者也[8]。物以春生,人保之;以秋成,人必不能保之[9]。卒然牛马践根[10],刀镰割茎,生者不育,至秋不成。不成之类,遇害不遂[11],不得生也。夫鼠涉饭中[12],捐而不食[13],捐饭之味,与彼不污者钧[14],以鼠为害,弃而不御[15]。君子之累害,与彼不育之物,不御之饭,同一实也[16],俱由外来,故为累害[17]。

[1]以上二句意谓:这既不是由于他们才能低下,也不是因为他们胡作非为。 [2]以上二句意谓:也不是因为头脑愚笨,主意不高明。 [3]以上二句意谓:而是碰上了外来的灾祸,受到了损害的缘故。累害:毁伤损害。 [4](这种遭受累害的情况)不仅存在于人世间。人行:人类。 [5]凡是有生命能活动的东西。 [6]毅平按:"累害"与"逢遇"一样,皆由外来。"累害自外,不由其内",二句为本篇主旨。 [7]不去追究累害产生的原因。 [8]这是一些头脑糊涂、不明事理的人啊。暗塞:愚昧不明。 [9]以

上四句意谓：使庄稼在春天萌芽生长，这是人力可以保证的；但是秋天有好收成，却是人力一定不能保证的。　[10] 卒（cù）然：突然，不知什么时候。　[11] 不遂：指不能正常发育。　[12] 涉：入，这里指爬进。[13] 捐：抛弃，扔掉。　[14] 以上二句意谓：被扔掉的饭的味道，和那些没有被弄脏的饭，其实本来是一样的。　[15] 御：进用，这里指吃。[16] 情形相同。实：实质，实情。　[17] 为：谓，称为。

修身正行，不能来福；战栗戒慎[1]，不能避祸。祸福之至，幸不幸也。故曰：得非己力，故谓之福；来不由我，故谓之祸。[2]

[1]"慎"，一作"惧"。　[2] 毅平按：王充认为，祸福与操行无关，它们的到来完全是偶然的。遇到祸是不幸，遇到福是幸。参见《论衡·幸偶篇》。

不由我者，谓之何由？由乡里与朝廷也。夫乡里有三累，朝廷有三害。累生于乡里，害发于朝廷。古今才洪行淑之人遇此多矣！

何谓三累三害？凡人操行，不能慎择友，友，同心恩笃，异心疏薄，疏薄怨恨，毁伤其行，一累也。人才高下，不能钧同，同时并进，高者得荣，下者惭恚，惭恚怨恨[1]，毁伤其行，二累也。人之交游，不能常欢，欢则相亲，忿则疏远，疏远怨恨，毁伤其行，三累也。[2]

[1]"惭恚怨恨"，原无，据杨宝忠说补。　[2] 毅平按：此段说人际关系的三种常见问题。

位少人众，仕者争进，进者争位，见将相毁[1]，增加傅致[2]，将昧不明，然纳其言[3]，一害也。将吏异好，清浊殊操，清吏增郁郁之白[4]，举涓涓之言[5]，浊吏怀惭恚怨恨[6]，徐求其过，因纤微之谤，被以罪罚[7]，二害也。将或幸佐吏之身[8]，纳信其言[9]，佐吏非清节，必拔人越次[10]，迕失其意，毁之过度[11]，清正之仕[12]，抗行伸志[13]，遂为所憎，毁伤于将，三害也。[14]

[1] 将：泛指州郡长官。汉代人称州刺史为州将，郡太守为郡将，或单称将，而并非指武将。　　[2] 以上二句意谓：见到州郡长官，就说对方坏话，夸大捏造事实。傅：通"附"，附益。致：加。　　[3] 以上二句意谓：州郡长官糊涂不明，相信并接受了那些意见。然：相信。　　[4] 郁郁：茂密，盛多。　　[5] 以上二句意谓：清吏名声越来越清白，不断提出良好的建议。涓涓：纯洁。　　[6]"怨"，原无，据黄晖、张宗祥说补。　　[7] 被：施加。[8] 幸：宠爱，信任。　　[9]"信"，一作"受"。　　[10] 以上二句意谓：佐吏操行不清白的，一定会任意提拔亲近的人。　　[11] 以上二句意谓：谁和他意见不合，就对谁大肆攻击。　　[12] 仕：通"士"，这里指官吏。[13] 抗：通"亢"，高。亢行：品行高尚。伸：展开。伸志：志向远大。[14] 毅平按：此段说仕途上的三种常见祸害。

　　夫未进也身被三累，已用也身蒙三害，虽孔丘、墨翟不能自免[1]，颜回、曾参不能全身也[2]。

　　[1] 墨翟（约前468—前376）：墨子，名翟（dí），战国初期鲁国人，墨家的创始人，思想学说见于《墨子》。　　[2] 颜回：即颜渊，字子渊，孔子弟子，小孔子三十岁，孔子称赞其德行。曾参（shēn）：字子舆，孔子弟子，小孔子四十六岁，通孝道，作《孝经》。

　　动百行，作万事，嫉妒之人，随而云起，枳棘之刺[1]，钩挂容体[2]，蜂虿之党[3]，啄螫怀操[4]，岂徒六哉[5]！六者章章[6]，世曾不见。夫不原士之操行有三累，仕宦有三害[7]，身完全者谓之洁[8]，被毁谤者谓之辱[9]，官升进者谓之善，位废退者谓之恶。[10]完全升进，幸也，而称之；毁谤废退，不遇也，而訾之。用心若此，必为三累三害也[11]。

　　[1] 枳（zhǐ）：一种灌木，枝多芒刺。棘（jí）：荆棘，枝多芒刺。"之刺"，原无，据张宗祥说补。　　[2] 容体：面容和身体。　　[3] 虿（chài）：蝎子一类的毒虫。　　[4] 啄：叮，咬。螫（shì）：有毒腺的虫子用尾针刺人畜。怀操：有操守的人。　　[5] 岂止三累三害啊！六：指三累三害。[6] 章：同"彰"，明显，显著。　　[7] 以上二句意谓：不分析士的操行会受

到三累，做官又会遭到三害。　　[8]完全：完美无缺，这里指没有受到毁谤的。　　[9]辱：污，脏。　　[10]毅平按：世俗看人多半如此，王充大概经常经历。　　[11]一定会助长三累三害的。为（wèi）：助长。

论者既不知累害所从生，又不知被累害者行贤洁也[1]，以涂搏泥[2]，以墨点缁[3]，孰有知之[4]？清受尘，白取垢，青蝇所污，常在练素[5]。处颠者危[6]，势丰者亏[7]，颓坠之类[8]，常在悬垂[9]。屈平洁白[10]，邑犬群吠[11]，吠所怪也。非俊疑杰，固庸能也[12]，伟士坐以俊杰之才，招致群吠之声。夫如是，岂宜更勉奴下[13]，循不肖哉[14]？不肖奴下，非所勉也。岂宜更偶俗全身以弭谤哉[15]？偶俗全身，则乡原也[16]。乡原之人，行全无阙，非之无举，刺之无刺也[17]。此又孔子之所罪，孟轲之所憝也[18]。

[1]"所从生，又不知被累害"，原无，据朱宗莱、张宗祥说补。《初学记》卷二一引《论衡》有此九字。　　[2]涂：稀泥。搏：裘锡圭说当读为"傅"，附着，抹上去。　　[3]"墨"，原作"黑"，据朱宗莱、杨宝忠、张宗祥说改。点：污。"缁"，黑色之帛，原作"缯（zēng）"，据裘锡圭说改。　　[4]以上三句意谓：稀泥抹在了泥土上，墨玷污了黑色的丝帛，又有谁知道呢？有（yòu）：通"又"。　　[5]以上四句意谓：干净的东西容易有灰尘，洁白的东西容易被弄脏，容易被苍蝇玷污的，常常是洁白的丝绢。练：熟绢。素：洁白的生绢。　　[6]居于高处的容易掉下来。　　[7]处于饱满状态的容易亏损。丰：大，满。《老子》第九章："持而盈之，不如其已。"　　[8]颓：倾，倒塌。　　[9]以上二句意谓：物体的倒塌坠落，总是由于悬挂的缘故。在：由于。　　[10]屈平：即屈原（约前340—约前278），战国时楚国大夫，诗人和政治家，楚怀王时主张联齐抗秦，后遭诬陷被放逐，顷襄王时再遭谗毁，流放江南，见楚国政治腐败，无力挽救，遂投汨（mì）罗江（在今湖南东北部）自沉，主要作品有《离骚》等。洁白：指品德高尚。　　[11]村里的狗成群地对他狂叫，比喻遭到许多坏人的诽谤。　　[12]以上二句意谓：反对和怀疑具有卓越才能的人，这本来就是庸人的常态。能（tài）：通"态（態）"。以上四句参见《九章·怀沙》。　　[13]勉：勉励，劝告。奴：通"驽"，愚笨。下：才能低劣。奴下：蠢材。　　[14]以上三句意谓：既然是这样，难道还要去劝慰那些蠢材，说服那些不贤的人（不再对自己进行毁伤）吗？循：抚循，

慰问，这里指说服。　　[15]难道还应该再去和俗人同流合污，保全自身，以求消除毁谤吗？　　[16]乡原（yuàn）：即乡愿，指是非不分，同流合污的人。　　[17]以上二句意谓：要想批评他又似乎找不出毛病，要想讥刺他又似乎无可指责。刺：讥刺，讥讽。　　[18]《论语·阳货》："乡愿，德之贼也。"孔子认为乡愿是危害道德的人。《孟子·尽心下》："非之无举也，刺之无刺也，同乎流俗，合乎污世，居之似忠信，行之似廉洁，众皆悦之，自以为是，而不可与入尧、舜之道，故曰'德之贼'也。"孟子意谓"乡愿"是见风使舵的人。毅平按：以孔子、孟轲并举，已开宋以后孔孟同尊的先河。

　　古贤美极，无以卫身[1]，故循性行以俟累害者，果贤洁之人也[2]。极累害之谤，而贤洁之实见焉[3]。立贤洁之迹，毁谤之尘安得不生？[4]弦者思折伯牙之指[5]，御者愿摧王良之手，何则？欲专良善之名，恶彼之胜己也。是故魏女色艳，郑袖鼻之[6]；朝吴忠贞[7]，无忌逐之[8]。戚施弥妒[9]，蘧除多佞[10]。是故湿堂不洒尘，卑屋不蔽风[11]；风冲之物不得育，水湍之岸不得峭。夫如是[12]，牖里、陈、蔡可得知[13]，而沉江、蹈河不足怪也[14]。以轶才取容媚于俗[15]，求全功名于将，不遭邓析之祸[16]、取子胥之诛，幸矣！孟贲之尸[17]，人不刃者，气绝也；死灰百斛[18]，人不沃者[19]，光灭也。动身章智[20]，显光气于世[21]，奋志敖党[22]，立卓异于俗，固常通人所谗嫉也[23]。以方心偶俗之累[24]，求益反损，盖孔子所以忧心，孟轲所以惆怅也。[25]

　　[1]以上二句意谓：古代贤人操行极高，也还没有办法保全自己。[2]以上二句意谓：因此那些按照自己的本性和操行去行动以等待累害到来的人，才真是贤良、纯洁的人啊。　　[3]以上二句意谓：遭受的累害、毁谤达到极点，操行的贤良、纯洁也就愈加明显。见（xiàn）：同"现"，显露。[4]毅平按：在王充看来，"累""害"必定伴随贤者，是贤者的标配。[5]弹琴的人想折断伯牙的手指。弦者：弹琴的人。伯牙：春秋时楚国人，以擅长弹琴著称。　　[6]郑袖：战国时楚怀王夫人。鼻：这里用作动词，意思是"劓（yì）"，古代一种割掉鼻子的刑罚。魏女色艳，郑袖鼻之：据《战国策·楚策四》记载，楚怀王得到一个魏国美女，夫人郑袖十分嫉妒，就在怀

王面前说她的坏话，说她嫌怀王体味太臭。怀王听后大怒，下令将魏女的鼻子割掉。其事又见《韩非子·内储说下·六微》。　[7]朝吴：春秋时蔡国大夫。　[8]无忌：费无忌，春秋时楚国大夫。据《左传》昭公十五年记载，蔡朝吴有功于楚平王，楚大夫费无极离间之，蔡人驱逐朝吴，朝吴出奔郑国。　[9]戚施（yì）：丑八怪，一说指驼背，出于《诗经·邶风·新台》的"燕婉之求，得此戚施"，这里指心怀嫉妒的人。弥：充满，多。　[10]籧（qú）除：同"籧篨（qú chú）"，丑八怪，一说指鸡胸，出于《诗经·邶风·新台》的"燕婉之求，籧篨不鲜"，这里指看人脸色行事、善于奉承拍马的人。佞（nìng）：花言巧语，谄媚。　[11]以上二句意谓：所以潮湿的堂屋不需要洒水除尘，低矮的小屋用不着挡风设备。　[12]"夫"，原无，据黄晖说补。上文"夫如是，岂宜更勉奴下"，下文"夫如是，市虎之讹"，皆有"夫"字。　[13]（周文王为何被囚在）羑里，（孔子为何被困在）陈、蔡，就可以理解了。牖（yǒu）里：即羑（yǒu）里，古地名，在今河南汤阴北，传说周文王曾被殷纣王监禁于此。　[14]沉江：指屈原自沉汨罗江而死。蹈河：传说殷末人申徒狄因谏纣王未被接受，就抱石投河而死。其事参见《庄子·盗跖》《淮南子·说山》。"不足怪"，原无，据黄晖、杨宝忠说补。[15]轶（yì）才：超过常人的才能。取：求得。容：容纳。媚：喜爱。[16]邓析（前545—前501）：春秋时郑国人，曾作刑律，书于竹简，称《竹刑》，为主政者所用，本人却被杀害。其事参见《左传》定公九年。[17]孟贲（bēn）：传说是战国时的大力士，与秦武王比试举鼎，秦武王折断膝盖骨而死。　[18]死灰：燃烧后的灰烬。斛（hú）：古代容量单位，汉代以十斗为一斛。　[19]沃：用水浇。　[20]动身：指有所行动。章智：彰显智慧。　[21]光气：形容才智很高。　[22]敖：通"傲"。党：同类。敖党：傲视同类。　[23]常通人：通常人，世俗人。　[24]方心：心地正直。偶：遇。　[25]毅平按：这也是王充的夫子自道。

德鸿者招谤，为士者多口[1]。以休炽之声[2]，弥口舌之患[3]，求无危倾之害，远矣！臧仓之毁未尝绝也[4]，公伯寮之愬未尝灭也[5]。垤成丘山[6]，污为江河矣[7]。夫如是，市虎之讹[8]，投杼之误[9]，不足怪；则玉变为石，珠化为砾，不足诡也。何则？昧心冥冥之知使之然也[10]。文王所以为粪土[11]，而恶来所以为金玉也^[12]，非纣憎圣而好恶也，心知惑蔽。蔽惑不能审^[13]，则微子十去^[14]，比干五剖^[15]，未足痛也^[16]。故三监谗圣人^[17]，周公奔楚^[18]；后母毁孝子，伯奇放流^[19]。当时周世孰有不惑乎？后《鸱鸮》作而《黍离》兴^[20]，讽咏者，乃悲伤之。故无雷风之变^[21]，周公之恶不灭；当夏不陨霜，邹衍之罪不除^[22]。德不能感天，诚不能动变^[23]，君子笃信审己也^[24]，安能遏累害于人？圣贤不治名^[25]，害至不免辟^[26]，形章墨短^[27]，掩匿白长^[28]，不理身冤^[29]，不弭流言，受垢取毁，不求洁完，故恶见而善不彰，行缺而迹不显。邪伪之人，治身以巧俗^[30]，修诈以偶众^[31]，犹漆盘盂之工^[32]，穿墙不见^[33]，弄丸剑之倡^[34]，手指不知也^[35]。世不见短，故共称之；将不闻恶，故显用之。夫如是，世俗之所谓贤洁者，未必非恶；所谓邪污者，未必非善也。^[36]

[1]为：通"伪"。为士：假士人。多口：口舌多。 [2]依靠非常美好的声誉。休：美好。炽（chì）：盛。 [3]想要消除别人的诽谤。弥：通"弭"，止。 [4]臧（zāng）仓：战国时鲁国人，鲁平公的近臣。鲁平公要见孟子，臧仓说了孟子的不是，于是鲁平公终于未见孟子。其事参见《孟子·梁惠王下》。 [5]公伯寮：即公伯缭，字子周，孔子弟子，他曾向季桓子诽谤子路，惹得孔子很不高兴。其事参见《论语·宪问》。遡：通"愬"，同"诉"，控告，诽谤。 [6]垤（dié）：小土堆。 [7]以上二句意谓：（长期积累的话，）小土堆也会变成高山，小池子也会汇成江河。污：死水池。从"矣"字起，至下段"毛发之善"的"毛"字止，共四百字，通津草堂本缺，据递修本补（合递修本一页两面）。 [8]讹：谣言。市虎之讹：据《韩非子·内储说上·七术》记载，魏国人庞恭问魏王："如果有一个人告诉你集市上有老虎，你信不信？"魏王回答说："我不信。""两个人来说呢？""我也不信。""三个人来说呢？""我信。"庞恭说："市本无虎，三人言而成虎。" [9]杼（zhù）：织布机上的梭子。投杼之误：据《战国策·秦策二》记载，有个与曾参同名的人杀了人，有人来告诉曾参的母亲，说曾参杀了人，她不信，继续织布；第二个人来说，她还不信，继续织布；第三个人来说，她就害怕了，扔下手中的梭子，跳墙逃跑。 [10]这是由于头脑糊涂，昏庸无知，才使他成为这个样子的。冥（míng）：昏暗。冥冥：形容无知。 [11]文

王：周文王姬昌，商纣王时的诸侯。　　[12]恶来：商纣王的大臣，传说他擅进谗言，因而受宠幸，武王伐纣时被杀。　　[13]审：明辨是非。　　[14]微子：名启，封于微（今山东梁山西北），商纣王同母庶兄，因屡次劝谏纣王，纣王不听，而弃官逃走。周灭商后，封于宋，为宋国始祖。其事参见《史记·殷本纪》《宋微子世家》。　　[15]比干：商纣王的亲戚，直言劝谏纣王，纣王不听，被剖心而死。孔子称其与箕子、微子为殷之三仁。其事参见《史记·殷本纪》《宋微子世家》。　　[16]以上三句意谓：那么即使十个微子弃官出走，五个比干被剖心而死，纣王也不会感到痛心的。　　[17]三监：周武王灭商以后，将商王的旧地分给弟弟管叔、蔡叔、霍叔，让他们监管商朝的遗民，称为"三监"。其事参见《史记·周本纪》《汉书·地理志》。圣人：这里指周武王的弟弟周公旦。　　[18]周公奔楚：传说周武王死后，成王年幼，周公执政，管叔、蔡叔散布流言，成王怀疑周公谋反，周公逃亡至楚国。其事参见《史记·鲁周公世家》《论衡·感类篇》。　　[19]伯奇：西周大夫尹吉甫之子，因后母谗言，被父亲放逐。其事参见《太平御览》卷五一一引《琴操》。　　[20]《鸱鸮（chī xiāo）》：《诗经·豳（bīn）风》中的篇名，传说是周公遭到谗言后，为表白自己的忠诚而作。《黍离》：《诗经·王风》中的篇名，传说是伯奇被放逐后，其弟伯封为思念他而作。其事参见《韩诗外传》卷八第九章。兴：作，产生。　　[21]雷风之变：传说周武王生病，周公向神祈祷，愿意代替武王去死，并将祷词收藏起来。成王时，周公畏惧谗言而奔楚，时上天降下风雷，成王发现了周公的祷词，知其忠心，于是把他召了回来。其事参见《史记·鲁周公世家》《论衡·感类篇》。　　[22]"衍"，原作"行"，据黄晖、刘盼遂说改。邹衍（约前305—前240）：战国时齐国人，阴阳五行家。传说他曾替燕惠王效力，受到谗害，被投入狱中，他仰天长叹，感动了上天，夏天五月降了霜。其事参见《论衡·感虚篇》。毅平按：这里只是借用二事来说明遭受诽谤是很难洗清的，并不代表王充此刻又相信"天人感应"了。　　[23]诚：诚心。变：变异，指自然界的奇异现象。动变：感动自然界使之出现奇异现象。[24]笃信：深信，这里指深信一切是"命"定的。审己：严格要求自己。[25]治名：追求名声。　　[26]辟（bì）：通"避"。免辟：逃避。　　[27]污点和短处被四处宣扬。形章：显露，宣扬。墨：污点。　　[28]优点和长处却被掩盖起来。白：清白，这里指优点。　　[29]不辩护自己的冤屈。[30]巧：取巧，迎合。　　[31]以上三句意谓：奸诈虚伪的人，乔装打扮以迎合世俗，弄虚作假以讨好众人。　　[32]盂：盛水的器皿。工：手工艺工人。　　[33]指盘盂的边壁上原来有洞，一涂上漆就看不出来了。

[34] 耍弄小球和舞剑的艺人。倡：指艺人。 [35] 手指的动作别人看不出来。 [36] 毅平按："世俗之所谓"以下四句，实乃王充对社会的批判，也是对自己一生不得意的申诉。

　　或曰："言有招患，行有召耻[1]。患耻所在[2]，常由小人。"夫小人，性患耻者也[3]，含邪而生，怀伪而游[4]，沐浴累害之中[5]，何招召之有[6]！故夫火生者不伤燥[7]，水居者无溺患。火不苦热，水不痛寒，气性自然，焉招之[8]？君子也，以忠言招患，以高行招耻，何世不然！然而太山之恶[9]，君子不得名[10]；毛发之善，小人不得有也。以玷污言之，清受尘而白取垢；以毁谤言之，贞良见妒，高奇见噪[11]；以遇罪言之，忠言招患，高行招耻；以不纯言之，玉有瑕而珠有毁[12]。陈留焦君贶[13]，名称兖州[14]，行完迹洁，无纤芥之毁，及其当为从事[15]，刺史焦康绌而不用[16]。何则[17]？众好纯誉之人，非真贤也。公侯已下，玉石杂糅；贤士之行，善恶相苞。夫采玉者破石拔玉，选士者弃恶取善。[18]夫如是，累害之人负世以行[19]，指击之者从何往哉[20]！

　　[1] 召（zhào）：唤来，引来。以上二句引文，参见《大戴礼记·劝学》《荀子·劝学》，但均作"言有召祸，行有招辱"。《楚辞·招魂》王逸注："以手曰招，以言曰召。"王充或"招""召"混用，如下文又云"高行招耻"。[2]"患耻"，原无，据蒋礼鸿说补。所在：原因所在。 [3] 以上二句意谓：小人生来就带着祸患和耻辱。 [4] 同人交往时心怀奸诈。 [5] 沐浴：这里指浸透。 [6] 怎么谈得上是惹祸招耻。 [7] 不伤：不怕。"燥"，原作"湿"，据刘盼遂、张宗祥说改。 [8] 上文"何招召之有"，分承"言有招患，行有召耻"二句，疑此"招"后夺一"召"字。 [9] 太山：即泰山，古人认为它是非常高大的山。太山之恶：这里形容罪大恶极。 [10] 名：占，有。 [11] 噪：鼓噪，叫骂。 [12] 毁：缺陷，瑕疵。 [13] 陈留：郡名，在今河南东北部。焦贶（kuàng）：东汉人，做过博士、河东太守，有门徒数百人。"陈留焦君贶"，原作"焦陈留君兄"，据张宗祥说改。然杨宝忠说，"兄"古有"贶"音，即古"贶"字；《论衡》用古字，《后汉纪》《后汉书》用今字，当各依其旧，不烦改。 [14] 名称：名见称于，出名。充

(yǎn)州：州名，在今山东西南部，河南东部。　　[15]从事：又称从事史，汉代州郡长官自己征聘的属官。　　[16]刺史：西汉武帝以后，全国分为十三个州，每州设立一名长官，监督地方，叫作刺史。焦康：人名。绌（chù）：通"黜"，斥退，罢免。　　[17]"何则"上原有"夫未进也，被三累，已用也，蒙三害，虽孔丘、墨翟不能自免，颜回、曾参不能全身也"三十一字，上文已见，这里重出，使上下文意不能连贯，据黄晖说删。　　[18]毅平按：这是王充对从政者的要求，后来曹操的《举贤勿拘品行令》体现了这一观点。[19]负：背弃，违反。负世以行：不顾世俗的非议，坚持自己的操行。[20]那些指责攻击他们的人又向哪里去施展他们的手段呢？

◎ 研读

在王充的命定论中，"累""害"是另一对重要的概念。所谓"累""害"，是指人们遭到来自周围环境的损害。王充认为，这同样是与人的品行好坏、努力与否没有关系的。

一般的世俗观念认为，人有不幸，是因为才能低下、行事悖谬、智谋昏聩、策略愚昧，而幸，是因为才能高超、行事合理、智谋明断、策略英明。王充则不同意这种看法："夫不本累害所从生起，而徒归责于被累害者，智不明，暗塞于理者也。"他认为"累害自外，不由其内"，"俱由外来，故为累害"。换言之，即人是否遭受累害，不是由他个人的品行高下、努力与否决定的，而是由外来的、偶然的、非个人所能控制的因素造成的："凡人仕宦有稽留不进，行节有毁伤不全，罪过有累积不除，声名有暗昧不明，才非下，行非悖也，又知非昏，策非昧也，逢遭外祸，累害之也。""修身正行，不能来福；战栗戒慎，不能避祸。祸福之至，幸不幸也。故曰：得非己力，故谓之福；来不由我，故谓之祸。"而且，不仅人类是这样，其他一切生物也莫不如此："非唯人行，凡物皆然，生动之类，咸被累害。"王充以此否定了善有善报、恶有恶报的天人感应论。

人的累害主要来自哪里呢？王充认为主要来自乡里与朝廷："夫

乡里有三累，朝廷有三害。累生于乡里，害发于朝廷。古今才洪行淑之人遇此多矣！"夫未进也身被三累，已用也身蒙三害，虽孔丘、墨翟不能自免，颜回、曾参不能全身也。"乡里与朝廷，也可以说是"时"的组成部分，其实也就是不合理的社会秩序。古人进则在朝廷，退则在乡里，这是人生的两个主要舞台。王充家族的"光荣史"之一，就是每不见容于乡里，而不得不不停地迁徙；王充到了晚年，也曾一度离家避难；而王充仕宦不遇，则又不必说了。所以王充发此感叹，对于不合理的社会秩序，想必有切肤之痛。

由于身处不合理的社会秩序之中，因而常常遭受挫折和失败；又因为常常遭受挫折和失败，因而对"他人"就更感可怕，所以在本篇中，王充连篇累牍地列举了"他人"的种种可怕之处："动百行，作万事，嫉妒之人，随而云起，枳棘之刺，钩挂容体，蜂虿之党，啄螫怀操，岂徒六哉！"王充的日子想必是很难过的，拯救他的也许只有写作了。而在这种情况下的"发愤著书"，也就成了《论衡》诞生的原因之一。通过著书立说，王充超越了自己所处的环境，取得了人生真正的成功。

不合理的社会秩序造成了人们的困境，这是古往今来的人们共同面临的难题。王充虽提不出解决之道，却通过仔细的分析，促使人们直面这个问题，从而思考怎样去改造社会。

感虚篇

◎**解题**

　　《论衡》从《书虚篇》到《艺增篇》这十二篇，简称"九虚三增"，为一组有系统的文章。这组文章的宗旨，是批判书传中的虚妄之言，也就是其首篇《书虚篇》开头所说的："世信虚妄之书，以为载于竹帛上者，皆贤圣所传，无不然之事，故信而是之，讽而读之。睹真是之传与虚妄之书相违，则并谓短书不可信用。夫幽冥之实尚可知，沉隐之情尚可定，显文露书，是非易见，笔总并传非实事，用精不专，无思于事也。"这段开场白，既可以看作是《书虚篇》的小序，也可以看作是"九虚三增"的总序。这十二篇文章，可以说是从各个角度阐述这个宗旨的（除了《龙虚篇》和《雷虚篇》以外，其余"七虚三增"都是"书虚"；之所以分成各种名称，只是为了论述方便而已）。本书在"九虚"中选取了本篇。

　　儒者传书言[1]："尧之时，十日并出，万物燋枯[2]。尧上射十日，九日去，一日常出。"此言虚也。[3]

　　[1] 儒者：泛指读书人，非仅指儒家信徒。传书：泛指书籍文献。[2] 燋（jiāo）：通"焦"。[3] 毅平按："此言虚也"，《论衡》的标志性语句之一，一针见血。

　　夫人之射也，不过百步，矢力尽矣；日之行也，行天星度[1]，天之去人，以万里数，尧上射之，安能得日？使尧之时天地相近，不过百步，则尧射日，矢能及之，过百步，不能得也。[2]

[1] 在天上二十八宿间按照一定的度数运行。星：指二十八宿（xiù）。[2] 毅平按：此段先以距离远近批驳之。

假使尧时天地相近，尧射得之，犹不能伤日，日何肯去[1]？何则？日，火也。使在地之火，附一把炬[2]，人从旁射之，虽中，安能灭之？地火不为见射而灭，天火何为见射而去？[3]

[1]"日"上原有"伤"字，据黄晖说删。 [2] 附着在一个火把上，意谓点着一个火把。 [3] 毅平按：此段再以射火不灭批驳之。

此欲言尧以精诚射之，精诚所加，金石为亏，盖诚无坚，则亦无远矣[1]。

[1] 以上二句意谓：精诚所至，既然无坚不摧，也就无远弗届。毅平按：此段解释此虚言之来由。

夫水与火，各一性也，能射火而灭之，则当射水而除之。洪水之时，泛滥中国[1]，为民大害，尧何不推精诚射而除之？尧能射日，使火不为害，不能射河，使水不为害？夫射水不能却水，则知射日之语虚非实也。[2]

[1]"泛"，原作"流"，据黄晖说改。 [2] 毅平按：此段再以射水不退类推之。

或曰："日，气也，射虽不及，精诚灭之。"夫天亦远，使其为气，则与日月同，使其为体，则与金石等。以尧之精诚，灭日亏金石，上射天[1]，则能穿天乎？世称桀、纣之恶，射天而殴地；誉高宗之德[2]，政消桑穀[3]。今尧不能以德灭十日，而必射之，是德不若高宗，恶与桀、纣同也，安能以精诚获天之应也？[4]

[1]"天"，原作"日"，据齐燕铭说改。 [2]高宗：殷高宗，即商朝的君主武丁。 [3]桑：桑树。穀（gòu）：构树，也叫楮（chǔ）树。传说殷高宗武丁时，有桑树、穀树在朝廷里长出来，被认为是天降的灾异，殷高宗马上改良政治，桑穀不久就消失了。 [4]毅平按：对于"政消桑穀"这种天人感应论，王充曾在《论衡·异虚篇》中予以批驳，这里只是以毒攻毒，并非真的相信那些说法。以上"感虚"一虚。

传书言："武王伐纣[1]，渡孟津[2]，阳侯之波[3]，逆流而击，疾风晦冥，人马不见。于是武王左操黄钺[4]，右执白旄[5]，瞋目而麾之曰[6]：'余在，天下谁敢害吾意者[7]！'于是风霁波罢。"[8]此言虚也。

[1]武王伐纣：前1046年，周武王以戎车三百乘，虎贲三千人，甲士四万五千人，与庸（在今湖北竹山）、蜀（在今川西、陕南）、羌（在今甘肃）、髳（在今山西平陆）、微（在今陕西眉县）、卢（在今湖北襄樊西南）、彭（在今湖北房县）、濮（在今川东、鄂西）等族组成联军，讨伐商纣，战于牧野，纣兵败自焚，商灭。 [2]孟津：黄河南岸古渡口，在今河南孟津东。[3]阳侯：传说是古代陵阳国的诸侯，被水淹死后成为波涛之神。 [4]钺（yuè）：古代兵器，形状像大斧。 [5]旄（máo）：用牦牛尾装饰杆顶的旗子。 [6]麾（huī）：通"挥"。 [7]害：妨碍，违反。 [8]以上事参见《淮南子·览冥》。

武王渡孟津时，士众喜乐，前歌后舞[1]。天人同应，人喜天怒，非实宜也[2]。前歌后舞，未必其实；麾风而止之，迹近为虚。

[1]其事参见《尚书大传·泰誓传》。 [2]以上三句意谓：（按照传书的说法，）天和人是互相感应的，那么人高兴而天发怒，就不合事实了。宜：事。毅平按：王充以天人感应论批驳天人感应论，以毒攻毒。

夫风者，气也，论者以为天地之号令也。武王诛纣是乎？天当安静以祐之；如诛纣非乎？而天风者，怒也。武王不奉天令，求索己过，瞋目言曰："余在，天下谁敢害吾意者[1]！"重天怒[2]、增己之恶也，风何肯止？父母怒，子不改过，瞋目大言，父母肯贳之乎？[3]

[1] 此乃复述武王之言。"意"，原无，据孙人和、张宗祥说补。 [2] 重：加重。 [3] 毅平按：此段是说，如存在天人感应，则武王的做法效果适得其反。

如风天所为，祸气自然，是亦无知，不为瞋目麾之故止。[1]

[1] 毅平按：此段是说，如不存在天人感应，则武王的做法毫无用处。

夫风犹雨也，使武王瞋目，以旌麾雨，而止之乎[1]？武王不能止雨，则亦不能止风。[2]

[1] 而：通"能"。 [2] 毅平按：此段以类推法证传说之误。

或时武王适麾之，风偶自止，世褒武王之德，则谓武王能止风矣。[1]

[1] 毅平按：此段解释此虚言之来由，将原因归结为偶然。以上"感虚"二虚。

传书言："鲁阳公与韩战[1]，战酣，日暮，公援戈而麾之，日为之反三舍[2]。"此言虚也。

[1] 鲁阳公：春秋时楚国鲁阳（今河南鲁山）县公，即鲁阳文子，楚平王孙，司马子期之子。楚君自封为王，其县尹都称公，故又称鲁阳公。鲁阳为地名，不当省称"阳公"，故以下从黄晖说，"阳公"前均加"鲁"字。"阳"，原作"襄"，据孙人和、黄晖、刘盼遂、张宗祥说改。《论衡·对作篇》作"鲁阳战而日暮"，《太平御览》卷四引《论衡》亦作"阳"字。以下"鲁襄公"同

改。韩：韩国，在今河南中部、山西东南部。　　[2] 太阳因此退了三舍。反：同"返"。舍：古人认为二十八宿是日月五星运行中间停留休息的地方，所以每一星宿称叫一舍。以上事参见《淮南子·览冥》。

凡人能以精诚感动天者[1]，专心一意，委务积神[2]，精通于天[3]，天为变动，然尚未可谓然；鲁阳公志在于战[4]，为日暮一麾，安能令日反？[5]

[1]"者"，原无，据黄晖、杨宝忠、张宗祥说补。《太平御览》卷四引《论衡》有"者"字。　　[2] 委务：蓄积思虑（马宗霍说）。积神：积蓄精神。　　[3] 精通：感应。　　[4]"于"，原无，据黄晖说补。　　[5] 毅平按：此段是说，处心积虑都未必能够动天，随便一挥就能使日听话？

使圣人麾日，日终不反，鲁阳公何人，而使日反乎？[1]

[1] 毅平按：此段是说，圣人都使唤不动日，鲁阳公凭什么使唤得动呀！

《鸿范》曰[1]："星有好风[2]，星有好雨[3]。日月之行，则有冬有夏。月之从星，则有风雨。"夫星与日月同精[4]，日月不从星，星辄复变[5]，日月行有常度[6]，不得从星之好恶也，安得从鲁阳公之所欲[7]？

[1]《鸿范》：即《洪范》，《尚书》中的一篇，以下引文出之。　　[2] 星有好（hào）风：二十八宿中的箕宿（东方苍龙七宿的末宿）喜好刮风，月亮运行靠近它时就要刮风。　　[3] 星有好（hào）雨：二十八宿中的毕宿（西方白虎七宿的第五宿）喜好下雨，月亮运行靠近它时就要下雨。　　[4] 精：精气。　　[5] 太阳月亮不靠近星，星总是在不断变化（意谓也要刮风下雨）。　　[6]《荀子·天论》："天行有常。"　　[7] 以上三句意谓：由此表明，太阳月亮的运行有一定的度数，是不会随着星的好恶（而靠近或离开）的，又怎么会顺从鲁阳公的愿望（而反三舍）呢？毅平按：此段是说，日、月、星为一家子，日、月都不听星的，凭什么听鲁阳公的呀！

星之在天也，为日月舍[1]，犹地有邮亭[2]，为长吏廨也[3]。二十八舍有分度[4]，一舍十度，或增或减[5]。言日反三舍，乃三十度也[6]。日，日行一度，一麾之间，反三十日时所在度也。如谓舍为度[7]，三度亦三日行也，一麾之间，令日却三日也。宋景公推诚[8]，出三善言，荧惑徙三舍[9]，实论者犹谓之虚[10]；鲁阳公争斗，恶日之暮，以此一麾[11]，无诚心善言，日为之反，殆非其实哉[12]！

[1] 舍：旅舍，这里解释二十八宿的"宿"的含义，实为日月的二十八个旅舍。 [2] 邮亭：古代供出巡官吏或传送文件的人途中食宿和休息的馆舍。 [3] 长吏：泛指地方官吏。廨（xiè）：官吏办公、休息的地方。[4] 分度：古代天文学家把一周天分为365度多，二十八宿各自所占的度数不同，据《淮南子·天文》记载："星分度：角十二，亢九，氐十五，房五，心五，尾十八，箕十一四分一，斗二十六，牵牛八，须女十二，虚十，危十七，营室十六，东壁九，奎十六，娄十二，胃十四，昴十一，毕十六，觜巂二，参九，东井三十三，舆鬼四，柳十五，星七，张、翼各十八，轸十七，凡二十八宿也。" [5] 王充认为每个星宿所占的度数在十度上下，由上可见，这其实并不准确。 [6] 说三舍是三十度，这个也不准确。 [7] 这里王充又把"舍"解释为"度"。 [8] 宋景公：春秋时宋国君主。推诚：发自诚心。[9] 荧惑：火星。徙：迁徙，移动。传说宋景公时，火星靠近心宿，这被认为是一种灾变，象征天要惩罚宋景公，但由于宋景公说了三句善言，终于消除了这一灾变。 [10] 实论者：指王充自己。对上述这种天人感应论，王充曾经予以驳斥，参见《论衡·变虚篇》。 [11] "麾"上原有"戈"字，据杨宝忠说删。裘锡圭疑"戈麾"本作"麾戈"。 [12] "实"，原作"意"，据黄晖说改。"殆非其实"为《论衡》常用语，与上文"犹谓之虚"相对为文。毅平按：此段是说，宋景公之事都不可靠，鲁阳公之事就更不用说了。

且日，火也，圣人麾火，终不能却，鲁阳公麾日，安能使反？[1]

[1] 毅平按：以类推法批驳之。

或时战时日正卯[1]，战迷[2]，谓日之暮，麾之转左[3]，曲道日若却[4]。世好神怪，因谓之反，不道所谓也[5]。

[1]也许当打仗时，太阳正在东方。卯：古人用十二地支表方位，卯表正东。　[2]打仗打迷糊了。　[3]左：指东方。　[4]误以为太阳好像退回到了东方。曲道：误以为。　[5]不理解这到底是怎么一回事。道：知道，理解。毅平按：真相原来如此简单，根本就是打仗打迷糊了产生的错觉！以上"感虚"三虚。

传书言："荆轲为燕太子谋刺秦王[1]，白虹贯日[2]；卫先生为秦画长平之事[3]，太白蚀昴[4]。"此言精感天[5]，天为变动也。夫言白虹贯日、太白蚀昴，实也；言荆轲之谋、卫先生之画感动皇天，故白虹贯日、太白蚀昴者，虚也。

[1]荆轲：战国末期卫国人，为燕太子丹所收买，谋刺秦王，未遂被杀。燕太子：燕国的太子，名丹。秦王：嬴政，后统一中国，称秦始皇。　[2]白虹贯日：古人认为，白虹象征兵器，太阳象征君主，白虹穿日而过，象征君主要遭凶杀。传说荆轲出发去秦国时，天上出现过这种现象。[3]卫先生：战国时秦国人。画：谋画。长平：古地名，在今山西高平西北。长平之事：指前260年，秦、赵长平之战，秦将白起在长平把四十多万赵军围困四十六天，赵将赵括被箭射死，赵军全部被俘活埋。白起在长平之战大胜赵军以后，打算乘胜灭赵，这可能出于卫先生的建议，于是他派卫先生回国请求秦昭王支援，传说这时天空出现太白蚀昴的星象。其事参见《史记·鲁仲连邹阳列传》载邹阳狱中上书。　[4]太白：太白星，即金星。昴（mǎo）：二十八宿之一，西方白虎七宿的第四宿，有较亮的星七颗，俗称"七姐妹星团"。太白蚀昴：古人认为，太白是天将，在西方，象征秦，昴宿是赵国的分野，太白星侵蚀昴宿，象征秦将灭赵。　[5]精感天："精诚感天"之省文。下文"二子怀精"，"精"亦"精诚"省文。

夫以箸撞钟，以筹击鼓[1]，不能鸣者，所用撞击之者小也。今人之形不过七尺，以七尺形中精神，欲有所为，虽积锐意[2]，犹箸撞钟、筹击鼓也，安能动天？精非不诚，所用动者小也。[3]且所欲害者，人也，人不动，天反动乎？问曰："人之害气，能相动乎？"曰[4]：不能。曰[5]："预让欲害赵襄子[6]，襄子心动[7]；贯高欲篡高祖[8]，高祖亦心动[9]。二子怀精，故两主振感。"曰：祸变且至，身自有怪，[10]非适人所能动也[11]。何以验之？时或遭狂人于途，以刃加己，狂人未必念害己身也，然而己身先时已有妖怪矣。由此言之，妖怪之至，祸变自凶之象，非欲害己者之所为也。且凶之人[12]，卜得恶兆，筮得凶卦，出门见不吉，占候睹祸气[13]。祸气见于面，犹白虹、太白见于天也。变见于天，妖出于人，上下适然[14]，自相应也。[15]

[1] 筭（suàn）：一种计算用的筹码。《说文解字》竹部："筭，长六寸，计历数者。"　　[2] 锐意：指精诚。　　[3] 毅平按：大小比例不对。[4] 曰：这里是王充的回答。　　[5] "曰"，原无，据刘盼遂说补。下文系责难之词，前当有"曰"字。　　[6] 预让：即豫让，春秋末期晋国人，晋国大臣智伯的家臣，甚受尊宠。赵襄子与韩、魏共灭智氏，豫让欲为智伯报仇，多次谋杀赵襄子，每次都因赵襄子事先心动察觉而未能成功，最后被捕自杀。赵襄子：赵无恤，春秋末期晋国大夫。　　[7] 其事参见《战国策·赵策一》《史记·刺客列传》。　　[8] 贯高：西汉初人，赵王张敖的相，汉高祖经过赵，责骂了张敖，贯高不顾年已六十余，要杀汉高祖为赵王报仇，因仇家揭发而被捕。篡：劫持。　　[9] 其事参见《史记·张耳陈余列传》。　　[10] 毅平按：这怎么可能？难道有特异功能？　　[11] 适（dí）：通"敌（敵）"。[12] 将要遇到灾祸的人。　　[13] 占候：原指根据天象变化来预测吉凶，这里指通过看人脸上的气色来预测吉凶。"候"，原作"危"，据黄晖说改。[14] 适然：碰巧如此。　　[15] 毅平按：原来虚实还是相关，天人还是感应，只不过不是直接相关，直接感应，而是间接相关，间接感应——这里王充自己也犯糊涂了。以上"感虚"四虚。

传书言："燕太子丹朝于秦[1]，不得去，从秦王求归。秦王执留之，与之誓曰：'使日再中，天雨粟，令乌白头，马生角，厨门木象生肉足[2]，乃得归。'当此之时，天地祐之，日为再中，天雨粟，乌白头，马生角，厨门木象生肉足。秦王以为圣，乃归之。"[3] 此言虚也。

[1] 朝：朝见，实则太子丹是去做人质。　　[2] 厨房门上雕刻的木象生出肉脚来。　　[3] 以上事参见《史记·刺客列传》《风俗通义·正失》《博物志·史补》）。

　　燕太子丹何人，而能动天？圣人之拘，不能动天；太子丹，贤者也，何能致此？[1] 夫天能祐太子丹[2]，生诸瑞以免其身，则能和秦王之意，以解其难。见拘一事而易，生瑞五事而难，舍一事之易，为五事之难，何天之不惮劳也？[3] 汤困夏台[4]，文王拘羑里[5]，孔子厄陈、蔡，三圣之困，天不能祐，使拘之者睹祐知圣，出而尊厚之[6]。

[1] 彀平按：圣人都做不到，贤人更是免谈。　　[2]"丹"，原无，据黄晖说补。　　[3] 彀平按：避一易就五难，天没有这么傻。　　[4]"困"，下文"汤闭于夏台"作"闭"，《论衡·命义篇》作"囚"，义皆相近。夏台：即均台，夏朝的监狱，成汤曾被夏桀囚禁在这里。其事参见《史记·夏本纪》。[5] 文王：周文王。羑（yǒu）里：古地名，在今河南汤阴北，传说周文王曾被商纣王囚禁在这里。　　[6] 以上三句意谓：上天不能保佑他们，不能使拘留他们的人看到上天的保佑而知道他们是圣人，释放并且尊重和厚待他们。彀平按：此段说圣人做不到的三个例子。

　　或曰："拘三圣者不与之誓[1]，三圣心不愿[2]，故祐圣之瑞无因而至。天之祐人，犹借人以物器矣，人不求索，则弗与也。"曰：太子愿天下瑞之时，岂有语言乎？心愿而已。然汤闭于夏台、文王拘于羑里时，心亦愿出；孔子厄陈、蔡，心亦愿食[3]。天何不令夏台、羑里关钥毁败[4]，汤、文涉出[5]；雨粟陈、蔡，孔子食饱乎？[6]

[1] 拘留三圣的人并没有与他们立誓。"之"，原作"三"，据吴承仕说改。上文"秦王执留之，与之誓"，文正相对。　　[2] 三圣心里也没有要天保佑他

们的愿望。 [3]"亦",原无,据杨宝忠说补。 [4]关:门闩。钥:锁。 [5]涉出:走出来。刘盼遂、张宗祥疑"涉"为"步"之讹。 [6]毅平按:此段王充回答"三圣心不愿"的问题很充分,但并未回答"拘三圣者不与之誓"的问题。

太史公曰:"世称太子丹之令天雨粟,马生角,大抵皆虚言也。"[1]太史公书汉世实事之人,而云"虚言",近非实也[2]。

[1]引文见《史记·刺客列传》。 [2]以上三句意谓:太史公是记载汉朝真实情况的人,连他都说"虚言"(司马迁原话是"太过"),可见这些说法大都是不真实的了。毅平按:王充相信司马迁。以上"感虚"五虚。

传书言:"杞梁氏之妻向城而哭[1],城为之崩。"[2]此言杞梁从军不还,其妻痛之,向城而哭,至诚悲痛,精气动城,故城为之崩也。夫言向城而哭者,实也;言城为之崩者[3],虚也。[4]

[1]杞(qǐ)梁(?—前550):杞,一作芑,名殖,一作植,春秋时齐国大夫。杞梁氏之妻:即孟姜。 [2]其事参见《孟子·告子下》《说苑·立节》和《后汉书·刘瑜传》李贤注引《列女传》等。而据《左传》襄公二十三年记载,齐庄公伐莒(jǔ),杞梁战死。齐庄公率军回国时,遇杞梁妻于郊外,派人向她表示吊唁,杞梁妻认为不合礼节而不受,其时并无哭城、投水之说。至西汉时,才传说她哭夫十天,城崩塌,然后投淄水而死。后人更附会杞梁是秦朝人,称"范杞良",并编出孟姜女哭倒长城的故事。 [3]"言",原无,据黄晖说补。本句与上文相对为文。 [4]毅平按:其实最早的记载中连"向城而哭"之事也没有,王充已经上了后起的汉代文献的当了。

夫人哭悲,莫过雍门子[1],雍门子哭对孟尝君,孟尝君为之於邑[2]。盖哭之精诚,故对向之者凄怆感恸也。夫雍门子能动孟尝之心,不能感孟尝衣者,衣不知恻怛[3],不以人心相关通也[4]。今城,土也,土犹衣也,无心腹之藏[5],安能为悲哭感恸而崩?[6]

[1]以上二句意谓:人们哭声的悲哀,没有能超过雍门子的。雍门子:即

雍门周,战国时齐国人,以善哭著名。《说苑·善说》则说他善鼓琴。　　[2]於(wū)邑:呜咽。一说烦冤愁苦。其事参见《淮南子·览冥》。　　[3]恻怛(cè dá):忧伤,悲痛。　　[4]以:与,和。　　[5]藏(zàng):同"脏",五脏。　　[6]毅平按:此段以衣类推批驳之。

　　使至诚之声能动城土,则其对草木哭[1],能折草破木乎?向水火而泣,能涌水灭火乎?夫草木水火与土无异,然杞梁之妻不能崩城,明矣。[2]

　　[1]"草",原作"林",据黄晖说改。下文"折草破木"承此为文。[2]毅平按:此段以草木水火类推批驳之。

　　或时城适自崩,杞梁妻适哭,下世好虚,不原其实,故崩城之名,至今不灭。[1]

　　[1]毅平按:还是偶然所致,世人无事生非。以上"感虚"六虚。

　　传书言:"邹衍无罪,见拘于燕,当夏五月,仰天而叹,天为陨霜。"[1]此与杞梁之妻哭而崩城无以异也。言其无罪见拘,当夏仰天而叹,实也;言天为之雨霜[2],虚也。

　　[1]其事参见《后汉书·刘瑜传》李贤注引《淮南子》。　　[2]雨霜:即"陨霜"。

　　夫万人举口[1],并解吁嗟[2],犹未能感天;邹衍一人,冤而壹叹,安能下霜?

　　[1]举口:张口。　　[2]解:发出。吁嗟(xū jiē):叹息。

　　邹衍之冤,不过曾子、伯奇[1],曾子见疑而吟,伯奇被逐而歌,疑、逐与拘同[2],吟、歌与叹等,曾子、伯奇不能致寒,邹衍何人，独能雨霜？[3]

[1] 曾子：即曾参，性虽至孝，但受父母歧视和虐待。其事参见《庄子·外物》。伯奇：西周大夫尹吉甫之子，因为后母进谗言，被父亲放逐。其事参见《太平御览》卷五一一引《琴操》。 [2]"逐"，原无，据孙人和、张宗祥说补。上文言"曾子见疑而吟""伯奇被逐而歌"，故本句"疑"下应有"逐"字，与下句"吟、歌与叹等"相对。 [3] 毅平按：此段以曾子、伯奇事类推邹衍事之非。

被逐之冤，尚未足言。申生伏剑[1]，子胥刎颈[2]，实孝而赐死[3]，诚忠而被诛，且临死时，皆有声辞[4]。声辞出口，与仰天叹无异。天不为二子感[5]，独为邹衍动，岂天痛见拘，不悲流血哉？何其冤痛相似[6]，而感动不同也！[7]

[1] 申生：春秋时晋献公的太子，因被继母骊姬陷害而自杀。其事参见《国语·晋语二》《史记·晋世家》。伏剑：用剑自杀。 [2] 刎颈：割颈。其事参见《史记·吴太伯世家》。 [3] 赐死：君主、父亲迫令臣、子自杀的美化之说。 [4] 声辞：怨言。 [5]"感"下原有"动"字，据黄晖说删。本句与下句"独为邹衍动"相对为文。 [6]"何其"，原作"伯奇"，据刘盼遂、张宗祥说改。 [7] 毅平按：此段以申生、子胥事类推邹衍事之非。

夫爤一炬火爨一镬水[1]，终日不能热也；持一尺冰置庖厨中[2]，终夜不能寒也。何则？微小之感，不能动大巨也。今邹衍之叹，不过如一炬、尺冰，而皇天巨大，不徒镬水、庖厨之丑类也[3]，一仰天叹，天为陨霜，何天之易感，霜之易降也？

[1] 点燃一个火把去烧一大锅水。爤（hàn）：焚烧，这里指点燃。一炬火：一个火把。爨（cuàn）：烧火煮东西。镬（huò）：古时指无足的鼎，相当于今天的大锅。 [2]"持"，原作"倚"，据孙人和、黄晖说改。《白孔六帖》卷三引《论衡》作"持"字。 [3] 丑类：同类。

夫哀与乐同，喜与怒均。衍兴怨痛，使天下霜；使衍蒙非望之赏，仰天而笑，能以冬时使天热乎？[1]

[1] 毅平按：此段以喜怒冷热类推批驳之。

变复之家曰[1]："人君秋赏则温，夏罚则寒。"寒不累时则霜不降，温不兼日则冰不释。一夫冤而一叹，天辄下霜，何气之易变，时之易转也！寒温自有时，不合变复之家[2]。

[1] 变：指灾害或异常现象。复：指消除灾害或异常现象而恢复原状。变复之家：指主张用祭祀祈祷等来消除灾害或异常现象的人。 [2] 不合：与……不相合。毅平按：此段是说，气候、时间哪是那么容易转变的，其变化有其自身的规律，变复之家的说法毫无道理。

且从变复之说，或时燕王好用刑[1]，寒气应至；而衍囚拘而叹，叹时霜适自下。世见适叹而霜下，则谓邹衍叹之致也[2]。

[1] 燕王：指燕惠王。 [2] 毅平按：还是偶然所致，世人无事生非。然据变复家言为说，则王充又自相矛盾矣。以上"感虚"七虚。

传书言："师旷奏《白雪》之曲[1]，而神物下降，风雨暴至，平公因之癃病[2]，晋国赤地。"[3]或言："师旷鼓《清角》之曲[4]，一奏之，有云从西北起；再奏之，大风至，大雨随之，裂帷幕，破俎豆[5]，堕廊瓦，坐者散走。平公恐惧，伏乎廊室。晋国大旱，赤地三年。平公癃病。"[6]夫《白雪》与《清角》，或同曲而异名，其祸败同一实也。传书之家，载以为是，世俗观见，信以为然。原省其实[7]，殆虚言也。

[1] 师旷：春秋时晋国著名乐师。《白雪》：古乐曲名，商调曲，传说为师旷所作。 [2] 平公：晋平公，春秋时晋国君主，前557—前532年在位。癃（lóng）病：一种手脚麻痹的病。 [3] 其事参见《淮南子·览冥》。 [4] 鼓：演奏，原无，据杨宝忠说补。《清角》：古乐曲名。 [5] 俎（zǔ）豆：古代两种礼器，祭祀时用来装祭品。 [6] 其事参见《韩非子·十过》

《史记·乐书》《论衡·纪妖篇》《风俗通义·声音》。　　[7] 考察它的实际情况。

　　夫《清角》，何音之声，而能致此[1]？曰[2]："《清角》，木音也[3]，故致风而[4]。如木为风，雨与风俱。"三尺之木，数弦之声，感动天地，何其神也![5] 此复一哭崩城、一叹下霜之类也。

　　[1]"能"，原无，据黄晖说补。上文"燕太子丹何人，而能动天"，与本句例同。　　[2]"曰"，原无，据黄晖说补。　　[3] 阴阳五行家将金木水火土五行跟宫商角徵羽五音相配，认为角属木，故说"《清角》，木音也"。[4] 而：句终语助词。黄晖说"雨"之讹。　　[5] 毅平按："何其神也"，四字说尽。

　　师旷能鼓《清角》，必有所受，非能质性生出之也[1]。其初受学之时，宿昔习弄，非直一再奏也。审如传书之言，师旷学《清角》时，风雨当至也[2]。

　　[1] 以上三句意谓：师旷能鼓《清角》，肯定有所师从，不是生来就会的。质性：本性。　　[2] 风雨也会来的。黄晖疑"当"当作"常"。

　　传书言："瓠芭鼓瑟[1]，渊鱼出听；师旷鼓琴，六马仰秣[2]。"或言："师旷鼓《清徵》[3]，一奏之，有玄鹤二八，自南方来，集于廊门之危[4]；再奏之，而列；三奏之，延颈而鸣，舒翼而舞，音中宫商之声[5]，声吁于天[6]。平公大悦，坐者皆喜。"[7]《尚书》曰："击石拊石[8]，百兽率舞。"[9] 此虽奇怪，然尚可信。何则？鸟兽好悲声[10]，耳与人耳同也。禽兽见人欲食，亦欲食之；闻人之乐，何为不乐？然而鱼听、仰秣、玄鹤延颈、百兽率舞，盖其实[11]；风雨之至、晋国大旱、赤地三年、平公癃病，殆虚言也。

　　[1] 瓠（hù）芭：传说是楚国人，善弹琴。瑟（sè）：古代一种像琴的弦乐器。　　[2] 以上二句意谓：师旷鼓琴的时候，正在吃饲料的马也会抬起头

来听。六马:很多马。秣(mò):喂马吃饲料。仰:抬起头。其事参见《荀子·劝学》《淮南子·说山》和《韩诗外传》卷六第十四章,但鼓琴者皆作伯牙,而非师旷。 [3]"徵",原作"角",据黄晖说改。上文言奏《清角》,则云起风雨至,此言玄鹤来,与奏《清角》是两回事。《韩非子·十过》《风俗通义·声音》均谓奏《清徵》之曲,有玄鹤来。 [4]危:栋梁,屋脊。 [5]宫商:这里以宫、商二音指代宫、商、角、徵、羽五音。 [6]吁:惊。 [7]其事参见《韩非子·十过》。 [8]石:即石磬(qìng),一种石制乐器。拊(fǔ):轻轻地敲击。 [9]引文见《尚书·尧典》。 [10]悲声:动听的声音。古人以声悲为美。 [11]"盖"下原有"且"字,据杨宝忠说删。

或时奏《清角》时,天偶风雨,风雨之后,晋国适旱;平公好乐,喜笑过度,偶发癃病。传书之家,信以为然,世人观见,遂以为实。[1]

[1]毅平按:还是偶然所致,世人无事生非。

实者乐声不能致此。何以验之?风雨暴至,是阴阳乱也。乐能乱阴阳,则亦能调阴阳也。王者何须修身正行,扩施善政,使鼓调阴阳之曲,和气自至,太平自立矣。[1]

[1]毅平按:以子之矛,攻子之盾,以一种天人感应论否定另一种,王充这里应该是反讽的意思吧?以上"感虚"八虚。

传书言:"汤遭七年旱,以身祷于桑林[1],自责以六过[2],天乃雨。"或言:"五年[3]。""祷辞曰:'余一人有罪,无及万夫。万夫有罪,在余一人。无以一人之不敏[4],使上帝鬼神伤民之命。'于是剪其发,丽其手[5],自以为牲[6],用祈福于上帝。上帝甚说,时雨乃至。"[7]言汤以身祷于桑林自责,若言剪发丽手,自以为牲,用祈福于帝者,实也;言雨至,为汤自责以身祷之故,殆虚言也。

[1]把自己作为牺牲（本来该用牛、羊、猪）祷告于桑林。　[2]列举六项过失来责备自己。　[3]上面说大旱了七年，这里提出另一说五年。[4]"无"，原作"天"，据孙诒让、张宗祥说改。不敏：昏庸。　[5]丽其手：拶（zǎn）指，一种酷刑，用拶子夹手指。　[6]把自己当作牺牲。[7]以上事参见《荀子·大略》《吕氏春秋·顺民》。

孔子疾病，子路请祷[1]。孔子曰："有诸？"子路曰："有之。诔曰[2]：'祷尔于上下神祇[3]。'"孔子曰："丘之祷久矣。"[4]圣人修身正行，素祷之日久，天地鬼神知其无罪，故曰"祷久矣"。《易》曰："大人与天地合其德，与日月合其明，与四时合其叙，与鬼神合其吉凶。"[5]此言圣人与天地鬼神同德行也，即须祷以得福，是不同也[6]。汤与孔子俱圣人也，皆素祷之日久，孔子不使子路祷以治病，汤何能以祷得雨？孔子素祷，身犹疾病；汤亦素祷，岁犹大旱。然则天地之有水旱，犹人之有疾病也，疾病不可以自责除，水旱不可以祷谢去，明矣。汤之致旱以过乎？是不与天地同德也；今不以过致旱乎[7]？自责祷谢亦无益也。[8]

[1]子路：仲由，字子路，一字季路，孔子弟子，小孔子九岁。请祷：请求为孔子祈祷。　[2]诔（lěi）：祭文，这里指向鬼神祈求的祷词。[3]祇：通"祇"（qí）。神祇：天神为神，地神为祇。　[4]以上事参见《论语·述而》。　[5]引文见《周易·乾卦》文言。　[6]以上二句意谓：如果说圣人要祈祷才能得福，这就是说他和天地鬼神德行不同了。[7]今：若。　[8]毅平按：以孔子事类推之，知祷谢亦无益也。

人形长七尺，形中有五常[1]，有瘅热之病[2]，深自克责，犹不能愈；况以广大之天，自有水旱之变，汤用七尺之形，形中之诚，自责祷谢，安能得雨邪？[3]

[1]五常：五行，这里指人体的五脏。古代医学把五脏分别配属于五行：肝属木，心属火，脾属土，肺属金，肾属水。　[2]瘅（dàn）热之病：热病。　[3]毅平按：小犹不能，何况大乎？

人在层台之上，人从层台下叩头，求请台上之物。台上之人闻其言，则怜而与之；如不闻其言，虽至诚区区[1]，终无得也。夫天去人非徒层台之高也，汤虽自责，天安能闻知而与之雨乎？[2]

[1] 区区：忠诚勤恳的样子。　[2] 毅平按：近犹不能，何况远乎？

夫旱，火变也[1]；湛[2]，水异也。尧遭洪水，可谓湛矣。尧不自责以身祷祈，必舜、禹治之，知水变必须治也。除湛不以祷祈，除旱亦宜如之。[3] 由此言之，汤之祷祈不能得雨。

[1] 是火气造成的灾变。　[2] 湛：大水，涝。　[3] 毅平按：水灾须治理，旱灾亦如此。

或时旱久，时当自雨，汤以旱久，亦适自责。世人见雨之下，随汤自责而至，则谓汤以祷祈得雨矣。[1]

[1] 毅平按：还是偶然所致，世人无事生非。以上"感虚"九虚。

传书言："仓颉作书[1]，天雨粟，鬼夜哭。"[2] 此言文章兴而乱渐见[3]，故其妖变致天雨粟、鬼夜哭也。夫言天雨粟，鬼夜哭，实也；言其应仓颉作书，虚也。

[1] 仓颉：传说中黄帝的史官，传说汉字是他创造的。书：文字。[2] 引文见《淮南子·本经》。　[3] 文章：文字。

夫河出图[1]，洛出书[2]，圣帝明王之瑞应也。图书文章与仓颉所作字画何以异[3]？天地为图书，仓颉作文字，业与天地同，指与鬼神合[4]，何非何恶，而致雨粟、鬼哭之怪哉[5]？使天地、鬼神恶人有书，则其出图书，非也；天不恶人有书，作书何非，而致此怪？[6]

[1] 河：黄河。河出图：传说伏羲氏之时，黄河中有龙马负图而出。[2] 洛：洛水。洛出书：传说夏禹治水时，有神龟负文于背，在洛水中出现。"河出图，洛出书"二语，始见于《周易·系辞上》，又见于《汉书·五行志上》。 [3] 字画：同"书"，文字。《太平御览》卷六一八引《论衡》作"图书文章，与书何异"。 [4] 指：通"旨"，意旨，意图。 [5] "鬼"，原作"神"，据孙人和、黄晖说改。上文言"天雨粟，鬼夜哭"。"哉"，原无，据孙人和、黄晖说补。《太平御览》卷七四七引《论衡》作"何非何恶，而致雨粟、鬼哭之怪哉"。 [6] 毅平按：此段以河图、洛书类推之。

或时仓颉适作书，天适雨粟，鬼偶夜哭。而雨粟、鬼哭[1]，自有所为。世见应书而至，则谓作书生乱败之象，应事而动也。[2]

[1] "鬼"下原有"神"字，据孙人和、张宗祥说删。上文"天雨粟，鬼夜哭"，也不干神事。 [2] 毅平按：还是偶然所致，世人无事生非。以上"感虚"十虚。

天雨谷，论者谓之从天而下，应变而生[1]。如以云雨论之，雨谷之变，不足怪也。何以验之？夫云雨出于丘山[2]，降散则为雨矣，人见其从上而坠，则谓之天雨水也。夏日则雨水，冬日天寒，则雨凝而为雪，皆由云气发于丘山，不从天上降集于地，明矣。[3]夫谷之雨，犹复云雨之亦从地起[4]，因与疾风俱飘，参于天，集于地，人见其从天落也，则谓之"天雨谷"。[5]建武三十一年[6]，陈留雨谷，谷下蔽地。案视谷形，若粢而黑[7]，有似于稗实也[8]。此或时夷狄之地，生出此谷，夷狄不粒食[9]，此谷生于草野之中，成熟垂委于地，遭疾风暴起，吹扬与之俱飞，风衰谷坠，集于中国[10]，中国见之，谓之天雨谷[11]。何以效之[12]？野火燔山泽，山泽之中，草木皆烧，其叶为灰，疾风暴起，吹扬之，参天而飞，风衰叶下，集于道路。夫天雨谷者，草木叶烧飞而集之类也。[13]而世以为雨谷，作传书者以为变怪[14]。天主施气，地主产物。有叶实可啄食者，皆地所生，非天所为也。今谷非气所生，须土以成，虽云怪变，怪变因类[15]。生地之物，更从天集[16]；生天之物，可从地出乎？地之有万物，犹天之有列星也。星不更生于地，谷何独生于天乎？[17]

[1]"应"，原无，据刘文典、张宗祥说补。《太平御览》卷八三七引《论衡》"变"上有"应"字。　[2]刘文典说"云"下"雨"字疑衍，刘盼遂说"云雨"当作"云气"，杨宝忠说"云雨"不误。　[3]毅平按：王充解释雨雪生成机制，甚合科学原理。　[4]犹如云雨也是来自地上的。"雨"，原作"布"，据刘盼遂说改。　[5]毅平按：以天降雨雪类推之。　[6]建武：东汉光武帝的年号，25—56年。建武三十一年：55年。"年"下原有"中"字，据黄晖说删。《艺文类聚》卷八五、《太平御览》卷八三七引《论衡》皆无"中"字。　[7]"粢"，原作"茨"，据孙人和、张宗祥说改。《艺文类聚》卷八五引《论衡》作"粢"字。粢：稷。　[8]稗实：稗子。　[9]粒食：以五谷为食。　[10]"坠集"，原作"集坠"，据杨宝忠说乙。中国：指中原地区。　[11]"天"，原无，据刘文典、张宗祥说补。上文言"则谓之天雨水"，句式同。《艺文类聚》卷八五引《论衡》"之"作"天"字，《太平御览》卷八三七引《论衡》"之"下亦有"天"字。　[12]"效"，一作"验"。　[13]毅平按：以草木叶烧飞而集类推之。　[14]"为"，原无，据黄晖、刘盼遂、张宗祥说补。　[15]怪现象都是来源于同类事物的。　[16]更：变。从天集：即上文的"从天而下"。　[17]毅平按：以星生于天喻谷生于地。又，以上一大段，从"仓颉作书，天雨粟"引出"天雨谷"，专门解释了其成因，属于"扯开去"的内容。

传书又言："伯益作井[1]，龙登玄云[2]，神栖昆仑[3]。"言作井有害[4]，故龙神为变也。夫言龙登玄云，实也；言神栖昆仑，又言为作井之故，龙登神去，虚也。

[1]作井：凿井。传说井由伯益发明。　[2]玄：幽远。玄云：高空中的云。　[3]昆仑：山名，在今新疆、西藏间，西接帕米尔高原，东延入青海境内。引文见《淮南子·本经》。　[4]"作"，原作"龙"，据黄晖说改。此言龙、神因作井有害而离去，下文云"为作井之故，龙登神去"。

夫作井而饮，耕田而食，同一实也。伯益作井，致有变动，始为耕耘者[1]，何故无变？[2]神农之桡木为耒[3]，教民耕耨，民始食谷，谷始播种。耕土以为田，凿地以为井，井出水以救渴，田出谷以拯饥，天地鬼神所欲为也，龙何故登玄云？神何故栖昆仑？

[1] 指神农。 [2] 毅平按：王充以耕耘类推之。 [3] 神农：神农氏，传说中的上古帝王，农业和医药的发明者。相传他用木制成耒（lěi）、耜（sì）等农具，教民耕种；又传他曾尝遍百草，发现药材，教民治病。桡（náo）：弯曲，《周易》作"揉"。桡木：把木头弄弯。参见《周易·系辞下》。

夫龙之登玄云，古今有之，非始益作井而乃登也。方今盛夏，雷雨时至，龙多登云。云雨与龙相应[1]，龙乘云雨而行，物类相致[2]，非有为也[3]。

[1] "雨与"，原无，据黄晖、张宗祥说补。《太平御览》卷二二引《论衡》有"雨与"二字。 [2] 同类之物互相招致。 [3] 不是有意识的行为。毅平按：王充倒是相信有龙的。

尧时天下大和，百姓无事，有五十之民击壤于涂[1]。观者曰："大哉，尧之德也！"击壤者曰："吾日出而作，日入而息，凿井而饮，耕田而食，尧何等力[2]？"尧时已有井矣。[3]

[1] "天下大和，百姓无事，有"，原无，据黄晖说补。《文选·七命》六臣注引《论衡》"尧时"下有此九字。击壤：相传尧时的一种游戏，把一块一头削尖的木片放在地上，用一根木棒去敲击它，让它跳到空中，然后用木棒去击打它，击打得越远越好，比赛时最远的就算赢。在东亚许多地区，如朝鲜半岛、冲绳等地，还保留有这种游戏。后世以"击壤"为歌颂太平盛世之典。[2] 这里边尧有什么力量呢？ [3] 毅平按：此段说尧时已有井，非益始凿井。

唐、虞之时[1]，豢龙御龙，龙常在朝；夏末政衰，龙乃隐伏，非益凿井，龙登云也。[2]

[1] 唐：唐尧。虞：虞舜。　　[2] 毅平按：王充以龙的隐现史，证龙不为益作井而登云。

所谓神者，何神也？百神皆是。百神何故恶人为井？使神与人同，则亦宜有饮之欲。有饮之欲，憎井而去，非其实也。[1]

[1] 毅平按：王充以神也要喝水，证神不为益作井而逃难。

夫益殆不凿井，龙不为凿井登云，神不栖于昆仑，传书竟妄[1]，造生之也[2]。

[1] "竟"，原作"意"，据杨宝忠说改。　　[2] 造生：生造。毅平按：王充以上述三证，推论传书虚妄。以上"感虚"十一虚。

传书言："梁山崩[1]，壅河三日不流[2]，晋君忧之[3]。晋伯宗以辇者之言[4]，令景公素缟而哭之[5]，河水为之流通。"[6] 此虚言也。

[1] 梁山：指吕梁山，在今山西西部，位于黄河与汾河之间。　　[2] 壅（yōng）：堵塞。河：黄河。　　[3] 晋君：春秋时晋国君主晋景公。[4] 伯宗：《穀梁传》作伯尊，晋景公时大夫，贤而好直言。辇（niǎn）：古代一种人拉的车子。辇者：拉车的人。　　[5] 缟（gǎo）：白绢。素缟：丧服。　　[6] 引文见《穀梁传》成公五年。

夫山崩壅河，犹人之有痈肿，血脉不通也。治痈肿者，可复以素服哭泣之声治乎？[1]

[1] 毅平按：此段以痈肿类推之。

尧之时，洪水滔天，怀山襄陵[1]。帝尧吁嗟，博求贤者。水变甚于河壅，尧忧深于景公，不闻以素缟哭泣之声能厌胜之[2]。尧无贤人若莘者之术乎？将洪水变大，不可以声服除也[3]？如素缟而哭，悔过自责也[4]，尧、禹之治水，以力役，不以自责[5]。梁山，尧时山也；所壅之河，尧时河也。山崩河壅，天雨水踊[6]，二者之变无以殊也。尧、禹治洪水以力役，莘者治壅河用自责，变同而治异，人钧而应殊[7]，殆非贤圣变复之实也[8]。

　　[1]水涨到山陵高处。怀：包围。襄：漫上。陵：山陵。其事参见《尚书·皋陶谟》。　　[2]厌（yā）胜：一种迷信巫术，指用迷信手段来制服。[3]声：指哭泣之声。服：指穿着丧服。　　[4]以上二句意谓：如果说穿着丧服哭泣，是在悔过和责备自己。　　[5]以上三句意谓：然而尧、禹治水，靠的是人力，而不是自责。力役：人力。"不以自责"的"以"字原无，据杨宝忠说补。　　[6]踊：上涨。　　[7]同样是人，对付灾害的办法却不相同。　　[8]这大概不是圣贤使灾变消除而恢复正常状态的实际情况吧。毅平按：此段以尧时事类推之。

　　凡变复之道，所以能相感动者，以物类也[1]。有寒则复之以温，温复解之以寒。故以龙致雨，以刑逐暑[2]，皆缘五行之气用相感胜之[3]。山崩壅河，素缟哭之，于道何意乎[4]？

　　[1]是因为事物同类相通的缘故。　　[2]按照变复之家的说法，酷刑会带来严寒，赶走暑气。　　[3]都是因为五行之气相互感应、相互克制的缘故。　　[4]在道理上怎么解释呢？毅平按：此段又据变复家言为说，王充再次自相矛盾矣，但也可理解为以毒攻毒。

　　此或时河壅之时，山初崩，土积聚，水未盛。三日之后，水盛土散，稍坏沮矣，坏沮水流，竟注东去。[1]遭伯宗得莘者之言，因素缟而哭，哭之因流，流则谓之河变起此而复[2]。其实非也。

　　[1]毅平按：王充解释堰塞湖及其决口的原因，符合科学原理。[2]"则"，原作"时"，据黄晖说改。起此：由此。毅平按：还是偶然所致，世人无事生非。

何以验之？使山恒自崩乎，素缟哭无益也；使其天变，应之宜改政治。素缟而哭，何政所改而天变复乎[1]？

[1] 又改变了什么政治而使灾变消除了呢？毅平按：以上"感虚"十二虚。

传书言："曾子之孝，与母同气。曾子出薪于野，有客至而欲去，曾母曰：'愿留，参方到[1]。'即以右手搤其左臂[2]。曾子左臂立痛，即驰至，问母：'臂何故痛？'母曰：'今者客来欲去，吾搤臂以呼汝耳。'盖以至孝，与父母同气，体有疾病，精神辄感。"曰：此虚也。

[1] 以上二句意谓：请稍等一会儿，曾参马上就到了。　　[2] 搤（è）：同"扼"，捏，掐。

夫"孝悌之至，通于神明"[1]，乃谓德化至天地[2]。俗人缘此而说，言孝悌之至，精气相动。如曾母臂痛，曾子臂亦辄痛，曾母病，曾子亦病乎[3]？曾母死，曾子辄死乎？考事[4]，曾母先死，曾子不死矣。[5] 此精气能小相动，不能大相感也。

[1] 引文见《孝经·感应章》。　　[2] 意谓德化可以感动天地。[3] "乎"，原在"曾母病"后，据孙人和、张宗祥说乙。下文"曾母死，曾子辄死乎"，句法同。　　[4] 考事：考察事实。　　[5] 毅平按：此段以类推法驳斥之。

世称申喜夜闻其母歌[1]，心动，开关[2]，问歌者为谁，果其母[3]。盖闻母声，声音相感，心悲意动，开关而问，盖其实也。今曾母在家，曾子在野，不闻号呼之声，母小搤臂，安能动子？[4]

[1] 申喜：春秋战国时周人，自幼与母失散。　　[2] 开关：开门。[3] 其事参见《吕氏春秋·精通》《淮南子·说山》。　　[4] 毅平按：此段以

申喜事类推之。

疑世人颂成[1]，闻曾子之孝天下少双，则为空生母搤臂之说也[2]。

[1] 颂成：歌颂成事。 [2] 空生：凭空捏造。毅平按：此段解释此虚言之来由。以上"感虚"十三虚。

世称："南阳卓公为缑氏令[1]，蝗不入界[2]。盖以贤明至诚，灾虫不入其县也。"此又虚也。

[1] 南阳：郡名，在今河南西南部及湖北北部。卓公：卓茂（？—28），字子康，南阳宛人，西汉平帝时为密县令，东汉光武帝时官至太傅，封褒德侯。缑（gōu）氏：古县名，治所在今河南偃师东南。《后汉书·卓茂传》："后以儒术举为侍郎，给事黄门，迁密令。"《后汉书·光武纪》建武元年（25）九月甲申，"以前密令卓茂为太傅"，李贤注："卓以平帝时为密令，故曰'前'。"《水经注》卷二二洧水"东南过其县南"："今县城东门南侧，有汉密令卓茂祠。"综合以上各条来看，王充或记述有误，"缑氏"当为"密县"。密县：古县名，汉置，治所在今河南密县东南。令：汉制，县长官，万户以上称"令"，万户以下称"长"。 [2] 据《后汉书·卓茂传》："平帝时，天下大蝗，河南二十余县皆被其灾，独不入密县界。督邮言之，太守不信，自出案行，见乃服焉。"

夫贤明至诚之化，通于同类，能相知心，然后慕服。蝗虫，闽虻之类也[1]，何知何见，而能知卓公之化？使贤者处深野之中，闽虻能不入其舍乎？闽虻不能避贤者之舍，蝗虫何能不入卓公之县？[2]

[1] 闽（wén）：通"蚊"。虻：牛虻一类昆虫。 [2] 毅平按：此段以闽虻类推之。

如谓蝗虫变与闽虻异，夫寒温亦灾变也，使一郡皆寒，贤者长一县，一县之界能独温乎？夫寒温不能避贤者之县，蝗虫何能不入卓公之界？[1]

[1] 毅平按：此段以寒温类推之。

夫如是，蝗虫适不入界，卓公贤名偶称于世[1]，世则谓之能却蝗虫矣。[2]

[1]"偶"，原无，据孙人和、张宗祥说补。"偶称于世"与上文"适不入界"语气相同。《论衡》"偶""适"并列之例甚多。　　[2] 毅平按：还是偶然所致，世人无事生非。

何以验之？夫蝗之集于野，非能普博尽蔽地也，往往积聚多少有处[1]。非所积之地，则盗跖所居[2]，所少之野，则伯夷所处也，集地有多少[3]，不能尽蔽覆也。夫集地有多少，则其过县有留去矣。多少不可以验善恶，有无安可以明贤不肖也？[4]

[1] 往往有的地方多，有的地方少。　　[2] 跖（zhí）：柳下惠的兄弟，春秋时有名的大盗，时人称"盗跖"。　　[3] 集：聚集。"地"，原作"过"，据孙人和、张宗祥说改。　　[4] 毅平按：此段以蝗虫集地有多少类推之。

盖时蝗自过，不谓贤人界不入[1]，明矣。[2]

[1] 不谓：不为。贤人界：贤人所治之县界。　　[2] 毅平按：此段推测真实原因。以上"感虚"十四虚。

◎ 研读

本篇批判了十四件虚妄之事，其中有十三件是"传书言"，只有一件是"世称"，可见"感虚"也是"书虚"的一个方面；但本篇所论大都是天人感应论方面的内容，而《书虚篇》却并非如此，所以"感虚"又不完全等同于"书虚"。

本篇保存了中国古代原始思维的宝贵资料，尤其是"天人感应论"的种种表现。如古人认为人的行为能使天象发生奇怪的变化；人的行为好坏会招来不同动物的不同行为，好人会招来好动物的好行为，坏人则会招来坏动物的坏行为，如果惩治了坏人，则坏动物的坏行为便会消失，如果起用了好人，则坏动物的坏行为便可防止；人与自然界之间也存在着广泛的感应，人的行为因此而能影响自然界，如人能使风波止息，使太阳停止移动，使长城崩塌，使夏天陨霜，使河水流通，等等；人类的一些创造性行为，如奏乐、作书、作井，也会引起自然界的奇怪变化；不仅是刚出生不久的新生儿，即使是长大成人的孩子，也与父母之间存在着神秘的感应，并产生了基于这种观念的风俗。

但本篇更重要的价值是，在保存中国古代原始思维的宝贵资料的同时，王充又用理性思维对其作出了清算与批判。王充运用自己丰富的知识储备或是常识，用一般人容易接受的道理和类推等方法，驳斥了"天人感应论"的种种表现。他总是先来个当头棒喝，"此言虚也"，"殆虚言也"，"此虚言也"，"此虚也"，"此又虚也"，等等；再条分缕析地予以推理论证，如用人心相通才会发生感动，反推杞梁妻之哭不能崩城，用雨水的自然形成机制，来解释"天雨粟"并非灾异，等等；最后则试图用偶然来说明原因，如"或时武王适麾之，风偶自止，世褒武王之德，则谓武王能止风矣"，"或时旱久，时当自雨，汤以旱久，亦适自责。世人见雨之下，随汤自责而至，则谓汤以祷祈得雨矣"，"疑世人颂成，闻曾子之孝天下少双，则为空生母搤臂之说也"，"螟虫适不入界，卓公贤名偶称于世，世则谓之能却螟虫矣"，等等。王充的这些清算和批判都很有说服力，对于破除迷信陋俗具有积极的意义。

艺增篇

◎解题

"九虚"着眼于"虚","三增"着眼于"增","虚"是无中生有,"增"是言过其实。王充把"增"单列了出来,于是就有了"三增"的写作,亦即《语增篇》《儒增篇》与本篇。本书在"三增"中选取了本篇。

世俗所患,患言事增其实,著文垂辞[1],辞出溢其真,称美过其善,进恶没其罪[2]。何则?俗人好奇,不奇,言不用也。[3]故誉人不增其美,则闻者不快其意;毁人不益其恶,则听者不惬于心。闻一增以为十,见百益以为千。使夫纯朴之事,十剖百判[4];审然之语,千反万畔[5]。墨子哭于练丝[6],杨子哭于歧道[7],盖伤失其本[8],悲离其实也。[9]蜚流之言,百传之语,出小人之口,驰闾巷之间,其犹是也。[10]

[1]垂辞:著书作文。 [2]进:进谏,这里指批评。没:漫过,超过。 [3]毅平按:因信言不美,故美言不信。 [4]以上二句意谓:使那些本来很简单的事,分成了十百种离奇古怪的事情。纯朴:纯正而朴实,这里指简单。剖:割裂。判:分开。 [5]以上二句意谓:本来很明白的话,变成了千万种互相背离的说法。审:明白。畔:通"叛",背离。毅平按:个十百千,十百千万,王充对数字的运用很敏感,也很有修辞特色。 [6]练丝:白色的丝。据《墨子·所染》记载,墨子看见有人染丝,感叹道,染什么颜色,就成什么颜色,再也变不回来,因此,染东西不能不谨慎啊,并认为人的操行也是如此。 [7]杨子:杨朱,又称阳子居,阳生,战国初魏国人。

歧道：岔路口。据《荀子·王霸》记载，杨朱走到岔路口说，如果走错半步，误入歧途，继续走下去，就会和正道相差千里，后果不堪设想，于是就伤心地哭了起来。　　[8]"其"，原无，据杨宝忠说补。　　[9]毅平按：两个例子，活用于此，很是巧妙。　　[10]毅平按：以上这段话，既可以看作是本篇的小序，也可以看作是"三增"的小序，交代了本篇以及"三增"的写作缘起。

诸子之文，笔墨之疏[1]，人贤所著[2]，妙思所集，宜如其实，犹或增之，倘经艺之言[3]，如其实乎？[4]言审莫过圣人，经艺万世不易，犹或出溢[5]，增过其实。增过其实，皆有事为，不妄乱误，以少为多也[6]。然而必论之者，方言经艺之增与传语异也[7]。经增非一，略举较著[8]，令恍惑之人，观览采择，得以开心通意，晓解觉悟。[9]

　　[1]疏：疏通，解释。笔墨之疏：指对经书的解释。　　[2]人贤：同"贤人"，犹"人杰""人豪"。　　[3]经艺：指《诗》《书》《礼》《乐》《易》《春秋》这六部儒家经书，合称"六经"或"六艺"。　　[4]毅平按：从闾巷之言，到诸子之言，到经艺之言，层层递进。　　[5]有的地方还是说过了头。出溢：过头。　　[6]以上四句意谓：夸大事实都是有目的的，不会胡乱地把少的说成是多的。　　[7]方言：正是为了说明。传语：百传之语，流言蜚语。　　[8]较著：明显的事例。　　[9]毅平按："经艺之增"虽事出有因，但也必须加以指出，否则难免引起误解。

《尚书》曰[1]："协和万国[2]。"是美尧德致太平之化，化诸夏并及夷狄也[3]。言协和方外[4]，可也；言万国，增之也。

　　[1]"曰"，原无，据黄晖说补。依《论衡》文例，应有"曰"字。[2]使万国和睦相处。引文见《尚书·尧典》。　　[3]诸夏：古时指居住在中原一带的各民族。夷狄：古时对中原周边各民族的蔑称。　　[4]方外：域外。

夫唐之与周[1]，俱治五千里内[2]。周时诸侯千七百九十三国[3]，荒服、戎服、要服及四海之外不粒食之民[4]，若穿胸、儋耳、焦侥、跂踵之辈[5]，并合其数，不能三千。天之所覆，地之所载，尽于三千之中矣。而《尚书》云万国，褒增过实，以美尧也。欲言尧之德大，所化者众，诸夏夷狄，莫不雍和，故曰万国。犹《诗》言"子孙千亿"矣[6]，美周宣王之德能慎天地[7]，天地祚之，子孙众多，至于千亿。言子孙众多，可也；言千亿，增之也。夫子孙虽众，不能千亿，诗人颂美，增益其实。案后稷始受邰封[8]，讫于宣王[9]，以至外族内属，血脉所连，不能千亿。夫千与万，数之大名也[10]。欲言众多[11]，故《尚书》言万国，《诗》言千亿。[12]

[1]唐：指尧统治的时期。周：指西周。　[2]五千里：据《尚书·禹贡》记载，中国方圆五千里。　[3]千七百九十三国：《尚书大传·洛诰传》作"千七百七十三诸侯"，《礼记·王制》作"千七百七十三国"，王充多记了二十国，或为王充误记，或王充别有所据。　[4]据《尚书·禹贡》记载，古代以王都为中心，按同心圆的结构，由内向外依次是甸服、侯服、绥服、要服、荒服等五服（"服"是服事君主之意），对君主分别承担不同的职责。王充这里只提到三服，应该是举例性质，但其中的"戎服"不见于现存古文献，或为王充误记，或王充别有所据。不粒食之民：不吃五谷的人。　[5]"跂"，原作"跋"，据孙诒让、张宗祥说改。《山海经·海外北经》作"跂踵"。穿胸、儋（dān）耳、焦侥、跂踵（qǐ zhǒng）：我国古代传说中的四个远方国名。穿胸国，即贯匈国，《山海经·海外南经》："贯匈国在其东，其为人匈有窍。一曰在载国东。"《山海经·大荒北经》："有儋耳之国、任姓、禺号子、食谷。"儋耳国，即聂耳国，《山海经·海外北经》："聂耳之国在无肠国东，使两文虎，为人两手聂其耳。县居海水中，及水所出入奇物。两虎在其东。"焦侥国，即周饶国，《山海经·海外南经》："周饶国在其东，其为人短小，冠带，一曰焦侥国在三首东。"又《山海经·大荒南经》："有小人，名曰焦侥之国，幾姓，嘉谷是食。"《山海经·海外北经》："跂踵国在拘缨东，其为人大，两足亦大。一曰大踵。"辈：类。　[6]引文见《诗经·大雅·假乐》。　[7]今本《诗》序说，这首诗是赞美周成王的，王充却说是赞美周宣王的，疑是《毛诗》与《鲁诗》的不同。"慎"，一作"顺"，顺从、敬重。　[8]考察一下，从周的始祖后稷受封于邰时起。邰（tái）：古地名，在今陕西武功西南，传说舜封后稷于邰。　[9]讫（qì）：通"迄"，至。"宣王"，原重，据杨宝忠说删其

一。　　[10]"千"和"万"是数字中的大数。　　[11]"欲",原作"万",据杨宝忠说改。　　[12] 毅平按:修辞格有所谓的"夸张",王充似乎有点抬杠。如果数字一定要准确而不能夸张,那么本篇开头的个十百千、十百千万又怎么说呢?以上"艺增"一增,谈《尚书》和《诗经》的夸饰。

《诗》云:"鹤鸣九皋[1],声闻于天。"[2]言鹤鸣九折之泽[3],声犹闻于天,以喻君子修德穷僻[4],名犹达朝廷也。言其闻高远[5],可矣;言其闻于天,增之也。

[1] 九:表示众多,非确数。皋(gāo):沼泽。九皋:指沼泽深处。[2] 引文见《诗经·小雅·鹤鸣》。　　[3] 折:曲折。九折之泽:王充以此释"九皋",即指沼泽深处。　　[4] 修德穷僻:修德于穷乡僻壤。　　[5]"言",原无,据黄晖、刘盼遂说补。上文"言协和方外","言子孙众多",句式皆同。

彼言声闻于天,见鹤鸣于云中,从地听之,度其声鸣于地,当复闻于天也。夫鹤鸣云中,人闻声仰而视之,目见其形。耳目同力[1],耳闻其声,则目见其形矣。然则耳目所闻见,不过十里,使参天之鸣[2],人不能闻也。何则?天之去人以万数[3],远则目不能见,耳不能闻。今鹤鸣从下闻之,鹤鸣近也。以从下闻其声,则谓其鸣于地,当复闻于天,失其实矣。其鹤鸣于云中,人从下闻之;如鸣于九皋,人无在天上者,何以知其闻于天也[4]?无以知,竟徒准况之也[5]。诗人或时不知,至诚以为然;或时知而欲以喻事,故增而甚之。[6]

[1] 同力:能力相同。　　[2] 如果是来自天上的鸣声。　　[3] 以万数:以万里为计算单位。《论衡·谈天篇》认为,"天"是一种物质实体,距离地面有六万里。裘锡圭说"万"下或脱"里"字,《论衡·纪妖篇》:"天之去人,以万里数。"　　[4]"天"下原有"上"字,据杨宝忠说删。　　[5] 以上二句意谓:没办法知道,只能是从类比中得出的想法。竟徒:只是。"竟",原作"意",据刘盼遂说改。"徒",原作"从(從)",据杨宝忠说改。准况:类

比。 [6] 毅平按：上文既说此诗意为"以喻君子修德穷僻，名犹达朝廷也"，则王充力辩"鹤鸣九皋，声闻于天"之不可能，其实也就是在隐喻"君子修德穷僻，名犹达朝廷"之不可能——这却是他的切身体会了。以上"艺增"二增，谈《诗经》的夸饰。

《诗》曰："维周黎民[1]，靡有孑遗。"[2] 是谓周宣王之时遭大旱之灾也。诗人伤旱之甚，民被其害，言无有孑遗一人不愁痛者。夫旱甚，则有之矣；言无孑遗一人，增之也。

[1]《论衡·治期篇》引作"周余黎民"，与《毛诗》同。吴承仕疑《鲁诗》自作"维周黎民"，与《毛诗》异。《治期篇》作"周余黎民"者，后人据《毛诗》改之。 [2] 引文见《诗经·大雅·云汉》。

夫周之民，犹今之民也。使今之民也，遭大旱之灾，贫羸无蓄积，扣心思雨[1]；若其富人谷食饶足者，廪困不空[2]，口腹不饥，何愁之有？天之旱也，山林之间不枯；犹地之水[3]，丘陵之上不湛也[4]。山林之间，富贵之人，必有遗脱者矣，而言"靡有孑遗"，增益其文，欲言旱甚也。[5]

[1] 扣：通"叩"，敲，击。扣心：捶胸。 [2] 廪（lǐn）：粮仓。困（qūn）：粮囤。 [3] 如同地上发大水。 [4] 湛（chén）：通"沉"，淹没。 [5] 毅平按：遇到自然灾害，赈灾时确实不能"一刀切"。以上"艺增"三增，谈《诗经》的夸饰。

《易》曰："丰其屋，蔀其家，窥其户，阒其无人也[1]。"非其无人也，无贤人也。《尚书》曰："毋旷庶官[2]。"旷，空；庶，众也。毋空众官[3]。置非其人，与空无异，故言空也。

[1] 以上四句意谓：把屋顶盖得厚厚的，把屋子遮得严严的，使别人往门里一看，静悄悄的像没人一般。引文见《周易·丰卦》上六爻辞。蔀（bù）：蔽。 [2] 不要让各种官位空着（意思是不要安置无能的人做官）。引文见

《尚书·皋陶谟》。 ［3］以上九字是对"毋旷庶官"的解释，疑是宋元旧注误入正文者。

夫不肖者皆怀五常[1]，才劣不逮，不成纯贤，非狂妄顽嚚身中无一知也[2]。德有大小，材有高下，居官治职，皆欲勉效在官[3]。《尚书》之官，《易》之户中，犹能有益，如何谓之空而无人[4]？《诗》曰："济济多士，文王以宁。"[5]此言文王得贤者多，而不肖者少也。今《易》宜言"阒其少人"，《尚书》宜言"无少众官"[6]。以少言之，可也；言空而无人，亦尤甚焉。

［1］五常：也称"五典""五信"，指仁、义、礼、智、信等五种道德规范，一指父义、母慈、兄友、弟恭、子孝等五种行为准则。参见《白虎通·情性》。 ［2］顽嚚（yín）：顽劣，愚蠢。知（zhì）：通"智"，这里泛指才能道德。王充认为，不贤的人，只是秉受的气不如善人，但不是一点善性也没有的。 ［3］勉效：勉力效劳。毅平按：人各有其才，当各尽其用，不必千军万马走独木桥。王充这里说得很有道理。 ［4］以上四句意谓：《尚书》所说的那些无能的官，《周易》所说的那些房子里的人，还是多少有点用处的，怎么能说空空的等于没有人呢？ ［5］引文见《诗经·大雅·文王》。 ［6］以上二句意谓：现在看来，《周易》应该说"静悄悄的人很少"，《尚书》应该说"不要只安置少数几个有用的人做官"。

五谷之于人也，食之皆饱，稻粱之味[1]，甘而多腴，豆麦虽粝，亦能愈饥[2]，食豆麦者，皆谓粝而不甘，莫谓腹空无所食；竹木之杖，皆能扶病[3]，竹杖之力，弱劣不及木，或操竹杖，皆谓不劲[4]，莫谓手空无把持。夫不肖之臣，豆麦、竹杖之类也。[5]《易》持其具臣在户[6]，言"无人"者，恶之甚也。《尚书》众官亦容小材[7]，而云"无空"者[8]，刺之甚也。[9]

［1］"粱"，原作"梁"，据《论衡注释》、张宗祥说改。 ［2］愈饥：去饥。 ［3］扶病：指支撑病人走路。 ［4］不劲：不给力。 ［5］毅平按：以豆麦、竹杖为喻，很是日常亲切。 ［6］《易》是说只有滥竽充数的官员在

屋里。 [7]《尚书》中提到的众官，也包括一些多少有点才能的人。容：容纳，包括。 [8]无空：即上文的"毋旷"。 [9]毅平按：以上"艺增"四增，谈《周易》和《尚书》的夸饰。

《论语》曰："大哉，尧之为君也！荡荡乎民无能名焉[1]。"传曰[2]："有年五十击壤于路者，观者曰：'大哉，尧之德乎[3]！'击壤者曰：'吾日出而作，日入而息，凿井而饮，耕田而食，尧何等力[4]！'"此欲言荡荡无能名之效也[5]。言荡荡，可也；乃言民无能名[6]，增之也。四海之大，万民之众，无能名尧之德者，殆不实也。

[1]以上三句意谓：尧作为君主的功德如此之大，老百姓竟不知道该如何来称颂他了。引文见《论语·泰伯》。 [2]传：泛指儒家经书以外及解释经书的书籍。 [3]"之"，原无，据黄晖说补。下文复述此语作"大哉，尧之德乎"。 [4]这里边尧有什么力量呢！ [5]这种说法是要证明尧的功德广大，却没有一个人说得出来。"欲"，原无，据刘盼遂说补。效：证明。 [6]"乃"下原有"欲"字，据黄晖说删。

夫击壤者曰"尧何等力"，欲言民无能名也。观者曰："大哉，尧之德乎！"此何等民者，犹能知之[1]。实有知之者，云无，竟增之。

[1]以上二句意谓：连这个说"尧何等力"的观者，尚且能知道尧之德。"此何等民"戏仿"尧何等力"的句式。

儒书又言："尧、舜之民，可比屋而封。"[1]言其家有君子之行[2]，可皆官也。夫言可封，可也；言比屋，增之也。[3]

[1]引文见陆贾《新语·无为》。参见《论衡·率性篇》。 [2]家：家家户户。 [3]毅平按：引出陆贾《新语》之语，是为了与《论语》对质。

人年五十为人父，为人父而不知君，何以示子？太平之世，家为君子，人有礼义，父不失礼，子不废行。夫有行者有知，知君莫如臣，臣贤能知君，能知其君，故能治其民。今不能知尧，何可封官？年五十击壤于路，与竖子未成人者为伍，何等贤者？子路使子羔为郈宰[1]，孔子以为不可[2]，未学，无所知也。击壤者无知，官之如何[3]？称尧之荡荡，不能述其可比屋而封；言贤者可比屋而封，不能议其愚而无知[4]。夫击壤者难以言比屋[5]，比屋难以言荡荡[6]。二者皆增之，所由起，美尧之德也。[7]

[1] 子羔：高柴，字子羔，孔子弟子，小孔子三十岁。郈（hòu）：春秋时鲁国叔孙氏邑，在今山东东平东南，《论衡·问孔篇》作"费"。宰：邑宰，地方官名。　[2] 其事参见《论语·先进》《史记·仲尼弟子列传》。[3] 怎么能让他做官呢？　[4]"议"下原有"让"字，据黄晖、杨宝忠说删。吴承仕说"议（議）"疑当作"讥（譏）"，形近而误。"知"下原有"之"字，据杨宝忠说删。　[5] 有击壤者这样无知的人存在，就不能说"可比屋而封"。　[6] 说"可比屋而封"，就不能说"荡荡乎民无能名"——二者是矛盾的。　[7] 毅平按：以上"艺增"五增，谈《论语》的夸饰，并引《新语》以为质证。

《尚书》曰："祖伊谏纣曰：'今我民罔不欲丧。'"[1] 罔，无也，我天下民无不欲王亡者。夫言欲王之亡，可也；言无不，增之也。

[1] 引文见《尚书·西伯戡黎》。祖伊：商王祖乙的后代，商纣王的贤臣。祖伊谏纣：西伯周文王打败了商的属国黎以后，纣王的贤臣祖伊惊慌失措，赶紧跑去禀报纣王，直言不讳地指出，纣王荒淫无度，已招致天怒人怨，情势危急，殷命将终，要纣王勤勉政事，为国家命运着想。

纣虽恶，民臣蒙恩者非一，而祖伊增语，欲以惧纣也。故曰：语不益，心不惕；心不惕，行不易。[1] 增其语，欲以惧之，冀其警悟也。

[1] 毅平按："语不益，心不惕；心不惕，行不易"，四句诚为洞观之言。

苏秦说齐王曰[1]："临菑之中[2]，车毂击[3]，人肩磨[4]，举袖成幕，连衽成帷，挥汗成雨。"[5]齐虽炽盛[6]，不能如此。苏秦增语，激齐王也[7]。祖伊之谏纣，犹苏秦之说齐王也。贤圣增文，外有所为，内未必然。何以明之？夫《武成》之篇[8]，言武王伐纣，血流浮杵[9]。助战者多，故至血流如此。皆欲纣之亡也，土崩瓦解，安肯战乎？然祖伊之言"民无不欲"，如苏秦增语；《武成》言血流浮杵，亦太过焉。死者血流，安能浮杵？案武王伐纣于牧之野[10]，河北地高[11]，壤靡不干燥，兵顿血流[12]，辄渗入土[13]，安得杵浮？且周、殷士卒，皆赍盛粮[14]，无杵臼之事[15]，安得杵而浮之？言血流浮杵[16]，欲言诛纣难[17]，兵顿士伤，故至浮杵[18]。

[1] 苏秦：战国时纵横家，主张"合纵"，即关东六国联合起来对抗秦国，曾佩六国相印。齐王：指齐宣王。　[2] 临菑（zī）：即临淄，齐国国都，在今山东淄博东北，因城临菑水而得名。　[3] 车轮相碰。毂（gǔ）：车轮中心的圆木，中有圆孔可以插轴，泛指车轮。　[4] 人肩相摩。磨：摩。[5] 引文见《战国策·齐策一》。　[6] 炽（chì）盛：强盛。　[7] 激齐王：据《战国策·齐策一》记载，苏秦在齐宣王面前赞扬齐国国富民强，目的在于激励齐王与秦国抗衡。　[8]《武成》，古文尚书的一篇，后已佚失，现在流传的是伪书。　[9] 血流成河，把杵都漂起来了。杵（chǔ）：舂米用的木棒。　[10] 牧之野：即牧野。　[11] 河北：指黄河以北地区。　[12] 兵：兵器。顿：通"钝"。　[13]"渗"，原作"燥"，据杨宝忠说改。　[14] 盛粮：干粮。盛：成。以下原有"或作干粮"四字，孙诒让、张宗祥疑当是宋元人校语而误入正文者，据其说删。　[15] 用不着杵臼舂米。　[16]"浮"，原无，据黄晖说补。上文有"血流浮杵"，"《武成》言血流浮杵"。　[17]"难"，原作"惟"，据杨宝忠说改。　[18] 以上三句意谓：想说讨伐纣王艰难，士兵伤亡惨重，血流成河，所以就说"浮杵"。毅平按：以上"艺增"六增，谈《尚书》的夸饰。

《春秋》庄公七年[1]："夏四月辛卯[2]，夜中恒星不见，星霣如雨^[3]。"《公羊传》曰^[4]："如雨者何？非雨也。非雨则曷为谓之如雨？不修《春秋》曰^[5]：'雨星不及地尺而复^[6]。'君子修之曰^[7]：'星霣如雨。'"不修《春秋》者，未修《春秋》时鲁史记，曰："雨星不及地尺如复^[8]。"君子者，谓孔子也。孔子修之曰^[9]："星霣如雨。""如雨"者，如雨状也。山气为云，上不及天，下而为雨^[10]。雨星，星陨不及地，上复在天，故曰"如雨"，孔子正言也^[11]。夫星霣或时至地，或时不能^[12]，尺丈之数，难审也。史记言尺^[13]，亦以太甚矣。夫地有楼台山陵，安得言尺？孔子言如雨，得其实矣。孔子作《春秋》，故正言"如雨"。如孔子不作，"不及地尺"之文，遂传至今。^[14]

　　[1] 庄公：指鲁庄公，春秋时鲁国君主，前693—前662年在位。庄公七年：即前687年。　　[2] 四月辛卯：据王韬《春秋朔闰表》，为周历四月五日。　　[3] 霣（yǔn）：通"陨"，坠落。　　[4]《公羊传》：又称《春秋公羊传》《公羊春秋》，儒家经书之一，是一部解释《春秋》的著作，相传为战国初齐国人公羊高撰，但其实公羊高只是子夏之后学，《公羊传》的一代传人而已。　　[5] 不修《春秋》：指未经孔子修订过的鲁国编年史《春秋》，即鲁国原来的编年史。　　[6] 星星像雨一样降下来，在距地面一尺的时候就回升上去了。"雨"上原有"如"字，据孙人和说删。下文亦云"雨星不及地尺如复"。复：恢复，这里指回升。　　[7] 君子：或说指孔子。"曰"，原无，据孙人和说补。　　[8] 如：而。　　[9]"曰"，原无，据孙人和说补。　　[10]"雨"，原作"云"，据刘盼遂说改。《论衡·感虚篇》："夫云雨出于丘山，降散则为雨矣。"与此同义。　　[11] 正：订正。正言：订正了的说法。　　[12] 以上二句意谓：星陨的时候，有些会落到地上，有些不会（因为途中就烧尽了）。[13] 史记：这里指未经孔子修订过的鲁国编年史《春秋》。　　[14] 毅平按：以上"艺增"七增，谈"不修《春秋》"的夸饰。

　　光武皇帝之时^[1]，郎中汝南贲光上书^[2]，言孝文皇帝时居明光宫^[3]，天下断狱三人^[4]。颂美文帝，陈其效实^[5]。光武皇帝曰："孝文时不居明光宫，断狱不三人。"积善修德，美名流之，是以君子恶居下流。夫贲光上书于汉，汉为今世，增益功美，犹过其实，[6]况上古帝王久远，贤人从后褒述，失实离本，独已多矣。不遭光武论，千世之后，孝文之事载在经艺之上，人不知其增，"居明光宫""断狱三人"而遂为实事也。[7]

　　[1]光武皇帝：指汉光武帝刘秀，25—56年在位。　　[2]郎中：官名，在秦汉时是宫廷侍卫官。汝南：郡名，在今河南上蔡西。贲光：人名，事迹难考。　　[3]孝文皇帝：指汉文帝。明光宫：汉代宫殿名。　　[4]断狱：判案。　　[5]陈：陈述。效实：这里指功绩。　　[6]毅平按：王充这里批评别人颂美当世增益失实，没想到后来自己也写了一组颂汉之文。　　[7]毅平按：以上谈贲光上书中对当世的夸饰，并由此类推"经艺"之"增"产生的原因。

◎研读

　　本篇开头一段提纲挈领，指出了"增"的种种表现："世俗所患，患言事增其实，著文垂辞，辞出溢其真，称美过其善，进恶没其罪……蜚流之言，百传之语，出小人之口，驰闾巷之间，其犹是也。"由于前面的《语增篇》《儒增篇》都没有小序，所以，这既可以看作是本篇的小序，也可以看作是"三增"的小序（奇怪的只是其没有放在"三增"第一篇的开头，却放在最后一篇的开头）。其宗旨一言以蔽之，就是"美言不信"。

　　《语增篇》所处理的，是"传语"之"增"，共十一条；《儒增篇》所处理的，是"儒书"（王充所谓"儒书"，非尽指儒家之书，也包括史传诸子等）之"增"，共十六条；本篇所处理的，是"经艺"之"增"，共七条。王充写作"三增"，盖是由一般的"传语"及于"儒书"再及于"经艺"，这样便使这组文章产生了一种逐渐深入的气势。

　　就世俗而言，比起诸子之文来，一般更相信经艺之言，因为它出于圣人之手。但不仅诸子之文有"增"，经艺之言同样如此："诸子之文，笔墨之疏，人贤所著，妙思所集，宜如其实，犹或增之，倘经艺之言，如其实乎？言审莫过圣人，经艺万世不易，犹或出溢，增过其实。"而且比起诸子之文来，经艺之言的"增"有其自身特点，所以需要特别加以剖析："增过其实，皆有事为，不妄乱误，以少为多也。然而必论之者，方言经艺之增与传语异也。"而剖析经艺之"增"，其实也就是破除关于圣人的神话，觉悟关于经艺的迷信，还原造神之前的本来面目，本篇即为此而作："经增非一，略举较著，令恍惑之人，观览采择，得以开心通意，晓解觉悟。"

在本篇中，王充不仅剖析了"增"的现象，也指出了"增"的心理基础："俗人好奇，不奇，言不用也。故誉人不增其美，则闻者不快其意；毁人不益其恶，则听者不惬于心。闻一增以为十，见百益以为千。"其所导致的不良后果是："使夫纯朴之事，十剖百判；审然之语，千反万畔。"而对于这种不良后果，前贤们也曾予以重视："墨子哭于练丝，杨子哭于歧道，盖伤失其本，悲离其实也。"现在则轮到王充来进一步展开论述了。

在剖析各种"增"的现象时，王充运用了"矛盾律"与"效验法"，也就是针对同一件事情，把不同的说法放在一起，指出它们之间"不得两立"，"不得两全"，从而得出"不得两全，则必一非"的结论，最后根据历史事实来判定其是非。"凡天下之事，不可增损，考察前后，效验自列。自列，则是非之实有所定矣。"（《语增篇》）"凡论事者，违实不引效验，则虽甘义繁说，众不见信……事有证验，以效实然。"（《知实篇》）

不过，如果把"增"一概看作是负面的，则未必是完全合理的，因为适当的"增"，其实也是一种修辞手段，王充自己也经常运用的。即如本篇中也经常提到的："诗人或时不知，至诚以为然；或时知而欲以喻事，故增而甚之。""故曰：语不益，心不惬；心不惬，行不易。增其语，欲以惧之，冀其警悟也。""贤圣增文，外有所为，内未必然。"说明王充心里也明白，诗人是以"增"来"喻事"的，大臣是以"增"来"惧之"的，贤圣是以"增"为手段的。就此而言，"增"与"虚"还不完全一样，前者作为一种修辞手段，有其一定的合理性。

问孔篇

◎ 解题

本篇与《非韩篇》《刺孟篇》是姐妹篇。王充在写了"九虚三增"以后，尤其是在写了"三增"以后，注意到了"儒书"中最有名的一些贤圣，如孔子、韩非子和孟子，他们书中也有"虚""增"问题。虽说"九虚三增"中已有关于这三家的论述，但因为他们比较重要，且可以议论之处甚多，所以王充把他们单列了出来，以"问""非""刺"名之，表面看来与"九虚三增"不一样，其实宗旨是一脉相承的。本书选取了其中最具挑战性的本篇及《刺孟篇》。

世儒学者，好信师而是古，以为贤圣所言皆无非，专精讲习，不知难问[1]。夫贤圣下笔造文，用意详审，尚未可谓尽得实，况仓卒吐言[2]，安能皆是？不能皆是，时人不知难；或是，而意沉难见，时人不知问。案贤圣之言，上下多相违，其文，前后多相伐者[3]，世之学者不能知也。[4]

[1] 难（nàn）问：问难，疑问。　　[2] 仓卒（cù）吐言：这里指《论语》，因为《论语》主要记录了孔子平日跟弟子的谈话，所以王充这么说。[3] 相伐：自相矛盾。　　[4] 毅平按：此段为《问孔》《非韩》《刺孟》三篇之纲领，开门见山。

论者皆云："孔门之徒，七十子之才[1]，胜今之儒。"此言妄也。彼见孔子为师，圣人传道，必授异才，故谓之殊。夫古人之才，今人之才也。[2]今谓之英杰，古以为圣神[3]，故谓七十子历世希有。使当今有孔子之师，则斯世学者，皆颜、闵之徒也[4]；使无孔子，则七十子之徒，今之儒生也。何以验之？以学于孔子，不能极问也[5]。圣人之言，不能尽解；说道陈义，不能辄形[6]。不能辄形，宜问以发之[7]；不能尽解，宜难以极之[8]。皋陶陈道帝舜之前，浅略未极，禹问难之，浅言复深，略指复分。盖起问难，此说激而深切，触而著明也[9]。

[1] 七十子：据说孔子有弟子三千，其中"身通六艺"的贤者共七十二人。 [2] 毅平按："夫古人之才，今人之才也"，二句金玉良言。 [3] 以上二句意谓：一样是有才能的人，现在的称为"英杰"，古代的称为"圣神"——明显的厚古薄今。 [4] 颜：颜回，即颜渊。闵：闵损，字子骞（qiān），孔子弟子，小孔子十五岁。颜、闵二人在孔门中皆以德行著称。[5] 极问：追根问底。毅平按：王充意谓，孔门弟子不异当代儒生，皆不知问难也。 [6] 不能每次都说得浅显易懂。辄：每次，总是。形：详尽，明白。 [7] 发：弄明白，搞清楚。 [8] 极：弄清究竟。 [9] 以上三句意谓：正是由于禹的追问质疑，才使皋陶因受激发而讲得更深入，因受触动而说得更清楚。起：由于。此说：其说，指皋陶讲的治国道理。激：激发。触：触动。

孔子笑子游之弦歌[1]，子游引前言以距孔子[2]。自今案《论语》之文，孔子之言多若笑弦歌之辞，弟子寡若子游之难，故孔子之言遂结不解[3]。以七十子不能难，世之儒生不能实道是非也[4]。

[1] 子游：言偃，字子游，孔子弟子，小孔子四十五岁。孔子笑子游之弦歌：据《论语·阳货》记载，子游在武城做官，孔子到了武城，听见弹琴唱歌的声音，就讥笑说："杀鸡何必用牛刀呢？"意谓治理这样一个小地方，用得着礼乐教化吗？子游反驳说："从前我听老师说过：'君子学了礼乐，就能够爱人；小人学了礼乐，就容易使唤。'"孔子只好说："我刚才的话不过是开玩笑罢了。" [2] 前言：这里指孔子以前说过的话。距：通"拒"，反驳，质疑。 [3] 所以孔子的话难以理解，就像绳子打了结一样难以解开。[4] 实道是非：切实讲清楚是非。毅平按：王充并不把《论语》神化。

凡学问之法，不畏无才^[1]，难于距师，核道实义，证定是非也。^[2]问难之道，非必对圣人及生时也^[3]。世之解说说人者^[4]，非必须圣人教告乃敢言也。苟有不晓解之问，追难孔子^[5]，何伤于义？诚有传圣业之知，伐孔子之说^[6]，何逆于理？^[7]谓问孔子之言^[8]，难其不解之文^[9]，世间弘才大知，生能答问解难之人^[10]，必将贤吾问难之言^[11]。

[1] 不怕没有才能。"畏"，原作"为"，据刘盼遂说改。　[2] 毅平按：这里王充说出了治学的根本原则。　[3] 对：面对。生时：活着的时候。[4] 说（shuì）人：教导别人。　[5] "追"，原作"诏"，据黄晖、张宗祥说改。　[6] 伐：质疑，反驳。　[7] 毅平按：质问得气势磅礴，大义凛然。　[8] 谓问：质问。　[9] 杨宝忠说以上二句十二字是"伐孔子之说"旧注而误入正文者。　[10] 生：通"性"。　[11] 必将称赞我问难孔子的话。贤：肯定，称赞。"贤吾"下原有"世间"二字，据黄晖、张宗祥、马宗霍说删。"问难"，原作"难问"，据杨宝忠说乙。"之言"下原有"是非"二字，据刘盼遂、张宗祥说删。毅平按：以上说明本篇写作宗旨。

孟懿子问孝^[1]，子曰："毋违。"樊迟御^[2]，子告之曰："孟孙问孝于我，我对曰'毋违'。"樊迟曰："何谓也?"子曰："生，事之以礼^[3]；死，葬之以礼，祭之以礼^[4]。"

[1] 孟懿子：即孟孙何忌，也叫仲孙何忌，字子嗣，"懿"是他的谥号，春秋时鲁国大夫。　[2] 樊迟：即樊须，字子迟，孔子弟子，小孔子三十六岁。御：驾车。　[3] 事：侍奉。礼：指周礼。　[4] "祭之以礼"，原无，据黄晖、刘盼遂、张宗祥说补。一本有此句，下文孔子复述此话也有此句，《论语·为政》中也有此句。以上事参见《论语·为政》。

问曰^[1]：孔子之言"毋违"者^[2]，毋违礼也。孝子亦当先意承志，不当违亲之欲。孔子言"毋违"，不言"违礼"，懿子听孔子之言，独不畏嫌于无违志乎^[3]？樊迟问何谓，孔于乃言"生，事之以礼；死，葬之以礼，祭之以礼"，使樊迟不问，"毋违"之说，遂不可知也。懿子之才，不过樊迟，故《论语》篇中不见言行，樊迟不晓，懿子必能晓哉？

[1] 问曰：本篇凡以"问曰"开始的段落，均为王充之问难。[2]"者"，原在下一个"毋违"下，据黄晖说乙。　　[3] 以上二句意谓：难道就不怕懿子听了孔子的回答，误以为不要违背父母的愿望吗？"畏"，原作"为"，据文意改。下文"独不畏（为）子路言"句式同。《论衡》每以音近而误"畏"为"为"，参见黄晖、刘盼遂、裘锡圭诸说。嫌：疑惑，这里指误解。

　　孟武伯问孝[1]，子曰："父母，唯其疾之忧[2]。"武伯善忧父母，故曰"唯其疾之忧"[3]。武伯忧亲，懿子违礼，攻其短，答武伯云"父母，唯其疾之忧"，对懿子亦宜言"唯水火之变乃违礼"。周公告小才形[4]，大材略。樊迟大材也[5]，孔子告之形[6]，懿子小才也，告之反略，违周公之志。攻懿子之短，失道理之宜，弟子不难，何哉？如以懿子权尊，不敢极言，则其对武伯，亦宜但言"毋忧"而已。俱孟氏子也[7]，权尊钧同，形武伯而略懿子，未晓其故也。使孔子对懿子极言"毋违礼"，何害之有？专鲁莫过季氏[8]，讥八佾之舞庭[9]，刺太山之旅祭[10]，不惧季氏憎邑不隐讳之害[11]，独畏答懿子极言之罪，何哉[12]？且问孝者非一，皆有御者，对懿子言，不但心服臆肯[13]，故告樊迟[14]。

[1] 孟武伯：孟懿子的儿子孟孙彘（zhì），"武"是他的谥号。　　[2] 其：他们的，这里指父母的。之：则、才、乃之意。以上事参见《论语·为政》。　　[3] 以上二句意谓：武伯总是过度担心其父母，所以孔子说"只要担心父母的疾病就够了"。　　[4] 周公：姬旦，一称叔旦，因封于周，故称周公，周武王的弟弟。"形"，原作"敕"，据杨宝忠说改。形：详尽，明白。[5]"樊迟"，原作"子游"，据孙人和、张宗祥说改。上文言"懿子之才，不过樊迟"，下文言"懿子小才也"，则"子游"系"樊迟"之误。"大"上原有"之"字，一本无"之"字，据孙人和、张宗祥说删。"樊迟大材也"与"懿子小才也"相对为文。樊迟大材也：孔子把樊迟列为擅长"文学"的弟子，所以王充称他为"大材"。　　[6]"形"，原作"敕"，据杨宝忠说改。　　[7]"俱"，

原作"但",据黄晖、刘盼遂、张宗祥、马宗霍说改。　[8]专鲁:垄断鲁国大权。季氏:春秋时鲁国大夫季孙氏,与叔孙氏、孟孙氏为当时鲁国三大贵族,自鲁昭公五年(前537)后,季孙氏一家独大,鲁国由季氏专权。　[9]佾(yì):古代乐舞的行列,八个人为一行,一行为一佾。八佾:即奏乐舞蹈用八行,八八六十四人。按周礼,这是只有天子才能用的,诸侯则只能用六佾,大夫更只能用四佾,所以四佾才是季氏该用的。讥八佾之舞庭:据《论语·八佾》记载,季平子在庭院中演"八佾"之舞,孔子认为这违背了周礼,生气地说:"是可忍也,孰不可忍也!"　[10]太山:即泰山。旅:古代祭祀名山大川叫"旅",只有天子、诸侯才有资格"旅"。刺太山之旅祭:据《论语·八佾》记载:季康子去祭祀泰山,孔子认为他违背了礼制,问弟子冉有能否阻止,冉有回答不能,孔子便讥刺说:"难道泰山之神还不如林放(一个普通百姓)知礼吗?"意谓泰山之神不会接受季氏的祭祀的。冉有当时在季氏那里做事,所以孔子希望他能阻止。　[11]"憎",原作"增",据黄晖说改。邑:通"悒",不高兴。憎悒:憎恶。　[12]以上三句意谓:不惧怕由于不为季氏隐瞒过错而招致季氏憎恶的祸害,却偏偏害怕对懿子之问回答得详尽明白的祸害,这又是为什么呢。　[13]臆:胸。心服臆肯:心满意足,这里指自鸣得意。　[14]以上五句意谓:况且向孔子问孝的人不止一个,每次都有替孔子赶车的人在旁边,为什么孔子不仅自鸣得意于对懿子的回答,还偏偏要把这个回答告诉樊迟呢?毅平按:王充认为孔子回答得过于简略,容易引起弟子的误解,可又想不通孔子的回答为何彼详此略。以上"问孔"一问。

孔子曰:"富与贵,是人之所欲也,不以其道得之,不居也;贫与贱,是人之所恶也,不以其道得之,不去也。"[1]此言人当由道义得富贵[2],不当苟取也;当守节安贫贱[3],不当妄去也。

[1]引文见《论语·里仁》。　[2]"富贵",原无,据刘盼遂、张宗祥说补。与下文"不以其道得富贵"相对为文。　[3]"贱",原无,据刘盼遂说补。"富贵""贫贱"相对为文。

夫言"不以其道得富贵,不居"可也,"不以其道得贫贱"如何? 富贵顾可去[1],去贫贱何之? 去贫贱,得富贵也,不得富贵,不去贫贱。如谓得富贵不以其道,则不去贫贱邪? 则所得富贵,不得贫贱也。贫贱何故当言"得之"？顾当言："贫与贱，是人之所恶也，不以其道去之，则不去也。"当言"去"，不当言"得"。"得"者，施于得之也[2]；今去之，安得言"得"乎？独富贵当言"得"耳。何者？得富贵，乃去贫贱也。是则以其道去贫贱如何[3]？修身行道，仕得爵禄富贵，得爵禄富贵，则去贫贱矣。不以其道去贫贱如何？毒苦贫贱[4]，起为奸盗，积聚货财，擅相官秩[5]，是为不以其道。七十子既不问，世之学者亦不知难。使此言意不解而文不分，是谓孔子不能吐辞也[6]；使此言意结文又不解[7]，是孔子相示未形悉也[8]。弟子不问，世俗不难，何哉？[9]

[1]顾：通"固"，乃，才。　[2]以上二句意谓："得"字是用于得到什么东西上的。施：用。　[3]"其"，原无，据杨宝忠说补。　[4]毒苦：痛恨。　[5]擅相封赠官秩。　[6]这说明孔子不会说话。吐辞：说话。[7]结：打结，这里指纠缠不清。　[8]这是孔子向人表示得不明白不详尽。形：显白。悉：详尽。　[9]教平按：这个漏洞王充抓得厉害，"不以其道得贫贱"，这话确实不通。想来，"得"字确有可能是"去"字之讹。以上"问孔"二问。

孔子曰："公冶长可妻也[1]，虽在缧绁之中[2]，非其罪也。"以其子妻之[3]。

[1]公冶长：字子长，孔子弟子、女婿，传说懂鸟语。妻（qì）：把女儿嫁给他。　[2]缧绁（léi xiè）：绳索，这里指监狱。　[3]子：古代儿、女都称"子"，这里指女儿。以上事参见《论语·公冶长》。

问曰：孔子妻公冶长者，何据见哉？据年三十可妻邪[1]？见其行贤可妻也？如据其年三十，不宜称"在缧绁"；如见其行贤，亦不宜称"在缧绁"。何则？诸入孔子门者，皆有善行，故称备徒役[2]。徒役之中，无妻，则妻之耳，不须称也。如徒役之中多无妻，公冶长尤贤，故独妻之，则其称之宜列其行[3]，不宜言其在缧绁也。何则？世间强受非辜者多^[4]，未必尽贤人也。恒人见枉，众多非一，必以非辜为孔子所妻，则是孔子不妻贤，妻冤也。案孔子之称公冶长，有非辜之言，无行能之文^[5]。实不贤，孔子妻之，非也；实贤，孔子称之不具^[6]，亦非也。诚似妻南容云^[7]："国有道，不废；国无道，免于刑戮^[8]。"具称之矣^[9]。

[1] 年三十可妻：《周礼·地官·媒氏》："令男三十而娶，女二十而嫁。" [2] 所以才说他们够得上充当门徒。备：充当。徒役：门徒。 [3] 行：品行，这里指好的品行。 [4] 世上无罪而被迫接受惩罚的人很多。非辜：无辜。 [5] 行能：品行才能。 [6] 具：完备，全面。 [7] 诚：如果。南容：即南宫适（kuò），字子容，孔子弟子，孔子把侄女嫁给了他。孔子之兄叫孟皮，见《史记·孔子世家》索隐引《孔子家语》。杨伯峻说，此时孟皮可能已死，所以孔子替侄女主婚。 [8] 废：废置不用，指不能做官。刑戮（lù）：刑罚。引文见《论语·公冶长》。两"国"字原均作"邦"，吴承仕、张宗祥说汉时《论语》非经，王充避汉讳，改"邦"为"国"。 [9] 这才是全面的说法。毅平按：一般的理解是，公冶长或因懂鸟语而受到赏识，不过有吃过官司的"污点"，孔子以其无辜来为他开脱，以便排除嫁女给他的障碍。王充这里也许有点抬杠了。以上"问孔"三问。

子谓子贡曰："汝与回也孰愈^[1]？"曰："赐也何敢望回^[2]？回也闻一以知十，赐也闻一以知二。"子曰："弗如也，吾与汝俱不如也。"^[3]是贤颜渊，试以问子贡也。

[1] 愈：贤。 [2] 望：通"方"，比。 [3] 以上事参见《论语·公冶长》。

问曰：孔子所以教者，礼让也。子路"为国以礼，其言不让"^[1]，孔子非之。使子贡实愈颜渊，孔子问之，犹曰不如，使实不及，亦曰不如。非失对欺师^[2]，礼让之言宜谦卑也。今孔子出言，欲何趣哉^[3]？使孔子知颜渊愈子贡，则不须问子贡；使孔子实不知，以问子贡，子贡谦让，亦不能知。使孔子徒欲表善颜渊，称颜渊贤，门人莫及，于名多矣[4]，何须问于子贡？子曰："贤哉，回也！"[5]又曰："吾与回言终日，不违，如愚。"[6]又曰："回也，其心三月不违仁[7]。"三章皆直称[8]，不以他人激[9]；至是一章[10]，独以子贡激之，何哉？

[1]引文见《论语·先进》，是子路自吹三年治理好一个大国时，孔子在弟子面前批评他的话，意思是治理国家应该讲求礼让，而子路讲话却一点也不谦虚。　[2]失对：回答错误。　[3]趣：趣向，目的。　[4]名：名目，说法。　[5]引文见《论语·雍也》。　[6]引文见《论语·为政》。　[7]三：古文中"三"常表示多数。三月：形容时间长。引文见《论语·雍也》。　[8]章：章节。三章：指上引《论语》中的三句话（分处于三个章节）。　[9]不借由他人来感发。激：感发。　[10]是一章：这一章，指上引《论语·公冶长》的"子谓子贡曰"章。

或曰[1]："欲抑子贡也。当此之时，子贡之名凌颜渊之上，孔子恐子贡志骄意溢，故抑之也。"夫名在颜渊之上，当时所为[2]，非子贡求胜之也。实子贡之知何如哉？使颜渊才在己上，己自服之，不须抑也；使子贡不能自知，孔子虽言，将谓孔子徒欲抑己。由此言之，问与不问，无能抑扬。[3]

[1]或曰：有人说，这里指为孔子辩解的人说，乃王充虚拟的论辩对象。　[2]这是当时的人造成的。　[3]毂平按：孔子这么问的确有问题，让子贡无法回答。其实孔子心里早已有答案，只是想借子贡之口说出来。以上"问孔"四问。

宰我昼寝[1]。子曰："朽木不可雕也，粪土之墙不可圬也[2]，于予予何诛[3]？"是恶宰予之昼寝。

[1]宰我：即宰予，字子我，孔子弟子，小孔子二十九岁。昼寝：白天睡觉。　[2]圬（wū）：涂抹，刷白。　[3]前一个"予"指宰予，后一个"予"指孔子自己。诛：责备。以上事参见《论语·公冶长》。

问曰：昼寝之恶也，小恶也；朽木粪土，败毁不可复成之物，大恶也。责小过以大恶，安能服人？使宰我性不善，如朽木粪土，不宜得入孔子之门，序在四科之列[1]；使性善，孔子恶之，恶之太甚，过也。"人之不仁，疾之已甚，乱也。"[2]孔子疾宰予，可谓甚矣。[3]使下愚之人涉耐罪之狱[4]，吏令以大辟之罪[5]，必冤而怨邪？将服而自咎也[6]？使宰我愚，则与涉耐罪之人同志[7]；使宰我贤，知孔子责之[8]，几微自改矣[9]。明文以识之[10]，流言以过之[11]，以其言示端而己自改[12]。自改不在言之轻重，在宰予能更与否[13]。

[1]序：列入。四科：孔子把他得意的弟子按特长分为德行、言语、政事、文学等四科，宰予属言语科。　[2]引文见《论语·泰伯》。乱：出乱子。　[3]毅平按：这是王充以孔子自己的言论批评孔子。　[4]涉：牵连，犯。耐：通"耏（nài）"，汉时一种剃掉犯人鬓角胡须服劳役的刑罚，在当时属于轻刑。张宗祥据《汉书·文帝纪》注引苏林，说二岁刑以上为"耐"。狱：罪案。　[5]吏：司法官吏。令：下令，这里指判决。大辟：死刑。　[6]将：还是。咎（jiù）：责备。　[7]志：心意，这里指想法。　[8]"之"，原作"人"，据孙人和说改。　[9]几微：轻微之言，微讽。　[10]明文：明说。识之：使他知道。　[11]流言：传话。过之：责备他。　[12]端：端倪。　[13]更：改变，改过。

《春秋》之义[1]，采毫毛之善[2]，贬纤介之恶[3]。褒毫毛以巨大，以巨大贬纤介，观《春秋》之义，肯是之乎[4]？不是，则宰我不受；不受，则孔子之言弃矣。圣人之言与文相副，言出于口，文立于策[5]，俱发于心，其实一也。孔子作《春秋》，不贬小以大，其非宰予也，以大恶细，文语相违，服人如何？[6]

[1]义：意思，这里指原则。　[2]采：采取。毫毛：形容细小。[3]介：通"芥"，小草。纤介：形容细小。二句引文见《说苑·至公》。[4]能认为这是对的吗？　[5]策：古代书写用的竹简。　[6]毅平按：宰予当年服不服不知道，但王充代之不服，认为孔子话说得太重了。以上"问

孔"五问。

子曰："始吾于人也，听其言而信其行；今吾于人也，听其言而观其行。于予，予改是^[1]。"盖起宰予昼寝^[2]，更知人之术也^[3]。

[1]从宰予开始，我改变了做法（指改为"听其言而观其行"）。引文见《论语·公冶长》。　[2]起：由于。　[3]改变了了解人的方法。更：更改，改变。知：了解，识别。

问曰：人之昼寝，安足以毁行^[1]？毁行之人，昼夜不卧，安足以成善？以昼寝而观人善恶，能得其实乎？案宰予在孔子之门，序于四科，列在赐上^[2]。如性情怠，不可雕琢，何以致此？使宰我以昼寝自致此，才复过人远矣。如未成就，自谓已足，不能自知，知不明耳，非行恶也，晓敕而已^[3]，无为改术也。如自知未足，倦极昼寝，是精神索也^[4]。精神索，至于死亡，岂徒寝哉！

[1]毁行：败坏品行。　[2]赐：指子贡。列在赐上：《论语·先进》："言语：宰我，子贡。"　[3]晓：说明。敕：命令，告诫。　[4]索：尽。精神索：筋疲力尽。

且论人之法，取其行则弃其言，取其言则弃其行。今宰予虽无力行^[1]，有言语。用言，令行缺^[2]，有一概矣^[3]。今孔子起宰予昼寝，听其言，观其行，言行相应，则谓之贤，是孔子备取人也^[4]，"毋求备于一人"之义何所施^[5]？

[1]力行：努力做。　[2]令：即使。　[3]以上三句意谓：其言可取，即使行或不足，也有一端可取。一概：一端，一个方面。　[4]备：完备。备取人：以求全责备来判断人。　[5]施：运用。引文见《论语·微子》，是周公告诫他儿子鲁公伯禽的话。毅平按：这是王充用孔子所推崇的周公的话来批驳孔子。以上"问孔"六问。

子张问曰[1]："令尹子文三仕为令尹[2]，无喜色；三已之，无愠色。旧令尹之政，必以告新令尹。何如？"子曰："忠矣！"曰："仁矣乎？"曰："未知，焉得仁[3]？"子文曾举楚子玉代己位而伐宋[4]，以百乘败而丧其众[5]，不知如此，安得为仁？

[1] 子张：颛孙师，字子张，孔子弟子，小孔子四十八岁。"曰"，原无，据黄晖说补。《论语》有"曰"字。　[2] 令尹：官名，春秋战国时楚国的宰相。子文：即斗縠於菟（gòu wū tú），字子文，春秋时楚国人。三：指多次。　[3] 以上二句意谓：连智者都算不上，怎么能算是仁人呢。"仁"是孔子哲学的中心，"智"又是"仁"的核心，孔子认为，不智不能为仁，要恭、宽、信、敏、惠于天下，始能为仁。以上事参见《论语·公冶长》。　[4] 子玉：即成得臣，字子玉，春秋时楚国人，楚成王时伐陈有功，子文曾推荐他做令尹。其事参见《左传》僖公二十三年。宋：春秋时宋国，在今河南商丘一带。　[5] 乘（shèng）：古代称四匹马拉的兵车一辆为一乘。前632年，子玉带兵伐宋，在城濮一带与晋交战，兵败自杀。其事参见《左传》僖公二十八年。

问曰：子文举子玉，不知人也。智与仁，不相干也。有不知之性，何妨为仁之行？五常之道，仁、义、礼、智、信也。五者各别，不相须而成，故有智人，有仁人者，有礼人，有义人者，有信人[1]。信者未必智，智者未必仁，仁者未必礼，礼者未必义。子文智蔽于子玉，其仁何毁？谓仁，焉得不可？且忠者，厚也。厚人，仁矣。孔子曰："观过，斯知仁矣[2]。"子文有仁之实矣。[3]孔子谓忠非仁，是谓父母非二亲，配匹非夫妇也。[4]

[1]"有信人"，原作"人有"，据杨宝忠说改。五常之人备举，不当独遗信人。　[2] 以上二句意谓：看一个人所犯的过失，就能知道他有无仁德。引文见《论语·里仁》。　[3] 毅平按：王充认为，子文能推荐子玉为令尹，为国尽忠，为人厚道，实际上已经做到了"仁"。　[4] 毅平按：王充不认同孔子仁离不开智的观点，以为有仁之实比什么都重要，而忠厚其实是最接近仁的。其所打的两个比方很是生动有趣。世上也果真有不少循名忘实之人。以上"问孔"七问。

哀公问[1]："弟子孰谓好学[2]？"孔子对曰："有颜回者[3]，不迁怒，不贰过，不幸短命死矣。今也则亡[4]，未闻好学者也。"[5]

[1] 哀公：鲁哀公，春秋时鲁国君主，前494—前468年在位。 [2] 谓：通"为"，是。 [3]《论语·雍也》"者"下有"好学"二字。 [4] 亡（wú）：通"无"。 [5] 以上事参见《论语·雍也》。

夫颜渊所以死者，审何用哉[1]？令自以短命[2]，犹伯牛之有疾也[3]。人生受命，皆当全洁[4]，今有恶疾，故曰"无命[5]"；人生皆当受天长命，今得短命，亦宜曰"无命"。如命有短长[6]，则亦有善恶矣。言颜渊"短命"，则宜言伯牛"恶命"；言伯牛"无命"，则宜言颜渊"无命"。一死一病，皆痛云"命"，所禀不异[7]，文语不同，未晓其故也。[8]

[1] 到底是因为什么缘故呢？审：果真，到底。用：以，由于。 [2] 令：假如。自：本来，生来。 [3] 伯牛：冉耕，字伯牛，孔子弟子，孔子以为有德行，却不幸得了恶疾（据说即麻风病）。 [4]"当全"，原作"全当"，据黄晖说乙。下文"人生皆当受天长命"，也作"皆当"。全：健全。[5] 故曰"无命"：据《论语·雍也》记载，伯牛生了病，孔子去看望他，叹息道："亡之，命矣夫！斯人也而有斯疾也！"王充这里的"无命"，是对"亡之，命矣夫"的概括，意思是没有得到"全洁"的命。 [6]"命"，原作"天"，据刘盼遂、张宗祥说改。吴承仕说"天"下夺一"命"字。本句承上文"长命""短命"而言。 [7] 指颜渊和伯牛承受的命没什么差别。 [8] 毅平按：颜渊和伯牛承受了同样的恶命，孔子却采取了不同的说法，王充对此感到纳闷不解。以上"问孔"八问。

哀公问孔子："孰为好学？"孔子对曰："有颜回者好学，今也则亡。不迁怒，不贰过。"何也？曰[1]："并攻哀公之性迁怒、贰过故也[2]。因其问，则并以对之，兼以攻上之短，不犯其罚。"

[1] 曰：指有人回答说。 [2] 并：同，兼。攻：指摘。

问曰：康子亦问好学[1]，孔子亦对之以颜渊[2]。康子亦有短，何不并对以攻康子？康子非圣人也，操行犹有所失。成事：康子患盗，孔子对曰："苟子之不欲，虽赏之不窃[3]。"由此言之，康子以"欲"为短也，不攻，何哉？[4]

[1] 康子：季康子，季孙肥，春秋时鲁国大夫，"康"是他的谥号。[2] 以上事参见《论语·先进》。 [3] 以上二句意谓：假使你自己不贪图财利，即使奖励别人来偷窃，也不会有人来偷窃。以上事参见《论语·颜渊》。 [4] 毅平按：对于鲁哀公与康子问的同样问题，孔子给予了相同的回答，说明孔子的回答里没有微言大义。以上"问孔"九问。

孔子见南子[1]，子路不悦[2]。子曰："予所鄙者[3]，天厌之[4]！天厌之！"[5]南子，卫灵公夫人也，聘孔子，子路不说，谓孔子淫乱也。孔子解之曰："我所为鄙陋者，天厌杀我！"至诚自誓，不负子路也[6]。

[1] 南子：春秋时卫灵公的夫人。 [2] 子路不悦：南子当时把持着卫国的国政，而且有淫乱的名声，所以孔子去见她，子路很不高兴。 [3] 我如果做了卑鄙的事情。所：假如。"鄙"，一作"否"。 [4] 天塌下来压死我。厌（yā）：通"压"。之：这里指孔子自己。 [5] 以上事参见《论语·雍也》。 [6] 负：欺骗。

问曰：孔子自解，安能解乎？使世人有鄙陋之行，天曾厌杀之，可引以誓，子路闻之，可信以解[1]；今未曾有为天所厌者也，曰"天厌之"，子路肯信之乎？行事[2]：雷击杀人，水火烧溺人，墙屋压填人[3]。如曰："雷击杀我"，"水火烧溺我"，"墙屋压填我"，子路颇信之；今引未曾有之祸，以自誓于子路，子路安肯晓解而信之？行事：适有卧厌不悟者[4]，谓此为天所厌邪？案诸卧厌不悟者，未皆为鄙陋也。子路入道虽浅，犹知事之实。事非实，孔子以誓，子路必不解矣[5]。

《论衡》选注

[1]以：而。解：解除，指消除怀疑。　[2]行事：成事，已有的事例。　[3]填（zhèn）：通"镇"，压。　[4]厌（yǎn）：通"魇"，做恶梦而呻吟惊叫。不悟：醒不过来，即死去。　[5]毅平按：王充认为孔子之誓类儿戏。

孔子称曰："死生有命，富贵在天。"[1]若此者，人之死生自有长短，不在操行善恶也。成事：颜渊蚤死[2]，孔子谓之"短命"。由此知短命夭死之人，未必有邪行也[3]。子路入道虽浅，闻孔子之言，知死生之实。孔子誓以"予所鄙者，天厌之"，独不畏子路言[4]："夫子惟命未当死，天安得厌杀之乎？"若此，誓子路以天厌之，终不见信。不见信，则孔子自解，终不解也。

[1]引文见《论语·颜渊》，其实这话是子夏引的。　[2]蚤：通"早"。　[3]"未"，原无，据黄晖、张宗祥说补。　[4]难道就不怕子路说。"畏"，原作"为"，据黄晖说改。

《尚书》曰："毋若丹朱敖[1]，惟慢游是好[2]。"谓帝舜敕禹毋子不肖子也[3]。重天命，恐禹私其子，故引丹朱以敕戒之。禹曰："予娶若时，辛、壬、癸、甲，[4]开呱呱而泣[5]，予弗子[6]。"陈己行事，以往推来，以见卜隐[7]，效己不敢私不肖子也。不曰"天厌之"者，知俗人誓好引天也。孔子为子路所疑[8]，不引行事效己不鄙，而云"天厌之"，是与俗人解嫌引天祝诅何以异乎？[9]

[1]丹朱：传说是尧的儿子，由于品行恶劣，尧没有让他继承王位。敖（ào）：通"傲"，狂妄。　[2]慢游：懒惰放荡。引文见《尚书·皋陶谟》。　[3]"毋子"的"子"用作动词，把……当作儿子，与下文"弗子"同义。　[4]以上二句意谓：我娶妻的那个时候，（过了）四天（就离开了）。若时：那个时候。辛、壬、癸、甲：古代把甲、乙、丙、丁、戊、己、庚、辛、壬、癸叫作"天干"，用来记日，这里指辛、壬、癸、甲四天。　[5]开：禹的儿子，名启，汉人因避汉景帝刘启的讳，而改称其为"开"。传说禹曾选定东夷族的伯益为继承人，但禹死后，启却继承了王位，杀了伯益，确立了传子

110

制度。呱（gū）呱：婴儿哭声。呱呱而泣：指婴儿诞生。 　　[6] 我没有溺爱过他。 　　[7] 卜：预料，推断。隐：指尚未发生的事情。 　　[8]"所"上原有"行"字，据黄晖、刘盼遂说删。吴承仕说"行"字疑当作"解"。张宗祥说"行"字当移在"孔子"后。 　　[9] 解嫌：释疑。祝诅：赌咒发誓。毅平按："子见南子"为千古悬案，孔子当时就已百口莫辩，王充还要纠结孔子发誓不当，要孔子"引行事效己不鄙"，也委实太难为孔子了！以上"问孔"十问。

孔子曰："凤鸟不至[1]，河不出图，吾已矣夫！"[2] 夫子自伤不王也[3]。已王，致太平，太平，则凤鸟至，河出图矣。今不得王，故瑞应不至[4]，悲心自伤，故曰："吾已矣夫"！

[1] 凤鸟：即凤凰，古人认为是一种象征吉祥的鸟，传说在舜和周文王的时代出现过。 　　[2] 引文见《论语·子罕》。 　　[3] 不王（wàng）：没有当王。 　　[4] 瑞应：祥瑞，吉祥的征兆，这里指凤凰至、河图出。

问曰：凤鸟、河图审何据[1]？如据始起[2]，始起之时，鸟、图未至；如据太平，太平之帝，未必常致凤鸟与河图也。五帝、三王皆致太平[3]，案其瑞应，不皆凤凰为必然之瑞[4]。于太平，凤凰为未必然之应。孔子，圣人也，思未必然以自伤，终不应矣[5]。

[1] 何据：根据什么（出现）。 　　[2] "如据"，原无，据《论衡注释》说补。裘锡圭也说"据"字当重。"如据始起"与下文"如据太平"相对为文。始起：初兴，这里指建立新王朝的帝王的开始兴起。 　　[3] 三王：指夏、商、周三代的开国君主夏禹、商汤、周文王和武王。 　　[4] 凤皇：即凤凰。[5] 应：应验。

或曰："孔子不自伤不得王也，伤时无明王[1]，故己不用也。凤鸟、河图，明王之瑞也。瑞应不至，时无明王。明王不存，己遂不用矣。"夫致瑞应，何以致之？任贤使能，治定功成。治定功成，则瑞应至矣。瑞应至后，亦不须孔子。孔子所望，何其末也[2]！不思其本而望其末[3]，不相其主而名其物[4]。治有未定，物有不至，以至而效明王，必失之矣。孝文皇帝可谓明矣，案其本纪[5]，不见凤鸟与河图。使孔子在孝文之世，犹曰："吾已矣夫！"[6]

[1] 明王：圣明的君主。　　[2] 王充认为出现"明王"是"本"，"明王"治好天下而出现祥瑞是"末"。何其末也：意思是不盼"明王"用自己治理天下，而盼（天下已经治理而）祥瑞出现，这是本末倒置。　　[3]"末"下原有"也"字，据吴承仕、孙人和说删。　　[4] 不看当时的君主究竟贤不贤，只说那些凤鸟、河图是否出现。相：看。名：说。物：东西，这里指凤鸟、河图。　　[5] 本纪：这里指《史记·孝文本纪》。　　[6] 毅平按：孔子感叹自己生不逢辰，看不到凤鸟、河图的出现。王充对此却不以为然，认为孔子是本末倒置。不过王充最后提到了汉文帝，却似乎又暴露了自己的纠结：汉文帝时也没有出现凤鸟、河图，但又不能说汉文帝不是明王！以上"问孔"十一问。

子欲居九夷[1]。或曰："陋[2]，如之何？"子曰："君子居之，何陋之有？"[3] 孔子疾道不行于中国[4]，恚恨失意[5]，故欲之九夷也。或人难之曰："夷狄之鄙陋无礼义，如之何？"孔子曰："君子居之，何陋之有？"言以君子之道居而教之，何为陋乎？

[1] 九夷：即淮夷，散居于淮、泗之间，北与齐、鲁接壤。　　[2] 陋：粗野，指不文明。　　[3] 以上事参见《论语·子罕》。　　[4] 疾：恨。中国：指中原地区。　　[5]"恚"，原作"志"，据孙人和说改。

问曰[1]：孔子欲之九夷者，何起乎[2]？起道不行于中国，故欲之九夷。夫中国且不行，安能行于夷狄？"夷狄之有君，不若诸夏之亡[3]。"言夷狄之难，诸夏之易也。不能行于易，能行于难乎？且孔子云："以君子居之者，何谓陋邪。"谓修君子之道自容乎？谓以君子之道教之也？如修君子之道苟自容，中国亦可，何必之夷狄？如以君子之道教之，夷狄安可教乎？禹入裸国，裸入衣出[4]，衣服之制不通于夷狄也。禹不能教裸国衣服，孔子何能使九夷为君子？

[1]"问"下原有"之"字，据黄晖说删。本篇文例皆作"问曰"。 [2]是由什么引起的呢？ [3]诸夏：泛指当时居住在中原地区的华夏族。这句话是孔子讲的，见《论语·八佾》。 [4]以上二句意谓：禹到了裸国，（因为要随俗，于是）脱了衣服进去，出来后再穿衣服。其事参见《吕氏春秋·贵因》。

或孔子实不欲往，患道不行，动发此言，或人难之，孔子知其陋，然而犹曰"何陋之有"者，欲遂已然[1]，距或人之谏也[2]。实不欲往，志动发言[3]，是伪言也[4]。"君子于言，无所苟矣。"[5]如知其陋，苟欲自遂，此子路对孔子以子羔也。"子路使子羔为费宰[6]，子曰：'贼夫人之子。'[7]子路曰：'有社稷焉[8]，有民人焉[9]，何必读书，然后为学[10]？'子曰：'是故恶夫佞者[11]！'"子路知其不可，苟对自遂，孔子恶之，比夫佞者；孔子亦知其不可，苟应或人。孔子、子路，皆以佞也[12]。

[1]遂：顺，坚持。已然：已经说出口的话。 [2]拒绝接受别人对他的劝阻。距：通"拒"，拒绝，抗拒。 [3]一时兴起而说出来的话。志：心情。 [4]伪言：假话。 [5]引文见《论语·子路》。 [6]费：春秋时鲁国叔孙氏邑，在今山东东平东南，《论衡·艺增篇》作"郈"（hòu）。宰：邑宰。 [7]这简直是害了人家的子弟。孔子强调"学而优则仕"，他认为子羔很笨，学习不好，而子路却叫他去做官，所以这么说。贼：害。夫：彼，那。夫人：别人。 [8]社稷：古代祭土地神和谷神的地方，也作为国家或政权的代称。 [9]有社稷焉，有民人焉：今传本《论语》作"有民人焉，有社稷焉"。 [10]子路的意思是有政权机构，有老百姓，就可以练习政事了，不必等书读好。 [11]所以我最讨厌强词夺理的人。佞（nìng）：巧言善辩，强词夺理。以上事参见《论语·先进》。 [12]以：成了。毅平按：王充很讨厌为了自圆其说而不惜强词夺理的做法。以上"问孔"十二问。

孔子曰："赐不受命而货殖焉[1]，亿则屡中[2]。"何谓"不受命"乎？说曰："不受当富之命[3]，自以术知，数亿中时也[4]。"

《论衡》选注

[1]赐：子贡。不受命：没有承受上天赐予的发财命。货殖：经商。[2]亿：通"臆"，预测。引文见《论语·先进》。　[3]"不"，原无，据黄晖说补。　[4]数（shuò）：屡次。中时：看准了时机。

　　夫人富贵在天命乎？在人知也？如在天命，术知求之不能得[1]；如在人知[2]，孔子何为言"死生有命，富贵在天"？夫谓富不受命而自以术知得之[3]，贵亦可不受命而自以努力求之？世无不受贵命而自得贵，知亦无不受富命而自得富者[4]。成事：孔子不得贵矣[5]，周流应聘，行说诸侯，智穷策困，还定《诗》《书》，望绝无冀[6]，称"已矣夫"，自知无贵命，周流无补益也。孔子知己不受贵命，周流求之不能得，而谓赐不受富命，而以术知得富，言行相违，未晓其故。

　　[1]"术知"，原作"知术"，据刘盼遂说乙。上文"不受当富之命，自以术知，数亿中时"，下文"不受富命，而以术知得富"，皆作"术知"。下句"知术"亦同乙。　[2]"知"，原无，据黄晖说补。上文"在人知"，也有"知"字。　[3]"以"，原无，据黄晖说补。下文"自以努力求之"，也有"以"字。　[4]"知亦"，原作"亦知"，据杨宝忠说乙。　[5]"贵"上原有"富"字，据黄晖说删。下文孔子"自知无贵命"，"孔子知己不受贵命"，皆无"富"字。又，这里是想以孔子不受贵命则不得贵，来证明子贡不受富命则不得富，所以"富贵"不当连言。　[6]"冀"，原作"异（異）"，据刘盼遂、杨宝忠说改。

　　或曰："欲攻子贡之短也。子贡不好道德而徒好货殖，故攻其短，欲令穷服而更其行节[1]。"夫攻子贡之短，可言"赐不好道德而货殖焉"，何必立"不受命"[2]，与前言"富贵在天"相违反也？[3]

　　[1]想要让他理屈词穷而改变自己的行为。穷：词穷。服：信服。行节：行为。　[2]何必提出"不受命"的说法。立：建立，这里指提出。[3]毅平按：王充自己是命定论者，所以孔子说"死生有命，富贵在天"，他

很是听得进去；说子贡"不受命"而"以术知"，他就难以接受了。以上"问孔"十三问。

颜渊死，子曰："噫！天丧予[1]！"此言人将起，天与之辅；人将废，天夺其佑。孔子有四友[2]，欲因而起，颜渊早夭，故曰："天丧予！"

[1] 老天爷要我的命呀！其事参见《论语·先进》。　　[2] 四友：指孔子门下颜回、子贡、子张、子路等四个得意弟子。

问曰：颜渊之死，孔子不王，天夺之邪？不幸短命自为死也？如短命不幸，不得不死，孔子虽王，犹不得生。辅之于人，犹杖之扶疾也。人有病，须杖而行，如斩杖本得短[1]，可谓天使病人不得行乎？如能起行，杖短能使之长乎？夫颜渊之短命，犹杖之短度也[2]。

[1] 如果拐杖本来就砍得短。　　[2] 度：尺度，尺寸。

且孔子言"天丧予"者，以颜渊贤也。案贤者在世，未必为辅也。夫贤者未必为辅，犹圣人未必受命也[1]。为帝有不圣，为辅有不贤。何则？禄命、骨法[2]，与才异也。由此言之，颜渊生未必为辅，其死未必有丧[3]，孔子云"天丧予"，何据见哉？

[1] 受命：受命（当帝王）。　　[2] 骨法：即骨相。王充认为，骨格相貌上的某些特征，体现了决定贫富贵贱的禄命。　　[3] 丧：损失。

且天不使孔子王者，本意如何？本禀性命之时不使之王邪[1]？将使之王复中悔之也[2]？如本不使之王，颜渊死，何丧？如本使之王复中悔之，此王无骨法，便宜自在天也[3]。且本何善所见而使之王？后何恶所闻中悔不命？天神论议，误不谛也[4]。

[1] 禀：承受。性：生命。本禀性命之时：王充认为，禄命、寿命是和生命同时形成的，人一旦具有生命，也就具备了禄命和寿命。参见《论衡·初禀篇》。 [2] 复中悔：又中途反悔。 [3] 便宜：随意处置。自：本来。 [4] 以上二句意谓：关于天很神灵的这种议论（这里指孔子说的"天丧予"这句话），是错误而不准确的。谛（dì）：准确，清楚。毅平按：王充认为一切都是命中注定的，所以颜渊的早死也是命中注定的，与孔子的事业兴衰并无必然的联系。以上"问孔"十四问。

孔子之卫[1]，遇旧馆人之丧[2]，入而哭之。出，使子贡脱骖而赙之[3]。子贡曰："于门人之丧[4]，未有所脱骖；脱骖于旧馆，毋乃已重乎[5]？"孔子曰："予乡者入而哭之[6]，遇于一哀而出涕[7]，予恶夫涕之无从也[8]，小子行之[9]。"孔子脱骖以赙旧馆者，恶情不副礼也。副情而行礼，情起而恩效[10]，礼情相应，君子行之。

[1] 卫：春秋时卫国，在今河南北部滑县一带。 [2] 旧：指以前认识的。馆：指馆驿。馆人：馆驿中办事的人。 [3] 脱：解下来。骖（cān）：古代驾车的几匹马中，旁边的马叫"骖"。赙（fù）：赠送财物给办丧事者。 [4] 门人之丧：这里指颜渊之丧。 [5] 已：甚，太。 [6] 乡（鄉）（xiàng）：通"向（嚮）"。乡者：刚才。 [7] 正好心里一阵难过，因而流出了眼泪。 [8] 我讨厌只流眼泪而无所表示（，所以才有脱骖而赙之举）。恶（wù）：恨，讨厌。从：跟随，指相应的表示。 [9] 你就这么去办吧。小子：是孔子对弟子的称呼。以上事参见《礼记·檀弓上》。 [10] 恩：恩惠，指礼物。"效"，原作"动"，据吴承仕说改。下文言"是盖孔子实恩之效也"，"实恩之效"即"恩效"。

颜渊死，子哭之恸。门人曰："子恸矣。"曰[1]："吾非斯人之恸而谁为[2]？"夫恸，哀之至也。哭颜渊恸者，殊之众徒[3]，哀痛之甚也。死有棺无椁[4]，颜路请车以为之椁[5]，孔子不予，为大夫不可以徒行也[6]。吊旧馆，脱骖以赙，恶涕无从；哭颜渊恸，请车不与，使恸无副。岂涕与恸殊，马与车异邪？于彼则礼情相副，于此则恩义不称，未晓孔子为礼之意。

[1]"曰",原无,据刘盼遂说补。《论语·先进》有"曰"字。 [2]谁为:为谁。以上事参见《论语·先进》。 [3]殊之:异于。 [4]椁（guǒ）:古人的棺材有的有内外层,内层叫棺,外层叫椁。 [5]颜路请求（孔子）把车卖掉,以给颜渊买椁。颜路:即颜无繇,字路,颜渊的父亲,也是孔子弟子。 [6]为:谓,认为。徒行:步行。以上事参见《论语·先进》。

孔子曰:"鲤也死[1],有棺无椁,吾不徒行以为之椁。"[2]鲤之恩深于颜渊,鲤死无椁,大夫之仪不可徒行也。鲤,子也;颜渊,他姓也。子死且不礼,况其礼他姓之人乎?

[1]鲤:孔鲤,字伯鱼,孔子的儿子。 [2]引文见《论语·先进》。

或曰[1]:"是盖孔子实恩之效也[2]。"副情于旧馆,不称恩于子,岂以前为士,后为大夫哉?如前为士,士乘二马;如为大夫,大夫乘三马[3]。大夫不可去车徒行,何不截卖两马以为椁[4],乘其一乎?为士时乘二马,截一以赙旧馆,今亦何不截其二以副恩,乘一以解不徒行乎?不脱马以赙旧馆,未必乱制;葬子有棺无椁,废礼伤法。孔子重副旧人之恩[5],轻废葬子之礼,此礼得于他人,制失于亲子也[6]。然则孔子不粥车以为鲤椁[7],何以解于贪官好仕恐无车?而自云"君子杀身以成仁"[8],何难退位以成礼[9]?

[1]"或",原无,据黄晖说补。 [2]实:据实。恩:施恩。[3]《续汉书·舆服志》刘昭注补引《逸礼·王度记》:"天子驾六马,诸侯驾四,大夫三,士二,庶人一。" [4]截:割。截卖两马:指三匹马中卖掉两匹。 [5]"副",原作"赙",据黄晖说改。 [6]"于",原无,据黄晖、刘盼遂说补。 [7]粥（yù）:同"鬻（yù）",卖。 [8]引文见《论语·卫灵公》。 [9]以上二句意谓:孔子既自称可以杀身成仁,又为何不可以降级成礼乎?退位:降低等级。毅平按:在王充看来,孔子做事轻重失宜,疏者重而亲者轻。做事得体,有时候的确很难,连圣人都不一定做得到。但责备孔子"贪官好仕",也的确批评得够狠的。以上"问孔"十五问。

子贡问政[1]，子曰："足食，足兵[2]，民信之矣。"曰："必不得已而去，于斯三者何先？"曰："去兵。"曰："必不得已而去，于斯二者何先？"曰："去食。自古皆有死，民无信不立。"[3]信最重也。

[1]问政：问怎样治理政事。　[2]兵：兵器，指军备。　[3]以上事参见《论语·颜渊》。

问曰[1]：使治国无食，民饿，弃礼义。礼义弃，信安所立？传曰："仓廪实，知礼节；衣食足，知荣辱。"[2]让生于有余，争生于不足。[3]今言"去食"，信安得成？春秋之时，战国饥饿[4]，易子而食，桥骸而炊[5]，口饥不食，不暇顾恩义也。夫父子之恩，信矣[6]，饥饿弃信，以子为食。孔子教子贡去食存信，如何？夫去信存食，虽不欲信，信自生矣；去食存信，虽欲为信，信不立矣。[7]

[1]"曰"，原无，据孙人和、张宗祥说补。本篇文例如此。　[2]引文见《管子·牧民》。《管子》是后人汇集管仲的言行并加以发挥和补充而成的一部著作。　[3]毅平按："让生于有余，争生于不足"，二句金玉良言。[4]战国：发生战争的国家。　[5]把死人骨头劈开烧火煮东西。桥（xī）：同"析"，劈开。　[6]信：可靠。　[7]毅平按："夫去信存食，虽不欲信，信自生矣；去食存信，虽欲为信，信不立矣"，数句金玉良言。

子适卫，冉子仆[1]。子曰："庶矣哉[2]！"曰："既庶矣，又何加焉？"曰："富之。"曰："既富矣，又何加焉？"曰："教之。"[3]语冉子先富而后教之，教子贡去食而存信。食与富何别？信与教何异？二子殊教，所尚不同，孔子为国，意何定哉[4]？

[1]冉子：即冉求，字子有，孔子弟子，小孔子二十九岁。仆：驾车。[2]人口真多啊！庶：众多，指人口众多。　[3]以上事参见《论语·子路》。　[4]意：指政治主张。毅平按：孔子陈义过高，又自相矛盾，王充实事求是，指出其漏洞。而"先富后教"，"去信存食"，也更符合人性。以上

"问孔"十六问。

蘧伯玉使人于孔子[1]。孔子曰："夫子何为乎[2]?"对曰："夫子欲寡其过而未能也[3]。"使者出，孔子曰："使乎！使乎！"[4]非之也。说《论语》者曰："非之者，非其代人谦也。"[5]

[1] 蘧（qú）伯玉：名瑗，字伯玉，春秋时卫国大夫，孔子在卫国时，曾住在他家里。　[2] 夫子：这里指蘧伯玉。　[3] 寡其过：减少自己的错误。《淮南子·原道》："蘧伯玉年五十而有四十九年非。"　[4] 以上事参见《论语·宪问》。　[5] 毅平按：使节之语，明明是委婉地说蘧伯玉老犯错误，怎么就变成代蘧伯玉谦虚了呢?

夫孔子之问使者曰"夫子何为"，问所治为[1]，非问操行也。如孔子之问也[2]，使者宜对曰"夫子为某事，治某政"，今反言"欲寡其过而未能也"。何以知其对不失指[3]，孔子非之也？且实孔子何以非使者[4]？非其代人谦之乎？其非乎对失指也[5]？所非独有一实[6]，不明其过，而徒云"使乎，使乎"，后世疑惑，不知使者所以为过。韩子曰[7]："书约则弟子辨[8]。"孔子之言"使乎"，何其约也。

[1] 问的是政治上的所作所为。　[2] 如：按照。　[3] 张宗祥疑"不"字衍。对失指：应对不符合孔子问话的原意。　[4] 实：到底，究竟。　[5] 其：还是。　[6] 孔子所批评的，二者必居其一。"独"，原作"犹"，据杨宝忠说改。实：事实。　[7] 韩子：即韩非，战国末期韩国人，法家的代表人物，著有《韩非子》。　[8] 约：简略。辨：通"辩"，争辩。引文见《韩非子·八说》。

或曰："《春秋》之义也[1]，为贤者讳。蘧伯玉贤，故讳其使者。"夫欲知其子，视其所友[2]；欲知其君，视其所使。伯玉不贤，故所使过也。《春秋》之义，为贤者讳，亦贬纤介之恶。今不非而讳，"贬纤介"安所施哉？使孔子为伯玉讳，宜默而已，扬言曰"使乎，使乎"，时人皆知孔子非之也[3]。出言如此，何益于讳？[4]

[1]义：意思，这里指原则。　[2]"所"，原无，据刘盼遂、张宗祥说补，与下句"视其所使"相对为文。《说苑·杂言》："孔子曰：'不知其子，视其所友；不知其君，视其所使。'"　[3]"非之"，原作"之非"，据孙人和、张宗祥说乙。　[4]毅平按：孔子说话过于简略，引发后人各种猜测。王充的意思是，要为贤者讳，你就干脆什么都别说；要是非分明，你就索性把话说清楚。你这样吞吞吐吐，欲盖弥彰，反而引发各种猜测，以致对当事者不利。以上"问孔"十七问。

佛肸召[1]，子欲往。子路不说，曰："昔者，由也闻诸夫子曰[2]：'亲于其身为不善者，君子不入也。'佛肸以中牟畔[3]，子之往也，如之何？"子曰："有是言也[4]！不曰坚乎，磨而不磷[5]；不曰白乎，涅而不淄[6]。吾岂匏瓜也哉[7]？焉能系而不食也？"[8]

[1]佛肸（bì xī）：晋国大夫范中行的家臣，曾任中牟（在今河北邢台与邯郸之间）的长官。前490年，赵简子攻打范中行，围中牟，佛肸守城抗拒，曾招孔子前往帮助。　[2]由：子路自称。　[3]畔：通"叛"。　[4]"言"，原无，据孙人和、张宗祥说补。下文"而曰有是言者"，《论语·阳货》也有"言"字。　[5]以上二句意谓：不是说坚硬的东西怎么磨也不会变薄吗？磷（lìn）：薄。　[6]以上二句意谓：不是说洁白的东西怎么染也不会变黑吗？涅：本是一种矿物，古人用作黑色染料，这里指染黑。淄：通"缁"，黑色。　[7]匏瓜：葫芦的一种。　[8]以上事参见《论语·阳货》。

子路引孔子往时所言以非孔子也。往前孔子出此言，欲令弟子法而行之。子路引之以谏，孔子晓之，不曰"前言戏若，非而不可行[1]"，而曰"有是言"者，审有，当行之也[2]。"不曰坚乎，磨而不磷；不曰白乎，涅而不淄。"孔子言此言者，能解子路难乎？"亲于其身为不善者，君子不入也。"解之宜曰[3]："佛肸未为不善，尚犹可入。"而曰："坚，磨而不磷；白，涅而不淄。"如孔子之言，有坚白之行者可以入之，"君子"之行软而易污邪？何以独不入也[4]？

[1] 以上二句意谓：以前说的是跟你们开玩笑的，那句话是错误而不可实行的。　[2] 以上二句意谓：就是说确实有这句话，应该照办。　[3] 解之：解答这句话。"曰"，原无，据黄晖、刘盼遂说补。　[4] 为什么唯独"君子"不可以（到亲身做坏事的人那里）去呢？

孔子不饮盗泉之水[1]，曾子不入胜母之闾[2]，避恶去污，不以义，耻辱名也[3]。盗泉、胜母有空名，而孔、曾耻之；佛肸有恶实，而子欲往。不饮盗泉是，则欲对佛肸非矣[4]。"不义而富且贵，于我如浮云。"[5]枉道食篡畔之禄[6]，所谓"浮云"者非也？或权时欲行道也[7]？即权时行道，子路难之，当云"行道"，不当言"食"[8]。有权时以行道，无权时以求食。"吾岂匏瓜也哉？焉能系而不食？"自比以匏瓜者，言人当仕而食禄。"我非匏瓜，系而不食"，非子路也。孔子之言，不解子路之难。子路难孔子，岂孔子不当仕也哉，当择善国而入之也[9]。孔子自比匏瓜，孔子欲安食也[10]？且孔子之言，何其鄙也！何彼仕为食哉？君子不宜言也。匏瓜系而不食，亦系而不仕等也。距子路，可云："吾岂匏瓜也哉，系而不仕也？"今云"系而不食"[11]，孔子之仕，不为行道，徒求食也！人之仕也，主贪禄也，礼义之言，为行道也；犹人之娶也，主为欲也，礼义之言，为供亲也。仕而直言食，娶可直言欲乎？[12]孔子之言解情[13]，而无依违之意，不假义理之名，是则俗人，非君子也。[14]儒者说孔子周流应聘不济，闵道不行[15]，失孔子情矣[16]。

[1] 盗泉：泉水名，在今山东泗水东北。据说孔子经过盗泉时，因为讨厌这个名字，宁可忍着口渴也不喝这个泉的水。　[2] 胜母：巷名。闾：里巷的大门。胜母之闾：取名胜母的闾巷。按照儒家思想，子女压倒父母就是不孝，所以曾子不肯走进胜母巷里去。以上事参见《说苑·谈丛》《淮南子·说山》《盐铁论·晁错》等。　[3] 以上二句意谓：不是因为这两处地方真有什么不好，而是因为它们的名字起得难听。　[4] 对：面对，这里指会见。

[5] 引文见《论语·述而》。　　[6] 枉道：背离正道。篡畔：篡权叛乱。畔：同"叛"。　　[7] 权时：权衡时宜，随机应变。　　[8] 以上二句意谓：应该说是为了"行道"，而不该说为了"食"（俸禄）。"当"，原无，据孙人和说补。　　[9] 以上二句意谓：哪里是说孔子不应当做官呢？而是说应当选择好的国家才去。　　[10] 孔子想到哪里去找饭吃呢？　　[11]"云"，原作"吾"，据张宗祥说改。黄晖改作"言"，义同。　　[12] 毅平按：王充这里的话说得过于透彻，难怪宋、清学者对他有些恼火。但司马迁的《史记·货殖列传》就是不肯说"礼义之言"，而要直言"天下熙熙，皆为利来；天下壤壤，皆为利往"。相比之下，在说话坦率方面，孔子、司马迁似乎更甚。[13] 解情：坦率直言，说明真情。　　[14] 毅平按：由此看来，君子虚伪，反不如俗人坦率。王充这么坦率的人，不意站在虚伪一边。　　[15] 说是为了忧虑正道不行（其实却是为了吃饭）。闵（mǐn）：同"悯"，忧虑。[16] 反而违背孔子的真情实意了。毅平按：以上"问孔"十八问。

公山弗扰以费畔[1]，召，子欲往。子路曰："末如也已[2]，何必公山氏之之也[3]。"子曰："夫召我者，而岂徒哉[4]？如用我，吾其为东周乎！"[5]

[1] 公山弗扰：一说即公山不狃（niǔ），季孙氏的属官，前502年，他以费城为据点，背叛了季孙氏，失败后逃往齐国。　　[2] 没有地方去就算了。末：无，这里指没有地方。如：往，到。已：止。　　[3] 为何一定要去公山氏那里呢。前"之"：语助词；后"之"：往。　　[4] 徒：平白无故。[5] 其：表示推测的语气词。为东周：在东方建立一个周朝，指在鲁国复兴周礼。以上事参见《论语·阳货》。

为东周，欲行道也。公山、佛肸俱畔者，行道于公山，求食于佛肸，孔子之言无定趋也。言无定趋，则行无常务矣。周流不用，岂独有以乎[1]？阳货欲见之[2]，不见，呼之仕，不仕，何其清也！公山、佛肸召之，欲往，何其浊也！公山不扰与阳虎俱畔[3]，执季桓子[4]，二人恶同[5]，呼召礼等，独对公山，不见阳虎，岂公山尚可，阳虎不可乎？子路难公山之召[6]，孔子宜解以尚及佛肸未甚恶之状也^[7]。

[1] 难道不是有原因的吗？以：原因。 [2] 阳货：又叫阳虎，季孙氏的家臣。据《论语·阳货》记载：阳货想见孔子，孔子不肯见，他就送了孔子一头小猪，想要孔子到他家去道谢。孔子故意选择阳货不在家时去回拜，但两人恰巧在路上碰见了。阳货叫孔子到他那里去做官，孔子当时表示愿意，但后来没有去。之：指孔子。 [3] 公山不扰：即公山弗扰。 [4] 执：拘禁、扣押。季桓子：季孙氏，鲁国大夫，"桓子"是他的谥号。 [5] 二人叛事参见《左传》定公五年、定公八年。张宗祥说王充所叙与《左传》不同，当别有所本。"恶同"，原作"同恶"，据黄晖说乙，与下文"礼等"相对为文。[6] "召"，原作"名"，据黄晖说改。 [7] 孔子应该用公山弗扰还比得上佛肸、还不算太坏这样的话来为自己辩解。毅平按：以上"问孔"十九问。

◎ 研读

由于接着的《非韩篇》《刺孟篇》都没有小序，所以本篇开头的一大段话，不仅可以看作是本篇的小序，也可以看作是这三篇文章的小序。所谓"贤圣"，即指孔子、韩非子、孟子三人而言。

王充不满世儒学者一味"信师是古"，盲目崇拜"贤圣所言"，却不知难问的学风："世儒学者，好信师而是古，以为贤圣所言皆无非，专精讲习，不知难问。"实则在他看来，贤圣认真写的文章尚且有漏洞，何况是传道授业解惑时的随意发言呢："贤圣下笔造文，用意详审，尚未可谓尽得实，况仓卒吐言，安能皆是？""贤圣之言，上下多相违，其文，前后多相伐。""圣人之言，不能尽解；说道陈义，不能辄形。"这种时候，最重要的就是要勇敢问难，以弄清贤圣的真实意思："不能辄形，宜问以发之；不能尽解，宜难以极之。"可是圣贤弟子却不知难问，放过了追求真理的大好时机："不能皆是，时人不知难；或是，而意沉难见，时人不知问。"王充不满于圣人子弟的这种态度，尤其不满于汉儒将圣贤神化，所以自告奋勇、充满自信地起而问难："苟有不晓解之问，追难孔子，何伤于义？诚有传圣业之知，伐孔子之说，何逆于理？"这是"吾爱吾师，吾更爱真理"的态度，并非真对圣贤有何不敬。王充更把这种态度上升为学问之根本："凡学问之法，不畏无才，难于距师，核道实义，证定是非也。"他相信"世间弘才大知，生能答问解难之人，必将贤吾问难之言"。

本篇主要就《论语》和《礼记·檀弓》一共问难了孔子十九个问题。这里姑举一例。王充认为决定人死生的是命的寿夭，而不是品行的善恶；人的富贫贵贱，都是在出生之时由所禀气的厚薄所决定，并且在长大以后表现出来的。为了支持自己的观点，王充引用了孔子的话："死生有命，富贵在天。"但孔子有时候言命不彻底，于是王充又批评了他："孔子曰：'赐不受命而货殖焉，亿则屡中。'何谓'不受命'乎？说曰：'不受当富之命，自以术知，数亿中时也。'""夫人富贵在天命乎？在人知也？如在天命，术知求之不能得；如在人知，孔子何为言'死生有命，富贵在天'？夫谓富不受命而自以术知得之，贵亦可不受命而自以努力求之？世无不受贵命而自得贵，知亦无不受富命而自得富者。"由此可见，王充对孔子有所继承和扬弃，而并非简单地抬杠挑刺。王充对孔子相当推崇，问难孔子，不是为了反对孔子，而是反对将孔子神化。

可是在保守的人眼里，即便这样也难以接受。《论衡》在历史上一向属于"异端"，在宋、清两代尤其饱受攻击。特别是对其中"非圣""不孝"的内容（"非圣"以本篇和《刺孟篇》为代表，"不孝"以《自纪篇》为代表），更是视为大逆不道，必欲口诛笔伐而后快。在宋、清人的种种声讨中，口气最严厉的是乾隆皇帝。不过，他又以为《问孔篇》《刺孟篇》与李贽的学说接近，倒是颇有些道理的，也从一个侧面揭示了《论衡》在思想史上的巨大影响。《论衡》的怀疑精神的确是李贽们的先驱，影响了中国历史上诸多的"异端"思想家们。

刺孟篇

◎解题

　　本篇与《问孔篇》《非韩篇》是姐妹篇。王充盖是根据三人在当时人心目中的地位，而决定写作这三篇的先后顺序的。在王充的时代，孟子还没有仅次于孔子的地位，那是宋代以后的事情。

　　孟子见梁惠王[1]。王曰：“叟，不远千里而来，将何以利吾国乎?”孟子曰：“仁义而已，何必曰利?”[2]

　　[1] 梁惠王（前400—前319）：即魏惠王，名罃（yīng），惠是谥号，战国时魏国的君主，前370—前319年在位。前362年，魏国都由安邑（在今山西夏县西北）迁到大梁（在今河南开封），所以又叫梁惠王。他在位前期，梁在战国中原诸雄中最为强大，所以他是首先自封为王的。　　[2] 以上事参见《孟子·梁惠王上》。

　　夫利有二：有货财之利，有安吉之利。惠王曰“何以利吾国”，何以知不欲安吉之利，而孟子径难以货财之利也?《易》曰：“利见大人[1]”，“利涉大川[2]”，“乾，元亨利贞[3]”。《尚书》曰：“黎民亦尚有利哉[4]。”皆安吉之利也。行仁义得安吉之利。孟子不且诘问惠王[5]：“何谓‘利吾国’?”惠王言货财之利，乃可答。若设令惠王之问未知何趣[6]，孟子径答以货财之利，如惠王实问货财，孟子无以验效也[7]；如问安吉之利，而孟子答以货财之利，失对上之指，违道理之实也。[8]

[1] 得此卦见大人吉利。引文见《周易·乾卦》九二爻辞。大人：圣人。　　[2] 得此卦过大河吉利。引文见《周易·需卦》卦辞。涉：徒步过水。　　[3] 乾：《周易》中的第一卦。占卜得乾卦大吉大利。元：大。亨：顺利。贞：卜问。引文见《周易·乾卦》卦辞。　　[4] 尚：看重。引文见《尚书·秦誓》。　　[5] 孟子也不姑且先问一下惠王。"诘"，原作"语"，据孙诒让、杨宝忠说改。　　[6] 设令：假设。趣：旨趣。　　[7] 以上四句意谓：在不了解梁惠王真实意图的情况下，孟子径直回答以货财之利，就好像梁惠王真的问了货财之利一样，而其实孟子是没有根据证明这一点的。无以验效：没有根据证明。　　[8] 毅平按：其实我们也可以反问王充：孟子只说"何必曰利"，也没说其"利"一定就是"货财之利"，你何以就认定他说的一定是"货财之利"，而不是"安吉之利"呢？以上"刺孟"一刺。

　　齐王问时子[1]："我欲中国而授孟子室[2]，养弟子以万钟[3]，使诸大夫、国人皆有所矜式。子盍为我言之？"时子因陈子而以告孟子[4]。孟子曰："夫时子恶知其不可也？如使予欲富[5]，辞十万而受万[6]，是为欲富乎[7]？"

　　[1] 齐王：指齐宣王。时子：齐国大夫。　　[2] 中国：国都之中，这里指齐国国都临淄城中。授：授予，给。室：房子。　　[3] 给他万钟俸禄来供养弟子。钟：古代容量单位，六十四斗为一钟。　　[4] 陈子：陈臻（zhēn），孟子弟子。　　[5] 如使：假使。　　[6] 十万：即十万钟，指孟子在齐国做卿时的俸禄，这里极言其多，并不是确数。　　[7] 是为：这是。以上事参见《孟子·公孙丑下》。

　　夫孟子辞十万，失谦让之理也。"夫富贵者，人之所欲也，不以其道得之，不居也。"[1] 故君子之于爵禄也，有所辞，有所不辞。岂以己不贪富贵之故，而以距逆宜当受之赐乎[2]？

　　[1] 引文见《论语·里仁》。毅平按：王充这里是用孔子的话来批驳孟子。　　[2] 距逆：拒绝。宜当：应当。

　　陈臻问曰[1]："于齐[2]，王馈兼金一百镒而不受[3]；于宋[4]，归七十镒而受；于薛^[5]，归五十镒而受。取前日之不受是^[6]，则今受之非也；今日之受是，则前日之不受非也。夫子必居一于此矣^[7]。"孟子曰："皆是也。当在宋也，予将有远行，行者必以赆^[8]，辞曰：'归赆^[9]。'予何为不受？当在薛也，予有戒心，辞曰：'闻戒，故为兵戒归之备乎^[10]！'予何为不受？若于齐，则未有处也^[11]。无处而归之，是货之也^[12]，焉有君子而可以货取乎？"^[13]

[1] 问：指问孟子。　[2] 齐：战国时齐国，在今山东北部。[3] 馈（kuì）：通"归"，赠送。下文"归七十镒而受"，"归五十镒而受"，皆作"归"。兼金：质量好的金子（古时所谓的"金"，一般实际上是铜），价值比一般的金子贵一倍。镒（yì）：古代重量单位，二十两为一镒。　[4] 宋：战国时宋国，在今河南东部商丘一带。　[5] 薛：在今山东滕县东南，原为薛国，被齐国兼并后，成为齐相田婴、田文父子的封地。　[6] 取：采取，这里指承认或认为。然《孟子·公孙丑下》无"取"字。　[7] 夫子受与不受必有一错。"子"上原有"君"字，据孙人和说删。《孟子·公孙丑下》亦无"君"字。陈臻为孟子弟子，故称孟子为"夫子"。　[8] 赆（jìn）：礼物，财物。　[9] 送上一点盘缠。　[10] 为便于有武器作防备，送你一点钱去准备吧。兵：兵器。　[11] 处：安排，这里指接受财物的理由。　[12] 货：用财物收买，贿赂。　[13] 以上事参见《孟子·公孙丑下》。毅平按：表面上相似的事情，其实内涵是不一样的，具体情况要具体处理。

夫金归^[1]，或受或不受，皆有故，非受之时己贪，当不受之时己不贪也。金有受不受之义，而室亦宜有受不受之理。今不曰"己无功"，若"已致仕，受室非理"，而曰"己不贪富贵"^[2]，引前辞十万以况后万。前当受十万之多，安得辞之？

[1] 金归：金子送来了。　[2] "贵"，原无，据黄晖说补。

彭更问曰^[1]："后车数十乘^[2]，从者数百人，以传食于诸侯^[3]，不亦泰乎^[4]？"孟子曰："非其道，则一箪食而不可受于人^[5]；如其道，则舜受尧之天下不以为泰^[6]。"受尧天下，孰与十万^[7]？舜不辞天下者,是其道也。今不曰"受十万非其道",而曰"己不贪富贵",失谦让也,安可以为解乎[8]?

[1]彭更:孟子弟子。 [2]后车:跟随的车辆。 [3]传(zhuàn)食:辗转接受供养。 [4]泰:甚,过分。 [5]箪(dān):古代盛食物用的圆形竹器。 [6]其事参见《孟子·滕文公下》。 [7]接受天下与接受十万钟俸禄,哪个多呢?孰与:相当于"与……相比,怎么样?"[8]解:辩解,原作"戒",据杨宝忠说改。毅平按:王充批评孟子辞谢馈赠时失谦让之理。以上"刺孟"二刺。

沈同以其私问曰[1]:"燕可伐与?"孟子曰:"可。子哙不得与人燕[2],子之不得受燕于子哙。有士于此,而子悦之,不告于王,而私与之子之爵禄[3],夫士也,亦无王命而私受之于子,则可乎?何以异于是[4]?"齐人伐燕[5]。

[1]沈同:战国时齐国大夫。以其私:以个人身份,指凭借他与孟子的私交。 [2]子哙不该把燕随便让给别人。子哙(kuài):战国时燕国君主,前320—前312年在位。前318年,他把王位让给子之,自己退而为臣。子之:原为燕王子哙的相,后接受子哙的让位。 [3]而私自把你的官位和俸禄让给他。 [4]以上数句意谓:子哙把王位让给子之,与你把爵禄让给你喜欢的士,二者有什么区别呢? [5]孟子反对这种无视周天子、私相授受王位的做法,鼓动齐国进攻燕国,结果燕军大败,子之被剁成肉泥。其事参见《史记·燕召公世家》。

或问曰:"劝齐伐燕,有诸?"曰:"未也。沈同问[1]:'燕可伐与?'吾应之曰:'可。'彼然而伐之。彼如曰[2]:'孰可以伐之?'则应之曰:'为天吏则可以伐之[3]。'今有杀人者,或问之曰:'人可杀与[4]?'则将应之曰:'可。'彼如曰:"孰可以杀之?'则应之曰:'为士师则可以杀之[5]。'今以燕伐燕[6],何为劝之也[7]?"

[1]"问",原作"曰",据黄晖、张宗祥说改。下文"沈同问燕可伐与"、《孟子·公孙丑下》均作"问"。 [2]"彼",原无,据孙人和说补。下文

"彼如曰"文例同,《孟子·公孙丑下》也作"彼如曰"。张宗祥说"如"当作
"彼"。　[3]天吏:奉行天命的统治者,这里指周天子。　[4]人:指杀人
犯。　[5]士师:古代掌管司法的官吏。　[6]以燕伐燕:像燕一样无道的
齐要去讨伐燕。　[7]我为什么要去鼓动它呢?以上事参见《孟子·公孙丑
下》。毅平按:孟子话不说尽,只说半句,以为事后卸责留有余地。

　　夫或问孟子劝王伐燕,不诚是乎?沈同问"燕可伐与",此挟私
意欲自伐之也。知其意慊于是[1],宜曰:"燕虽可伐,须为天吏乃
可以伐之。"沈同意绝,则无伐燕之计矣。不知有此私意而径应之,
不省其语,是不知言也。公孙丑问曰[2]:"敢问夫子恶乎长[3]?"孟
子曰:"我知言。"又问:"何谓知言?"曰:"诐辞知其所蔽[4],淫
辞知其所陷[5],邪辞知其所离[6],遁辞知其所穷[7]。生于其心,害
于其政;发于其政,害于其事[8]。虽圣人复起,必从吾言矣。"[9]孟
子,知言者也,又知言之所起之祸,其极所致之害[10]。见彼之问,
则知其措辞所欲之矣[11],知其所之,则知其极所当害矣。[12]

　　[1]知道他心里乐意做这件事。慊(qiè):满意,乐于。　[2]公孙丑:
孟子弟子。　[3]恶(wū)乎长:擅长什么。　[4]诐(pō):通"颇"。
诐辞:偏颇的话。蔽:阻碍,压抑。　[5]淫:惑乱人心。陷:陷害。
[6]邪辞:邪僻的话。离:离间。　[7]遁:闪烁的话。穷:困屈,陷于困
境。　[8]以上四句意谓:(这些东西)在思想上滋生了,就会危害他的政
治;在政治上实行了,就会危害他的事业。　[9]以上事参见《孟子·公孙
丑上》。　[10]以上二句意谓:(听了沈同的问话,)就该知道他所要达到的
目的,也该知道事情的终极危害了。极:终极。"害",原作"福",据黄晖、
刘盼遂、张宗祥说改。下文"其极所当害"句式相同。　[11]之:往,这里
指达到的目的。　[12]其事又见《史记·燕召公世家》。毅平按:孟子推卸
劝齐伐燕的责任,说自己只说燕可伐,却没说齐有资格伐,王充认为孟子是在
狡辩。以上"刺孟"三刺。

　　孟子有云[1]:"民举安[2],王庶几改诸[3]?予日望之。"[4]孟子
所去之王,岂前所不朝之王哉[5]?而是[6],何其前轻之疾[7],而后

重之甚也？如非是，前王则不去，而于后去之，是后王不肖甚于前。而去，三日宿[8]；于前不甚[9]，不朝而宿于景丑氏[10]。何孟子之操，前后不同，所以为王[11]，终始不一也？[12]

[1] 有（yòu）：通"又"。　[2] 举：全，都。　[3] 齐王也许会改变态度的吧？王：指齐宣王。　[4] 引文见《孟子·公孙丑下》，但此处引文疑有脱误，《孟子·公孙丑下》云："王如用予，则岂徒齐民安，天下之民举安。王庶几改之，予日望之。"意谓如果齐王能任用我，那么不仅齐国的百姓能够享受太平，天下的百姓也都能够享受太平。齐王也许会改变态度的吧？我天天盼望着呢。　[5] 前所不朝之王：即齐宣王。据《孟子·公孙丑下》记载，一次，孟子本想去见齐宣王，可是又摆架子，装病不去，齐宣王派人来看他，他甚至躲到景丑氏家里。　[6] 而：通"如"。　[7] 疾：厉害。[8] 三日宿：指孟子离开齐国时，舍不得马上就走，在昼（齐国地名，在今山东淄博东北）住了三天，等待齐王回心转意，请他回去。　[9] 不甚：不太坏。　[10] 景丑氏：战国时齐国大夫。　[11] 为王：对待王。　[12] 毅平按：王充认为孟子自相矛盾，对前后王态度不一。

　　且孟子在鲁，鲁平公欲见之[1]，嬖人臧仓毁孟子[2]，止平公。乐正子以告[3]。曰："行，或使之；止，或尼之[4]。行止非人所能也，予之不遇鲁侯，天也。"[5] 前不遇于鲁，后不遇于齐，无以异也。前归之天，今则归之于王，孟子论称竟何定哉[6]？夫不行于齐[7]，王不用，则若臧仓之徒毁谗之也，此亦"止，或尼之"也，皆天命不遇，非人所能也，去，何以不径行而留三宿乎？天命不当遇于齐，王不用其言，天岂为三日之间易命使之遇乎？在鲁则归之于天，绝意无冀；在齐则归之于王，庶几有望。夫如是，不遇之议，一在人也[8]。

[1] 鲁平公：战国时鲁国国君。　[2] 嬖（bì）人：受宠幸的人。臧（zāng）仓：人名。毁：毁谤，说坏话。　[3] 乐（yuè）正子：即乐正克，孟子弟子，鲁平公的臣子。　[4] 尼：阻挠。　[5] 以上事参见《孟子·梁惠王下》。　[6] 论称：论述。定：标准。　[7] 行：施行。　[8] 完全

在于本人（爱怎么说就怎么说）了。

或曰："初去，未可以定天命也。冀三日之间，王复追之，天命或时在三日之间，故可也。"夫言如是，齐王初使之去者，非天命乎？如使天命在三日之间，鲁平公比三日[1]，亦时弃臧仓之议[2]，更用乐正子之言[3]，往见孟子。孟子归之于天，何其早乎？如三日之间公见孟子，孟子奈前言何乎[4]？

[1] 比：等到。　[2] 时：或。　[3] 更：改。　[4] 前言：指"予之不遇鲁侯，天也"这句话。毅平按：孟子把不遇的理由时而归于天，时而归于人，坚信命定论的王充对此很不以为然，觉得孟子自相矛盾。以上"刺孟"四刺。

孟子去齐，充虞涂问曰[1]："夫子若不豫色然[2]。前日，虞闻诸夫子曰：'君子不怨天，不尤人。'[3]"曰："彼一时也，此一时也。五百年必有王者兴[4]，其间必有名世者矣[5]。由周以来，七百有余岁矣。以其数[6]，则过矣[7]；以其时考之[8]，则可矣。夫天未欲平治天下乎，如欲平治天下，当今之世，舍我而谁也，吾何为不豫哉！"[9]

[1] 充虞（yú）：孟子弟子。涂：通"途"，道路。　[2] 老师好像很不高兴的样子。　[3] 引文见《论语·宪问》。　[4] 王者：指能实行"王道"的所谓圣王。兴：兴起，出现。　[5] 名世者：指应"天命"而生的著名于世上的人物，这里孟子应是指自己。　[6] 数：年数。　[7] 已经超过（五百年）了。　[8] 时：时势。考：考察。　[9] 以上事参见《孟子·公孙丑下》。

夫孟子言"五百年必有王者兴[1]"，何以见乎？帝喾王者[2]，而尧又王天下；尧传于舜，舜又王天下；舜传于禹，禹又王天下。四圣之王天下也，继踵而兴。禹至汤且千岁[3]，汤至周亦然。始于

文王[4]，而卒传于武王[5]。武王崩，成王、周公共治天下[6]。由周
至孟子之时，又七百岁而无王者。"五百岁必有王者"之验，在何世
乎？云"五百岁必有王者"，谁所言乎？[7]论不实事考验，信浮淫之
语[8]，不遇去齐，有不豫之色，非孟子之贤效[9]，与俗儒无殊之
验也[10]。

[1]"必"，原无，据杨宝忠说补。 [2]帝喾（kù）：传说中的上古帝
王，"五帝"之一，尧的父亲。 [3]千岁：并非确数，经史所纪夏四百年。
张宗祥疑王充取纬书之说，下句也是这样。 [4]文王：周文王。 [5]武
王：周武王。 [6]成王：周成王，周武王的儿子，初即位时年幼，由叔父
周公摄政。 [7]杨雄《法言·五百》："或问：'五百岁而圣人出，有诸？'
曰：尧、舜、禹，君臣也，而并；文、武、周公，父子也，而处；汤、孔子数
百岁而生；因往以推来，虽千一，不可知也。"毅平按：可见汉朝人大都质疑
此说。 [8]浮淫：虚浮，荒诞。 [9]并非孟子贤明的证明。效：效验，
证明。 [10]恰好是他与俗儒毫无区别的证明啊。验：效验，证明。殊：区
别。毅平按：王充直斥孟子与俗儒无殊，难怪宋、清人受不了。

云"五百年"者[1]，以为天出圣期也[2]。又言以"天未欲平治
天下"也，其意以为天欲平治天下，当以五百年之间生圣王也。如
孟子之言，是谓天故生圣人也[3]。然则五百岁者，天生圣人之期
乎？如是其期，天何不生圣？圣王非其期故不生[4]，孟子犹信之，
孟子不知天也。[5]

[1]"云"，原无，据黄晖说补。 [2]期：期限。 [3]故：有意识
地。 [4]圣王的产生并不按照五百年的期限，所以没有出现。 [5]毅平
按：王充指出孟子的话本身不通：既然事实上不是五百年必出王者，则"五百
年必有王者兴"这话不通，说白了不过是个虚假命题。

"自周已来，七百余岁矣。以其数，则过矣；以其时考之，则可
矣。"何谓"数过"？何谓"时可"乎[1]？数则时，时则数矣。数
过，过五百年也。从周到今七百余岁，逾二百岁矣。设或王者

生^[2]，失时矣，又言"时可"，何谓也？^[3]

[1]"时"，原无，据孙人和、张宗祥说补。下文"又言时可"也有"时"字。　[2]即使有王者产生。或：有。　[3]毅平按：孟子是模糊逻辑，王充是精确概念。

云"五百年必有王者兴"，又言"其间必有名世"，与"王者"同乎^[1]？异也？如同，何为再言之^[2]？如异，"名世者"谓何等也^[3]？谓孔子之徒，孟子之辈，教授后生，觉悟顽愚乎？已有孔子，己又以生矣^[4]。如谓圣臣乎？当与圣王同时^[5]，圣王出，圣臣见矣。言"五百年"而已，何为言"其间"？如不谓五百年时，谓其中间乎？是谓二三百年之时也，圣臣不与五百年时圣王相得^[6]？夫如是，孟子言"其间必有名世者"，竟谓谁也？^[7]

[1]（这里说的"名世者"）与圣王是一回事吗？　[2]何以把同一个意思又重复说了一遍？"何"，原无，据黄晖、张宗祥说补。　[3]何等：什么样的。　[4]己：自己，这里指孟子。以：通"已"，已经。　[5]"王"，原无，据黄晖、刘盼遂、张宗祥说补。下文"圣王出，圣臣见矣"，也有"王"字。　[6]"臣"，原无，据《论衡注释》、杨宝忠说补。相得：遇合，相逢。　[7]毅平按："王者"与"名世者"的关系，也让王充困惑不解。

"夫天未欲平治天下也，如欲治天下，舍予而谁也？"言若此者，不自谓当为王者，有王者，若为王臣矣^[1]。为王者、臣，皆天也^[2]。己命不当平治天下，不"浩然"安之于齐^[3]，怀恨有不豫之色，失之矣^[4]！

[1]以上四句意谓：说这种话，不是认为自己当为圣王，就是认为有圣王出现时，自己应当做圣臣了。若：则，就。　[2]做圣王和做圣臣，都是由天命决定的。　[3]浩然：水势浩大，不可阻挡，比喻心胸宽阔，毫无牵挂。毅平按："不'浩然'安之于齐"，这是王充讥讽孟子的话，因为孟子曾表白"我善养吾浩然之气"（《孟子·公孙丑上》）、"浩然有归志"（《孟子·公孙丑下》）。　[4]违反自己关于天命的观点了。毅平按：以上"刺孟"五刺。

彭更问曰:"士无事而食^[1],可乎?"孟子曰:"不通功易事^[2],以羡补不足^[3],则农有余粟,女有余布。子如通之,则梓匠、轮舆皆得食于子^[4]。于此有人焉,入则孝,出则悌,守先王之道,以待后世之学者^[5],而不得食于子^[6]。子何尊梓匠、轮舆而轻为仁义者哉^[7]?"曰:"梓匠、轮舆,其志将以求食也。君子之为道也,其志亦将以求食与^[8]?"孟子曰:"子何以其志为哉^[9]?其有功于子,可食而食之矣^[10]。且子食志乎?食功乎^[11]?"曰:"食志。"曰:"有人于此,毁瓦画墁^[12],其志将以求食也,则子食之乎?"曰:"否。"曰:"然则子非食志,食功也。"^[13]

[1]士不劳而食。士:读书人,这里指孟子及其弟子。 [2]不交换劳动产品。通:交流。功:成果。易:交换。事:产品。 [3]羡:有余。 [4]以上二句意谓:如果你能使他们互通有无,那么,木工和造车工都能在你那里得到饭吃。子:你,但这里是虚指。梓(zǐ)匠:木工。轮舆:造车工。 [5]待:对待,这里指教育。 [6]却不能从你这里得到饭吃。 [7]为仁义者:实行仁义的人,这里孟子指的是自己及弟子。 [8]与:同"欤",表示疑问的语气词。 [9]你为什么要考虑他们的动机呢? [10]后一个"食(sì)":通"饲",给人吃,这里指给予酬劳。 [11]以上二句意谓:那么你是酬劳动机呢,还是酬劳效果呢? [12]画墁(màn):涂鸦,涂饰墙壁,这里指粉刷好的墙壁。 [13]以上事参见《孟子·滕文公下》。

夫孟子引毁瓦画墁者,欲以诘彭更之言也。知毁瓦画墁无功而有志,彭更必不食也。虽然,引毁瓦画墁,非所以诘彭更也。何则?诸志欲求食者,毁瓦画墁者不在其中,不在其中,则难以诘人矣。夫人无故毁瓦画墁,此不痴狂则遨戏也。痴狂之人志不求食^[1],遨戏之人亦不求食,求食者,皆多人所共得利之事^[2]。以所作鬻卖于市^[3],得贾以归^[4],乃得食焉。今毁瓦画墁,无利于人,何志之有^[5]?有知之人,知其无利,固不为也;无知之人,与痴狂比,固无其志。夫毁瓦画墁,犹比童子击壤于涂,何以异哉?击壤于涂者,其志亦欲求食乎？此尚童子，未有志也。巨人博戏[6]，亦画墁之类也，博戏之人，其志复求食乎？博戏者，尚有相夺钱财[7]，钱财众多，己亦得食，或时有志；夫投石、超距[8]，亦画墁之类也，投石、超距之人，其志有求食者乎？然则孟子之诘彭更也，未为尽之也[9]。如彭更以孟子之言[10]，可谓"御人以口给"矣[11]。

[1] "之人"，原作"人之"，据吴承仕说乙。　　[2] 以上二句意谓：求食的人，所做的大都是对别人有益的事情。"共"，原作"不"，据孙诒让、张宗祥说改。裘锡圭说当作"而"，通"能"。马宗霍说当作"必"。义皆近。　　[3] "所作"，原作"作此"，据黄晖说改。　　[4] 贾（jià）：通"价"，代价，报酬。　　[5] 还谈得上什么求食的动机呢？　　[6] 巨人：大人，成人。博戏：古代的一种棋戏。　　[7] 夺：这里指赢。　　[8] 超距：跳远。　　[9] 不能算把道理讲透了。　　[10] 以：从，这里指采用、听从。　　[11] 可以说是用狡辩来对付人啊。御：对付。口给（jǐ）：口才流利，善于争辩。引文见《论语·公冶长》。毅平按：孟子引喻失当，王充抓住把柄，以孔子的话来批评孟子。其实孟子的本意没错：人们支付报酬，不是依据动机，而是依据效果。以上"刺孟"六刺。

匡章子曰[1]："陈仲子岂不诚廉士乎[2]？居于於陵，三日不食，耳无闻，目无见也。井上有李，螬食实者过半[3]，扶服往[4]，将食之[5]。三咽，然后耳有闻，目有见也。"

[1] 匡章子：即匡章，战国时齐国将军，曾退秦败楚取燕，其言行散见于《战国策·齐策》《燕策》及《吕氏春秋·不屈》《爱类》。杨伯峻说其年岁大致与孟子相当，两人当是朋友。　　[2] 陈仲子：又叫田仲，战国时齐国人，认为其兄陈戴为齐相不义，不愿与兄共享富贵，故离家隐居於（wū）陵（齐国地名，今山东邹平东南），自称"於陵仲子"。楚王聘请他为相，他拒不应召，逃往别处，为人浇灌菜园。其事参见《孟子·滕文公下》和《史记·鲁仲连邹阳列传》载邹阳于狱中上书。　　[3] 螬（cáo）：蛴（qí）螬，金龟子的幼虫，这里指金龟子。　　[4] 扶服：同"匍匐"，爬行。　　[5] 将：取，拿。

孟子曰："于齐国之士，吾必以仲子为巨擘焉。虽然，仲子恶能廉？充仲子之操[1]，则蚓而后可者也[2]。夫蚓，上食槁壤[3]，下饮黄泉。仲子所居之室[4]，伯夷之所筑与？抑亦盗跖之所筑与？所食之粟，伯夷之所树与，抑亦盗跖之所树与？是未可知也。"

[1] 要把仲子的操行贯彻到底。充：扩充。　　[2] 那只有变成蚯蚓才行。这里的意思是，陈仲子廉洁的标准，人世间是无法做到的，陈仲子自己也没法做到，只有变成蚯蚓才能做到。　　[3] 槁（gǎo）壤：干土。　　[4] "所居之室"，原作"之所居室"，据黄晖、刘盼遂说乙。

曰："是何伤哉？彼身织屦[1]，妻辟纑[2]，以易之也[3]。"

[1] 身：自己。屦（jù）：麻鞋。　　[2] 纑（lú）：练过的熟麻。辟纑：搓麻绳和麻线。　　[3] 以上三句意谓：他们住的房子和吃的粮食，是用自己做的麻鞋和妻子搓的麻线换来的。

曰："仲子，齐之世家，兄戴[1]，盖禄万钟[2]。以兄之禄为不义之禄，而不食也，以兄之室为不义之室，而弗居也，辟兄离母，处于於陵。他日归，则有馈其兄生鹅者也[3]，己频蹙曰[4]：'恶用是鶃鶃者为哉[5]。'他日，其母杀是鹅也，与之食之。其兄自外至，曰：'是鶃鶃之肉也。'出而吐之。以母则不食，以妻则食之，以兄之室则不居，以於陵则居之，是尚能为充其类也乎？若仲子者，蚓而后充其操者也[6]。"

[1] 戴：陈戴，陈仲子的哥哥，曾做过齐国的卿。　　[2] 盖（gě）：齐国地名，陈戴的封地，在今山东沂水西北。禄：俸禄，这里指封地的收入。[3] 生鹅：活鹅。　　[4] 频蹙（cù）：同"颦（pín）蹙"，皱眉，不高兴。[5] 鶃鶃（yì yì）：鹅叫声　　[6] 以上三句意谓：这能说是彻底地贯彻了自己的操行吗？像陈仲子这样的人，只有变成了蚯蚓，才能彻底地贯彻自己的操行啊！以上事参见《孟子·滕文公下》。

夫孟子之非仲子也，不得仲子之短矣。仲子之怪鹅如吐之者[1]，岂为"在母则不食"乎[2]？乃先遣鹅曰："恶用鶃鶃者为哉？"他日，其母杀以食之，其兄曰："是鶃鶃之肉。"仲子耻负前言，即吐而出之。而兄不告[3]，则不吐；不吐，则是食于母也。谓之"在母则不食"，失其意矣。使仲子执不食于母，鹅膳至，不当食也。今既食之，知其为鹅，怪而吐之。故仲子之吐鹅也，耻食不合己志之物也，非负亲亲之恩而欲勿母食也[4]。

[1]怪：厌恶。如：通"而"。 [2]"则"，原无，据黄晖、张宗祥说补。上下文皆有"则"字。 [3]而：通"如"。 [4]不是违背母亲的恩情，不想吃母亲给的东西。毂平按："以母则不食"，孟子的确说漏嘴了，王充批评得有理。

又言[1]："仲子恶能廉？充仲子之操[2]，则蚓而后可者也。夫蚓，上食槁壤，下饮黄泉。"是谓蚓为至廉也，仲子如蚓，乃为廉洁耳。今所居之宅，伯夷之所筑，所食之粟，伯夷之所树，仲子居而食之，于廉洁可也；或时食盗跖之所树粟，居盗跖之所筑室，污廉洁之行矣。用此非仲子，亦复失之。室因人故[3]，粟以屡绖易之，正使盗跖之所树筑[4]，己不闻知。今兄之不义，有其操矣。操见于众，昭晰议论，故避於陵，不处其宅，织屦辟绖，不食其禄也。而欲使仲子处於陵之地[5]，避若兄之宅[6]，吐若兄之禄，耳闻目见，昭晰不疑，仲子不处不食，明矣[7]。今於陵之宅，不见筑者为谁，粟，不知树者为何[8]，得成室而居之，得成粟而食之，孟子非之，是为太备矣[9]。仲子所居，或时盗之所筑，仲子不知而居之，谓之不充其操，唯"蚓然后可者也"；夫盗室之地中亦有蚓焉，食盗宅中之槁壤，饮盗宅中之黄泉，蚓恶能为可乎[10]？充仲子之操[11]，满孟子之议[12]，鱼然后乃可[13]。夫鱼，处江海之中，食江海之土，海非盗所凿，土非盗所聚也。[14]

[1]"言"，原无，据黄晖说补。 [2]"操"，原作"性"，据黄晖说

改。上文"充仲子之操"作"操"。 [3] 房子是承袭了人家的旧建筑。
[4] 正使：即使。"跐"，原无，据蒋礼鸿、张宗祥说补。 [5] "欲使"二
字，黄晖疑是衍文，当删。 [6] 不住像他哥哥那种人的房子。若：像。
[7] 以上四句意谓：那么只要这些东西是陈仲子所耳闻目见的，清楚无疑的，
陈仲子就不会去住去吃，是很明显的了。 [8] "何"上原有"谁"字，疑涉
上句"谁"字而衍，故删。 [9] 这未免太求全责备了。备：完备。
[10] 变成蚯蚓也不行啊。 [11] "充"，原作"在"，据黄晖、张宗祥说
改。 [12] 满：满足。 [13] 只有变成鱼才行。 [14] 毅平按：孟子把
人比作蚯蚓，王充把人比作鱼，用的都是归谬法，但都很有想象力。

　　然则仲子有大非，孟子非之不能得也[1]。夫仲子之去母辟兄，
与妻独处於陵，以兄之宅为不义之宅，以兄之禄为不义之禄，故不
处不食，廉洁之至矣。然则其从於陵归候母也[2]，宜自赍食而行。
鹅膳之进也，必与饭俱。母之所为饭者，兄之禄也，母不自有私粟
以食仲子，明矣，仲子食兄禄也。伯夷不食周粟，饿死于首阳之下，
岂一食周粟而以污其洁行哉[3]？仲子之操，近不若伯夷[4]，而孟子
谓之若蚓乃可[5]，失仲子之操所当比矣[6]。

　　[1] 孟子指责陈仲子，却没能抓住要害。 [2] "从（從）"原作"徙"，
据黄晖、张宗祥说改。 [3] 怎么肯吃一粒周朝的粮食而玷污自己廉洁的操
行呢？ [4] 以上二句意谓：陈仲子的操行，就近（在人类当中）来说，还
比不上伯夷。 [5] 而孟子却（抛开人类），说只有蚯蚓才能做到。
[6] 在陈仲子的操行应当与什么相比这个问题上，孟子完全弄错了。毅平按：
王充认为，孟子对于陈仲子求全责备，却比拟失伦，所以提出了自己的责备方
案。以上"刺孟"七刺。

　　孟子曰："莫非命也[1]，顺受其正[2]。是故知命者不立乎岩墙
之下[3]。尽其道而死者[4]，为正命也；桎梏而死者[5]，非正
命也。"[6]

　　[1] 没有一件事不是由命决定的。"命"上原有"天"字，据黄晖说删。

《孟子·尽心上》无"天"字。 [2] 应当恭顺地承受上天赋予的正命。
[3] 岩墙：危墙。 [4] 彻底遵守天道而死的。 [5] 因犯罪而被处死
的。 [6] 引文见《孟子·尽心上》。

　　夫孟子之言，是谓人无触值之命也[1]。顺操行者得正命，妄行
苟为得非正[2]，是命定于操行也[3]。夫子不王[4]，颜渊早夭[5]，子
夏失明[6]，伯牛为疠[7]，四者行不顺与？何以不受正命？比干剖，
子胥烹[8]，子路菹[9]，天下极戮[10]，非徒桎梏也，必以桎梏效非
正命，则比干、子胥行不顺也。人禀性命[11]，或当压溺兵烧，虽或
慎操修行，其何益哉！窦广国与百人俱卧积炭之下[12]，炭崩，百人
皆死，广国独济[13]，命当封侯也。积炭与岩墙何以异？命不当
压[14]，虽岩崩，有广国之命者犹将脱免。"行，或使之；止，或尼
之。"命当压，犹或使之立于墙下[15]。孔甲所入主人子之天命当
贱[16]，虽载入宫，犹为守者[17]。不立岩墙之下，与孔甲载子入宫，
同一实也。[18]

　　[1] 触值之命：王充又称为"遭命""所当触值之命"，指的是注定会遭遇
横祸、即不可预测的意外事故（战争、火灾、压、溺）而死的"命"。参见
《论衡·气寿篇》《命义篇》。 [2] 妄行苟为：胡作非为。非正：非正命，据
上句省"命"字。 [3] 这是说命取决于操行好坏了。王充并不同意这个观
点，他认为"命"与操行好坏无关。参见《论衡·命义篇》。"命定"，原作
"天命"，据张宗祥说改。 [4] 夫子：指孔子。王：当王。 [5] 颜渊：即
颜回，字子渊，孔子弟子。 [6] 子夏：卜商，字子夏，孔子弟子，小孔子
四十四岁，因为死了儿子而哭瞎了眼睛。 [7] 疠（lì）：癞病，即麻风
病。 [8] 烹：放在锅里煮，这里指烹尸。 [9] 子路因参与卫国的一次
政变，失败后被剁成肉泥。菹（zū）：肉酱，这里指被剁成肉泥。 [10] 极
戮（lù）：最残酷的刑罚。 [11] 禀：承受。性：生命。王充认为，人的生
命，决定人的死生寿夭贫贱富贵的命，都是人偶然承受气而形成的，与人的操
行无关。参见《论衡·初禀篇》《命义篇》。 [12] 窦广国：汉文帝时窦太后
的弟弟，幼年因家贫被卖，入山烧炭，后来以姊贵而封侯。 [13] 济：得
救。 [14] 命里注定不当被压死。"当"，原无，据孙人和说补。本句与下文

"命当压"相对为文。　　[15]那么就好像会有一股力量驱使他站到危墙下面（去被压死）。　　[16]孔甲：夏朝后期的一个王。　　[17]传说有一次孔甲在一个老百姓家避风，恰巧这家生孩子，有人说这孩子将来一定富贵，有人说一定贫贱，孔甲说：给我当儿子，怎么会贫贱呢？于是就把孩子带入宫中。后来这个孩子因劈柴砍断了脚，结果只能当个看门人，还是贫贱。其事参见《吕氏春秋·音初》《论衡·书虚篇》。守者：看门人。　　[18]毅平按：孟子说要小心谨慎，避免灾祸，做个好人，这没错；王充说天有不测风云，人有旦夕祸福，无关操行好坏，这也没错。以上"刺孟"八刺。

◎研读

　　针对《孟子》中的八处"失对答之旨，违道理之实"的漏洞，本篇进行了质疑和批评，其中有的很有道理。今人注释《孟子》，本篇值得参考。

　　如孟子说"五百年必有王者兴，其间必有名世者矣"，乃是"天命论"和"目的论"的体现。王充一针见血地指出："如孟子之言，是谓天故生圣人也。"他抓住了孟子的一个逻辑漏洞："然则五百岁者，天生圣人之期乎？如是其期，天何不生圣？圣王非其期故不生，孟子犹信之，孟子不知天也。"并质问道："'五百岁必有王者'之验，在何世乎？云'五百岁必有王者'，谁所言乎？"他批评孟子"论不实事考验，信浮淫之语"，加上孟子曾"不遇去齐，有不豫之色"，所以断定"非孟子之贤效，与俗儒无殊之验也"。对于孟子所信奉的"天命论"和"目的论"，王充这里的批判应该是很有说服力的。

　　又如，孟子特别强调顺命的重要性，主张"命定于操行"，亦即天命由操行决定的随命说，也就是"顺操行者得正命，妄行苟为得非正"，却没有顾及意外遭遇的情况。这种观点，支持了汉代天人感应论者所提倡的善有善报、恶有恶报的报应论，同时也变相地肯定了不合理的社会秩序。王充则通过主张"人有触值之命",指出"人禀性命,或当压溺兵烧,虽或慎操修行,其何益哉",从而反对了这种随命说和因果论,同时也控诉了不合理的社会秩序。"夫子不王,颜渊早夭,子夏失明,伯牛为疠,四者行不顺与?何以不受正命?比干剖,子胥烹,子路菹,天下极戮,非徒桎梏也,必以桎梏效非正命,则比干、子胥行不顺也。"王充的质问大义凛然,义正词严,是足以驳斥孟子之说的。

在历史上,本篇与《问孔篇》总是连在一起,一荣俱荣,一损俱损。而随着孟子地位的不断上升,后人对《刺孟篇》的态度也有所变化,不像对《问孔篇》那样一刀切。

比如,被誉为"文起八代之衰"的古文大家韩愈,对"后汉三贤"——王充、王符、仲长统——的文章颇感兴趣,为此特地作了一篇《后汉三贤赞》。有意思的是,他以道统继承人自居,在《原道》中首倡道统说,理出了道统的路线图,让孟子直接传承孔子的衣钵,在历史上首次抬高了孟子的地位,并在宋代以后得到了普遍的认可,却对本篇与《问孔篇》未加非议,以至连宋代的邵博也奇怪道:"王充《刺孟》出《论衡》,韩退之赞其'闭门潜思,《论衡》以修'矣,则退之于孟子'醇乎醇'之论,亦或不然也。"(《邵氏闻见后录》卷十一)这与其传人非议王充"非圣""不孝"的态度形成了有意思的对照。

而到了宋代,就有刘章出来,作《刺〈刺孟〉》,以反驳《刺孟篇》的观点,维护孟子的地位(参见明黄瑜《双槐岁钞》卷六"《非〈非国语〉》"条、郎瑛《七修续稿》辨证类"书名沿作"条)。此外,还有何涉的《删孟》,则似乎是受王充《刺孟篇》影响之作,因而也受到了宋人的批评(参见《邵氏闻见后录》卷十一)。

答佞篇

◎解题

◎解题

从本篇到《状留篇》等八篇，主要是论述人才问题的，是一组有系统的文章。王充首先以本篇论述"佞人"问题，然后用其余七篇论述"才人"问题。在论述"才人"时，王充的思路循着"才人"的"材""知""短""力"等四个方面进展，即先以《程材篇》论其才能行操，次以《量知篇》论其知识学问，次以《谢短篇》论其短处，次以《效力篇》言其效用，接着又以《别通篇》和《超奇篇》特别称赞了"才人"中的鸿儒通人。各种"才人"的优劣既已判定，王充转而以《状留篇》探讨贤儒稽留难进的原因。至此，完成了关于"才人"的论述。本书选取了其中的本篇。

或问曰[1]：贤者行道[2]，得尊官厚禄矣，何必为佞[3]，以取富贵？

[1] 或：有人。　[2] 道：指"先王之道"。　[3] 佞（nìng）：花言巧语，谄媚奉承。上句末"矣"字，一作"人"，从下读，为本句首，亦通。

曰[1]：佞人知行道可以得富贵，必以佞取爵禄者，不能禁欲也[2]；知力耕可以得谷，勉贸可以得货[3]，然而必盗窃，情欲不能禁者也[4]；以礼进退也[5]，人莫不贵[6]，然而违礼者众，尊义者希，心情贪欲，志虑乱溺也[7]。夫佞与贤者同材[8]，佞以情自败[8]；

142

偷盗与田、商同知[9]，偷盗以欲自劾也[10]。

[1]曰：本篇以"曰"开始的论述，都是王充的解答。　[2]以上二句意谓：一定要以"佞"来取得高官厚禄，是因为不能克制贪婪的欲望。[3]勉贸：努力经商。"贸"，一作"商"。货：财富。毅平按：王充在这里农商等视，在当时却是难得的了。　[4]情：感情，指私心。　[5]进退：当官或辞官。　[6]贵：尊重。　[7]以上二句意谓：这是由于私心贪得无厌，使得神智昏乱而执迷不悟的缘故啊。溺（nì）：沉湎，执迷不悟。[8]佞人由于贪心而自取灭亡。　[9]田：农夫。知（zhì）：通"智"。[10]劾（hé）：获罪。自劾：自陷法网。毅平按：以上"答佞"一答。

问曰：佞与贤者同材，材行宜钧[1]，而佞人曷为独以情自败？

[1]（佞与贤）才能和操行应该是相称的。

曰：富贵皆人所欲也，虽有君子之行，犹有饥渴之情。君子耐以礼防情[1]，以义割欲[2]，故得循道，循道则无祸；小人纵贪利之欲，逾礼犯义，故得苟佞[3]，苟佞则有罪。[4]夫贤者，君子也；佞人，小人也。君子与小人本殊操异行，取舍不同。[5]

[1]耐（néng）：通"能"，原作"则"，据黄晖、张宗祥说改。防：防止，克制。　[2]割：一作"制"，断绝，抑制。　[3]所以就会采取不正当的手段来献媚讨好。"得"上原有"进"字，据黄晖说删。上文"故得循道"句式同。　[4]毅平按：王充在这里说"循道则无祸"，"苟佞则有罪"，在《幸偶篇》或其他篇中，却表达了"无德受恩，无过遇祸"的观点，他为了不同的立论，有时难免自相矛盾。　[5]毅平按：以上"答佞"二答。

问曰：佞与谗者同道乎[1]？有以异乎？

[1]谗：说坏话陷害别人。同道：一路（货色）。

曰：谗与佞，俱小人也，同道异材，俱以嫉妒为性，而施行发动之异[1]。谗以口害人，佞以事危人；谗人直道不违[2]，佞人依违匿端[3]；谗人无诈虑，佞人有术数[4]。故人君皆能远谗亲仁，莫能知贤别佞。[5]

[1]但是做法和动机不一样。发动：动机。　[2]"谗人"下原有"以"字，据黄晖说删。本句与下句"佞人依违匿端"相对为文。直道：直言，公开地说。不违：不讳，不避，不隐藏自己的意见。　[3]依违：首鼠两端，模棱两可。匿端：隐藏动机。　[4]术数：权术，指阴谋诡计。　[5]毅平按：以上"答佞"三答。

难曰[1]：人君皆能远谗亲仁，而莫能知贤别佞，然则佞人竟不可知乎[2]？

[1]难曰：这里指有人提出责问。　[2]"竟"，原作"意"，据吴承仕、孙人和、张宗祥说改。知：觉察，识别。

曰：佞可知，人君不能知。庸庸之君，不能知贤；不能知贤，不能知佞。唯圣贤之人，以九德检其行[1]，以事效考其言。行不合于九德，言不验于事效，人非贤则佞矣。夫知佞以知贤，知贤以知佞；知佞则贤智自觉[2]，知贤则奸佞自得[3]。贤佞异行，考之一验[4]；情心不同，观之一实[5]。

[1]九德：指用来考察一个人性情真伪的九项道德标准，典出《尚书·皋陶谟》："行有九德……宽而栗，柔而立，愿而恭，乱而敬，扰而毅，直而温，简而廉，刚而塞，强而义。"检：检验。　[2]自觉：自会觉察。　[3]自得：自能识别。　[4]一验：同一个检验标准（指"九德"）。　[5]一实：同一种实际效果（指"事效"）。毅平按：以"贤""佞"互相甄别，说来容易做来难。以上"答佞"四答。

问曰：九德之法，张设久矣，观读之者，莫不晓见，斗斛之量多少，权衡之县轻重也[1]。然而居国有土之君[2]，曷为常有邪佞之臣与常有欺惑之患？

[1] 以上二句意谓：好比用斗斛来量多少，用秤来称重量一样。权：秤砣。衡：秤杆。权衡：这里指秤。县（xuán）：同"悬"，挂，称。 [2] 居国：在位。"居"，一作"君"。有土：拥有领地。

曰[1]：不患无斗斛[2]，所量非其谷[3]；不患无铨衡[4]，所铨非其物故也[5]。在人君位者，皆知九德之可以检行，事效可以知情，然而惑乱不能见者，则明不察之故也[6]。人有不能行，行无不可检；人有不能考，情无不可知[7]。

[1] "曰"，原无，据黄晖说补。本篇文例如此。 [2] "不患无斗斛"，原作"无患斗斛过"，据黄晖说改。与下文"不患无铨衡"相对为文。[3] 以上二句意谓：不怕斗斛本身不准确，问题在于所量的不是该量的谷物。 [4] 铨（quán）：称量。铨衡：同"权衡"。 [5] 以上二句意谓：不怕没有秤，问题在于所称的不是该称的东西的缘故啊。 [6] 明不察：眼睛不亮，意思是注意力没有放在佞人身上，没有用"九德""事效"的标准对佞人进行考察。 [7] 以上四句意谓：只有不善于考察的人，没有不可以检验的行为；只有不善于考察的人，没有不可以识别的动机。毅平按：可见还是眼光最重要。以上"答佞"五答。

问曰：行不合于九德，效不检于考功[1]，进近非贤[2]，非贤则佞。夫庸庸之材，无高人之知[3]，不能及贤。贤功不效[4]，贤行不应[5]，可谓佞乎？

[1] 办事的效果经不起用考核官吏的标准进行检验。考功：考核官吏功绩。 [2] 所进用而亲近者并非贤人。 [3] "人"，原无，据蒋礼鸿说补。 [4] 没建立贤人应有的功绩。 [5] 不具备贤人应有的操行。

曰：材有不相及，行有不相追，功有不相袭。若知无相袭[1]，人材相什百[2]，取舍宜同。贤佞殊行，是是非非[3]。实名俱立[4]，而效有成败；是非之言俱当，功有正邪[5]。言合行违，名盛行废，佞人也[6]。

[1] 若：或。　[2] 才能高下相差十倍百倍。"人"字疑衍。　[3] 好的就是好的，坏的就是坏的。　[4] 实际（操行）和名声都不错。　[5] 效果也还会有好有坏。　[6] 以上三句意谓：只有那些言论符合而行为违反"道"，名气很大却品德败坏的人，才是佞人。"也"，原无，据刘盼遂、马宗霍说补。毅平按：言行不一、名实不副的才是佞人，而庸才不预焉。以上"答佞"六答。

问曰：行合九德则贤，不合则佞，世人操行者可尽谓佞乎[1]？

[1] 只具备社会上一般操行的人可以说都是佞人吗？

曰：诸非皆恶。恶中之逆者[1]，谓之无道；恶中之巧者[2]，谓之佞人。圣王刑宪[3]，佞在恶中[4]；圣王赏劝，贤在善中。纯洁之贤[5]，善中殊高[6]，贤中之圣也；恶中大佞[7]，恶中之雄也[8]。故曰：观贤由善，察佞由恶。善恶定成[9]，贤佞形矣[10]。

[1] 逆：犯上作乱。　[2] 巧：伪，指善于弄虚作假。"巧"，一作"功"。　[3] 圣王制定刑法和法令。宪：法令。　[4] 佞人被列在恶人当中。　[5] 本句与上下文不连贯，故刘盼遂疑是衍文。　[6] 殊：极，最。　[7] "恶"，原作"善"，据吴承仕、黄晖、刘盼遂说改。本句与上文"善中殊高"相对为文。　[8] 雄：魁首。杨宝忠疑以上四句当作："善中殊善，贤中之圣也；恶中大恶，佞中之雄也。"　[9] 定成：断定。[10] 形：显露。毅平按："观贤由善，察佞由恶"，一般操行者也可以此判断。以上"答佞"七答。

问曰：聪明有蔽塞，推行有谬误[1]。今以是者为贤，非者为佞，殆不得贤之实乎[2]？

[1] 推行：指做事。　[2] 大概没有抓住贤不贤的实质吧？

曰：聪明蔽塞，推行谬误，人之所歉也[1]。故曰："刑故无小[2]，宥过无大[3]。"圣君原心省意[4]，故诛故赏误[5]。故贼加增[6]，过误减损[7]，一狱吏所能定也，贤者见之不疑矣。[8]

[1] 歉：欠缺。　[2] 明知故犯，罪行再小也要严办。刑：惩罚。故：故意，这里指明知故犯的错误。小：指小罪。　[3] 无心过失，错误再大也可宽赦。宥（yòu）：宽赦。过：无心的过失。引文见《尚书·大禹谟》。[4] 圣君考察犯罪的动机。原：推究。省（xǐng）：考察。　[5] 所以严惩故意犯罪的人，宽赦无心犯错的人。贳（shì）：宽赦。　[6] 故意犯法加重惩罚。贼：危害，这里指犯法。　[7] 过失错误减轻处罚。　[8] 毅平按：人非圣贤，孰能无过，但同样犯错误，可以"过"（无心过失）、"故"（明知故犯）来鉴别贤佞。以上"答佞"八答。

问曰：言行无功效，可谓佞乎？苏秦约六国为从[1]，强秦不敢窥兵于关外[2]；张仪为横[3]，六国不敢同攻于关内[4]。六国约从，则秦畏而六国强；三秦称横[5]，则秦强而天下弱。功著效明，载纪竹帛，虽贤何以加之？太史公叙言众贤[6]，仪、秦有篇[7]，无嫉恶之文，功钧名敌，不异于贤。

[1] 据《史记·苏秦列传》记载，苏秦曾劝说齐、楚、燕、赵、韩、魏等六国联合抗秦。约：联盟。从（zòng）：通"纵"，这里指"合纵"，即六国联盟以对抗秦国。　[2] 秦：指战国时的秦国，在今陕西、甘肃一带。窥兵：这里指采取军事行动。关外：指函谷关（在今河南灵宝东北）以东地区。[3] 张仪（？—前310）：字季子，战国时纵横家，主张"连横"，即关东六国分别与秦国结好修盟。横：这里指"连横"。　[4] 关内：关中，指函谷关以西地区。　[5] 三秦：指战国时秦国统治的地区，由于秦朝灭亡后，项羽曾把这片地方分封给秦的三个降将司马欣、章邯、董翳（yì），所以后人称它为三秦。　[6] 太史公叙述了许多贤人的事迹。太史公：即司马迁（前145—前86左右），字子长，著有《太史公书》，即《史记》。　[7] 指在《史记》中张仪、苏秦分别有传。

曰[1]：夫功之不可以效贤，犹名之不可实也[2]。仪、秦，排难之人也，处扰攘之世，行揣摩之术[3]，当此之时，稷、契不能与之争计[4]，禹、皋陶不能与之比效。若夫阴阳调和、风雨时适、五谷丰熟、盗贼衰息、人举廉让、家行道德之功[5]，命禄贵美[6]，术数所致[7]，非道德之所成也。太史公记功，故高来祀[8]，记录成败[9]，著效明验，揽载高卓[10]，以仪、秦功美，故列其状。由此言之，佞人亦能以权说立功为效[11]。无效，未可为佞也。[12]

[1]"曰"，原无，据《论衡注释》说补。本篇文例如此。　　[2]以上二句意谓：不能根据一个人功绩的大小来证明他有无贤德，就像不能凭借一个人的名气来断定他的实际一样。毅平按："夫功之不可以效贤，犹名之不可实也"，二句金玉良言。　　[3]揣摩：这里指揣度君主的心理。揣摩之术：这里指"合纵""连横"的主张。　　[4]契（xiè）：传说是尧、舜的贤臣。争计：比较计谋。　　[5]至于气候正常、风调雨顺、五谷丰收、盗贼减少或止息、人人讲究廉洁谦让、家家推崇道德这样的功绩。　　[6]命禄：即禄命，王充指的是决定一个人贫富贵贱的神秘力量。参见《论衡·命禄篇》。　　[7]术数：指治国的方略。　　[8]有意向后代加以推崇。祀：年。来祀：来年，后代。　　[9]"败"，原作"则"，据张宗祥说改。　　[10]广泛收录卓越的人物。　　[11]权说（shuì）：权术、游说。　　[12]毅平按：王充把苏秦、张仪都看成是佞人，"以权说立功为效"则成了证据，因为二人都是只有利益、没有原则的人。以上"答佞"九答。

难曰：恶中立功者谓之佞。能为功者，材高知明，思虑远者，必傍义依仁，乱于大贤[1]。故觉佞之篇曰[2]："人主好辨，佞人言利[3]；人主好文，佞人辞丽。"心合意同，偶当人主[4]，说而不见其非[5]，何以知其伪而伺其奸乎[6]？

[1]乱：混淆。　　[2]觉佞之篇：不详，有人认为可能是《论衡》的佚篇，但无确据。　　[3]言利：巧舌如簧。　　[4]投合君主的心意。[5]（君主）喜爱他，因而就看不到他的错误。　　[6]伺：察觉。

曰：是谓庸庸之君也，材下知昏，蔽惑不见。若圣贤之君[1]，察之审明，若视俎上之脯，指掌中之理，数局上之棋，摘辕中之马[2]。鱼鳖匿渊，捕渔者知其源；禽兽藏山，畋猎者见其脉[3]。佞人异行于世[4]，世不能见，庸庸之主，无高材之人也。[5]

[1]"若圣"，原作"后又"，据孙人和、张宗祥说改。《太平御览》卷四〇二引《论衡》作"圣贤之君"。　[2]摘：指点。辕：车辕。　[3]畋（tián）：打猎。脉：来龙去脉，行踪。　[4]佞人操行不同于一般人。[5]毅平按：以上"答佞"十答。

难曰："人君好辨，佞人言利；人主好文，佞人辞丽。"言操合同，何以觉之？

曰：《文王官人法》曰[1]："推其往言以揆其来行[2]，听其来言以省其往行，观其阳以考其阴，察其内以揆其外。"是故诈善设节者可知[3]，饰伪无情者可辨[4]，质诚居善者可得，含忠守节者可见也。人之旧性不辨[5]，人君好辨，佞人学求合于上也；人之故能不文[6]，人君好文，佞人意欲称上[7]。上奢，己丽服；上俭，己不饬[8]。今操与古殊[9]，朝行与家别[10]。考乡里之迹，证朝廷之行[11]，察共亲之节[12]，明事君之操，外内不相称，名实不相副，际会发见[13]，奸为觉露也[14]。

[1]《文王官人法》：指《大戴礼记·文王官人》。文王：周文王。[2]根据他从前说过的话来衡量他后来的行为。此句原作"推其往行，以揆其来言"，据黄晖、刘盼遂说改。　[3]设节：伪装清高。　[4]情：真实。无情：不真实。　[5]旧性：原来的性格。　[6]有的人本来没有文材。故能：原有的才能。　[7]称（chèn）上：迎合君主。　[8]饬（chì）：通"饰"，修饰，打扮。　[9]古：通"故"，过去。　[10]在朝廷上的行为和在家里的行为不一样。　[11]廷：一作"庭"，通"廷"。　[12]共（gōng）：通"供"。共亲：供养父母。　[13]际会：缝隙，指矛盾。[14]为：通"伪"，伪装。觉露：暴露。毅平按：王充主张通过观察其在不同时期的变化，在不同场合的表现，也就是下文所说的"以素故考之"，来识破佞人的伪装。以上"答佞"十一答。

问曰：人操行无恒，权时制宜[1]，信者欺人[2]，直者曲挠[3]。权变所设，前后异操；事有所应，左右异语[4]。儒书所载，权变非一。今以素故考之[5]，毋乃失实乎？

[1]斟酌形势的变化，采取适当的措施。权：衡量，斟酌。　[2]诚实的人有时也会欺骗人。信：诚实。　[3]正直的人有时也会不正直。挠（náo）：曲。曲挠：不正直。　[4]对不同的人说不同的话。　[5]素：平素。故：原来的。

曰：贤者有权[1]，佞者有权。贤者之有权，反经[2]，后有善[3]；佞人之有权，亦反经，后有恶。故贤人之权，为事为国；佞人之权，为身为家。观其所权，贤佞可论；察其发动，邪正可名[4]。

[1]权：权宜之计。　[2]反经：违反常规，原无，据马宗霍说补。[3]"善"，原作"应"，据马宗霍说改。　[4]可名：可以判定。毅平按：同样权变，贤者为公，佞者为私，根据目的，区别贤佞。以上"答佞"十二答。

问曰：佞人好毁人，有诸？

曰：佞人不毁人。如毁人，是谗人也。何则？佞人求利，故不毁人。苟利于己，曷为毁之？苟不利于己[1]，毁之无益。以计求便，以数取利[2]，利取便得[3]，妒人共事[4]，然后危人[5]。其危人也，非毁之；而其害人也，非泊之[6]。誉而危之，故人不知；厚而害之，故人不疑。是故佞人危人[7]，人危而不怨[8]；害人，人败而不仇[9]，隐情匿意为之功也[10]。如毁人，人亦毁之，众不亲，士不附也，安能得容世取利于上[11]？

[1]"于己"，原作"己于"，据黄晖说乙。本句与上文"苟利于己"相对为文。　[2]数：术数，权术。　[3]利益和好处到手了。"取"，原作"则"，据孙人和说改。吴承仕疑"利则"当作"则利"。　[4]嫉妒别人和他一起当官。　[5]危：危害。　[6]泊：同"薄"，薄待。　[7]"人危

人”，原无，据吴承仕、孙人和说补。　　[8]危：遭遇危险。　　[9]“人”，原作“之”，据吴承仕、孙人和说改。败：遭到祸害。　　[10]这是因为佞人善于隐藏自己的真情实意，做得非常巧妙的缘故啊。功：精善，巧妙。[11]怎么能立足于社会而从君主那里得到好处呢？毅平按：佞人害人，还让人不知不觉，甚至觉得他好。以上“答佞”十三答。

问曰：佞人不毁人于世间[1]，毁人于将前乎？

[1]世间：这里指一般人面前。

曰：佞人以人欺将[1]，不毁人于将。

[1]佞人利用别人去欺骗州郡长官。

然则佞人奈何？

曰：佞人毁人，誉之；危人，安之。毁危奈何[1]？假令甲有高行奇知，名声显闻，将恐人君召问，扶而胜己[2]，欲故废不言[3]，常腾誉之[4]。荐之者众，将议欲用，问佞人，佞人必对曰[5]：“甲贤而不宜召也[6]。何则？甲意不欲留县[7]，前闻其语矣，声望欲入府[8]，在郡则望欲入州[9]。志高则操与人异，望远则意不顾近[10]。屈而用之，其心不满，不则卧病[11]。贱而命之，则伤贤，不则损威[12]。故人君所以失名损誉者，好臣所常臣也[13]。自耐下之[14]，用之可也；自度不能下之，用之不便。”夫用之不两相益，舍之不两相损，人君畏其志，信佞人之言，遂置不用。[15]

[1]怎样诋毁？怎样危害呢？　　[2]把甲提拔起来，超过自己。[3]（佞人）想故意使甲被贬斥却又不说他的坏话。　　[4]腾誉：大力赞扬。　　[5]以上二句，二“佞”字原无，据黄晖说补。下文“信佞人之言，遂置不用”，也有“佞”字。“对”上原有“不”字，据黄晖说删。[6]“不”，原无，据杨宝忠说补。　　[7]县：汉代地方机构，县上有郡，郡上有州，州是监察机构。　　[8]声：声言，声称。望：希望。府：官署，这

里指郡。　　[9] 但是到了郡里他就又会希望到州里去。　　[10] 目光远大的人心就不会往近处想。　　[11] 否则就装病不干。不（fǒu）：同"否"。[12] 以上三句意谓：把他放在低下的职位加以使用，就会损伤贤人，否则又会损害长官的威信。　　[13] 喜欢任用有才能的人为臣。"常"，一作"当"。　　[14] 耐（néng）：通"能"。下：迁就。　　[15] 毅平按：佞人的手段很狡猾，在现实的仕宦生活中，王充恐怕深受其害，所以有此细腻的描写。以上"答佞"十四答。

问曰：佞人直以高才洪知考正世人乎[1]？将有师学检也[2]？

[1] 佞人的权术仅仅是凭借自己的高才大智来观察和揣摩世人的心理得来的吗？直：仅仅。洪：大。"正"，原作"上"，据《论衡注释》、张宗祥说改。考正：观察，揣摩。　　[2] 还是有老师作为学习的榜样呢？检：法式，榜样。

曰：佞人自有知以诈人[1]，及其说人主，须术以动上；犹上人自有勇以威人[2]，及其战斗，须兵法以进众[3]。术则从横，师则鬼谷也[4]。传曰[5]："苏秦，张仪从横习之鬼谷先生[6]，掘地为坑，曰：'下，能说令我泣出[7]，则耐分人君之地[8]。'苏秦下，说鬼谷先生泣下沾襟。张仪不若。""苏秦相赵，并相六国。张仪贫贱，往归苏秦。座之堂下[9]，食以仆妾之食，数让激怒[10]，欲令相秦。仪忿恨，遂西入秦。苏秦使人厚送。其后觉知，曰：'此在其术中[11]，吾不知也，此吾所不及苏君者。'"[12] 知深有术，权变锋出[13]，故身尊崇荣显，为世雄杰。深谋明术，深浅不能并行[14]，明暗不能并知[15]。

[1] "佞"，原无，据齐燕铭说补。　　[2] "以"，原无，据齐燕铭说补。本句与上文"佞人自有知以诈人"相对为文。威：威力，这里指压倒。[3] 进众：指挥军队进攻。　　[4] 鬼谷：鬼谷子，传说是战国时的隐士，楚国人，隐居鬼谷，教授弟子，著有《鬼谷子》，苏秦、张仪都曾跟他学习纵横之术。　　[5] 以下引文出处不详。　　[6]《艺文类聚》卷三五及《太平御览》卷四六二、卷四八八引《论衡》皆作"苏秦、张仪学纵横之术于鬼谷先

生"。 [7]"能",原无,据杨宝忠说补。《太平御览》卷四六二引《论衡》"下"上有"能"字。 [8]以上三句意谓:下来,如果你能够把我说哭了,你就有本事可以封侯了。耐(néng):通"能"。 [9]苏秦让张仪坐在堂下。——这是一种不礼貌的做法。 [10]多次责备(张仪)以激怒他。让:责备。 [11]这一次落到他的圈套中。 [12]以上事参见《史记·张仪列传》。 [13]锋出:形容高明而出奇。 [14]深浅:指计谋的奥妙与浅陋。 [15]明暗:指权术的明显与隐晦。毅平按:佞人有知、有术、有师,苏秦、张仪为其代表。以上"答佞"十五答。

问曰:佞人养名作高[1],有诸?

[1]养名:指千方百计博取好名声。作高:抬高自己。

曰:佞人食利专权,不养名作高。贪权据凡[1],则高名自立矣。称于小人,不行于君子。何则?利义相伐,正邪相反。义动君子,利动小人。佞人贪利名之显,君子不安下则身危[2]。案世为佞者[3],皆以祸众[4],不能养其身,安能养其名!上世列传[5],弃宗养身[6],违利赴名[7],竹帛所载,伯成子高委国而耕,於陵子辞位灌园[8],近世兰陵王仲子[9],东郡昔庐君阳[10],寝位久病[11],不应上征,可谓养名矣。夫不以道进[12],必不以道出身[13];不以义止[14],必不以义立名。佞人怀贪利之心,轻祸重身[15],倾死为僇矣[16],何名之养!义废德坏,操行随辱[17],何云作高[18]!

[1]贪:通"探",求。凡:要,这里指要位。据凡:据其凡要。[2]君子如果不能安居其下,那么就自身难保。 [3]"案",原作"举",据黄晖说改。 [4]都没有好下场。众(zhōng):通"终"。 [5]上世:上古。列传:列叙臣民事迹。 [6]抛弃尊贵的地位,而修养自身的品德。宗:尊贵。 [7]抛弃物质利益,而追求好的名声。赴:奔走,追求。[8]於(wū)陵子:即陈仲子,其事参见《论衡·刺孟篇》。 [9]兰陵:古县名,在今山东枣庄东南。王仲子:即王良,兰陵人,王莽在位时,称病不仕。其事参见《后汉书·王良传》。 [10]东郡:郡名,在今山东西南、河

南东北，治所在濮阳（今河南濮阳西南）。"郡"，原作"都"，据孙人和、张宗祥说改。昔庐君阳：即昔庐（一作索庐，索、昔音近通用）放，字君阳，东郡人，汉光武帝时官至谏议大夫，因病辞官后不再应征。其事参见《后汉书·独行列传·索庐放》。　　[11] 寝：止，引申为放弃。位：官职。　　[12] 进：指当官。　　[13] 出身：献身。　　[14] 止：辞官。　　[15] 不顾后患，只追求自身的富贵。　　[16] 丢掉性命，遭到杀身之祸。僇（lù）：通"戮"，杀害。　　[17] 随：从而。辱：受辱，被玷污。　　[18] 何作高之有，怎么还能抬高自己。毅平按：佞人见利忘义，当然不会养名——但王莽也许是例外。以上"答佞"十六答。

　　问曰：大佞易知乎？小佞易知也？

　　曰：大佞易知，小佞难知。何则？大佞材高，其迹易察；小佞知下，其效难省。何以明之？成事，小盗难觉，大盗易知也。攻城袭邑，剽劫虏掠，发则事觉，道路皆知盗也[1]；穿凿垣墙，狸步鼠窃，莫知谓谁[2]。

　　[1] 道路：这里指路上的行人，泛指众人。　　[2] 没人知道是谁。谓：为。毅平按：以上"答佞"十七答。

　　难曰[1]：大佞奸深，惑乱其人。如大佞易知[2]，人君何难？《书》曰："知人则哲，惟帝难之[3]。"虞舜大圣，骓兜大佞[4]。大圣难知大佞，大佞不忧大圣，何易之有？

　　[1] "难"，原无，据《论衡注释》说补。本篇文例如此。　　[2] "佞"，原作"盗"，据黄晖说改。　　[3] 以上二句意谓：能够识别好人坏人才算明智，这一点就连帝舜也难以做到。引文见《尚书·皋陶谟》。　　[4] 骓（huān）兜：传说是尧的臣子。

　　曰[1]：是谓下知之，上知之[2]。上知之，大难小易；下知之，大易小难。何则？大佞材高[3]，论说丽美，因丽美之说，说人主之威[4]，人主心并不能责[5]，知或不能觉[6]；小佞材下，对乡失漏[7]，际会不密[8]，人君警悟，得知其故。大难小易也。

　　[1]"曰"，原无，据吴承仕、刘盼遂、张宗祥说补。本篇文例如此。
[2]以上二句意谓：这就是说，从下面来识别佞人，和由上面来识别佞人是两
回事。　　[3]"大佞"，原作"佞人"，据黄晖说改。本句与下文"小佞材下"
相对为文。　　[4]说（yuè），原无，据《论衡注释》说补。　　[5]"主"，
原作"立"，据刘盼遂说改。　　[6]以上二句意谓：君主内心并不能责备他，
其才智有时也不能觉察他。　　[7]乡（鄉）：通"向（嚮）"。对乡：对答。
失漏：谬误。　　[8]不密：有破绽。

　　屋漏在上，知者在下。漏大，下见之著；漏小，下见之微。"或
曰[1]：'雍也仁而不佞[2]。'孔子曰：'焉用佞？御人以口给[3]，屡
憎于人[4]。'"误设计数[5]，烦扰农商，损下益上，愁民说主。损
上益下，忠臣之说也；损下益上，佞人之义也。"季氏富于周公[6]，
而求也为之聚敛而附益之[7]。孔子曰[8]：'小子鸣鼓而攻之可
也[9]。'"聚敛，季氏不知其恶，不知百姓所共非也。[10]

　　[1]或曰：指有人对孔子说。　　[2]雍：冉雍，字仲弓，孔子弟子，小
孔子二十九岁，孔子认为他有德行。　　[3]用狡辩来对付人。御：对抗，对
付。　　[4]屡屡招人家讨厌。"人"，原作"民"，据吴承仕说改。引文见《论
语·公冶长》。　　[5]错误地提出一些主张。计数：计谋术数，这里指建议、
措施。　　[6]季氏：指季康子，春秋时鲁国大夫。周公：周公旦后代封于鲁，
这里的周公指的是春秋时鲁国的公室。　　[7]求：即冉求，字子有，孔子弟
子，季康子的家臣。附益：增加。　　[8]"孔子曰"，原无，据黄晖说补。《论
语·先进》有"子曰"。　　[9]小子：孔子对弟子的称呼。以上事参见《论
语·先进》。　　[10]毂平按：从上面来识别佞人，大佞难知，小佞易知；从
下面来识别佞人，大佞易知，小佞难知。以上"答佞"十八答。

◎ 研读

　　王充之所以要在论述"才人"之前先论述"佞人"问题，是因

为对于"才人"来说，其最大的威胁就来自于"佞人"。因为"佞人"善于伪装自己，"佞人"的手段非常狡猾，"佞人"害人难以识别，如果不把"佞人"辨识清楚，"才人"就会深受其害，还不知道是怎么被害的。

其实，《论衡》的首篇《逢遇篇》，就是探讨佞人的"遇"和贤者的"不遇"的。本篇因为讨论"才人"问题，所以又涉及了这个话题。王充一定是深受佞人之苦，所以才会如此念念不忘，反复地讨论这个问题。同时，本篇也深刻地揭露了当时的社会现实，从而与《齐世篇》等颂汉诸篇一起，提供了东汉社会更立体的图像。

本篇以各种例子说明，佞人为佞的原因，在于情欲的过度膨胀；佞人得逞的手段，是善于巧言令色；佞人总是会得逞，是因为别人疏于防范；佞人最终将失败，还是因为"以情自败"。

本篇也从不同的角度，讨论了如何来识别佞人。文中所提出的鉴别贤佞的方法，也体现了王充重视"效验"的精神，与他在"疾虚妄""求实诚"时的做法一致："贤佞异行，考之一验；情心不同，观之一实。""人有不能行，行无不可检；人有不能考，情无不可知。""观贤由善，察佞由恶。善恶定成，贤佞形矣。""观其所权，贤佞可论；察其发动，邪正可名。"也就是说，要听其言而观其行，知其情而考其效，这样就可以鉴别贤佞了。

在人才选拔问题上，如何识别"佞人"，选出"贤人"，的确是个千古难题，直到今天也还是这样。本篇中王充对于佞人的种种揭露，以及所提出的鉴别方法，仍值得今人深长思之。

自然篇

◎解题

从《寒温篇》到《感类篇》等十五篇，或从自然现象，或从生物现象，或从灾异角度，或从祥瑞角度，评论了天人感应论的各种表现，构成了一个完整的整体，是一组很有系统的文章。王充从吉凶两个方面论述了天人感应论以后，又写了本篇和《感类篇》作为补充和总结，本篇末的话尤其显示了这一点："夫寒温、谴告、变动、招致，四疑皆已论矣。谴告于天道尤诡，故重论之。"本篇认为，天地都是自然之物，与人事没有关系，所以不可能有天"谴告"人之事；《感类篇》也认为，圣人感灾变而自戒惧，并非天以灾变谴告人。这两篇实际上是从"天"（本篇）和"人"（《感类篇》）两个方面否定了"谴告"说，否定了天人感应论，为以上十三篇的论述作了总结。本书选取了其中的本篇。

天地合气[1]，万物自生[2]，犹夫妇合气，子自生矣[3]。万物之生，含血之类[4]，知饥知寒。见五谷可食，取而食之；见丝麻可衣，取而衣之。或说以为天生五谷以食人，生丝麻以衣人。此谓天为人作农夫、桑女之徒也，不合自然，故其义疑，未可从也。试依道家论之[5]。

[1] 天所施放的阳气和地所施放的阴气互相交合（是为元气）。　[2] 万物就自然产生出来了（而非天有意识地创造的）。杨雄《法言·修身》："天

地交，万物生。" ［3］杨雄《法言·五百》："史以天占人，圣人以人占天。" ［4］含血之类：含有血气的动物，这里指人类。 ［5］试按道家的主张来论证一下这个问题。

天者，普施气万物之中[1]，谷愈饥而丝麻救寒，故人食谷、衣丝麻也。夫天之不故生五谷丝麻以衣食人，由其有灾变不欲以谴告人也[2]。物自生而人衣食之，气自变而人畏惧之。[3] 以若说论之[4]，厌于人心矣[5]。如天瑞为故[6]，自然焉在？无为何居[7]？

［1］以上二句意谓：天普遍地散布气，万物是承受了这种气而产生的。施：散布，施放。 ［2］由：通"犹"，犹如。其：这里指天。谴告：谴责，告诫。 ［3］毅平按：天道自然无为，"物自生而人衣食之，气自变而人畏惧之"，二句为一篇纲领。 ［4］若说：这样的说法。 ［5］就能使人心服了。厌：合，满意。 ［6］天瑞：王充认为祥瑞是由气自然形成的，所以称之为"天瑞"。参见《论衡·讲瑞篇》。 ［7］以上三句意谓：如果祥瑞是天有意安排的，那么，自然的道理在哪里呢？无为的道理又在哪里呢？

何以知天之自然也[1]？以天无口目也。案有为者，口目之类也[2]。口欲食而目欲视，有嗜欲于内，发之于外，口目求之，得以为利，欲之为也[3]。今无口目之欲，于物无所求索，夫何为乎[4]？何以知天无口目也？以地知之。地以土为体，土本无口目。天地，夫妇也，地体无口目，亦知天无口目也。[5] 使天体乎？宜与地同[6]；使天气乎？气若云烟，云烟之属，安得口目[7]！

［1］"知"，原无，据刘文典、刘盼遂、张宗祥说补。下文"何以知天无口目也"，句式相似。 ［2］以上二句意谓：根据考察，凡是能有意识行动的东西，都是具有口目这一类器官的。 ［3］以上六句意谓：嘴巴要吃东西，眼睛要看东西，心里产生了欲望，就会表现出来，用嘴巴和眼睛去寻求，要得到了才会满足，这就是欲望所起的作用。 ［4］以上二句意谓：现在天既然没有口目所产生的欲望，对事物无所追求，它又怎么会有意识地行动呢！ ［5］毅平按：王充以地无口目来论证天无口目，以天无口目来论证天

道自然无为。　　[6]以上二句意谓：要说天是体吗？那就该和地一样。
[7]哪里来的口目呢？杨泉《物理论》："成天地者，气也。"

　　或曰：凡动行之类，皆本无有为[1]。有欲故动，动则有为。今
天动行与人相似，安得无为？

　　[1]孙人和说"无"字衍，吴承仕、刘盼遂说"有"字衍，张宗祥说原句
无误。

　　曰：天之动行也，施气也，体动气乃出，物乃生矣。由人动气
也[1]，体动气乃出，子亦生也。夫人之施气也，非欲以生子，气施
而子自生矣。[2]天动不欲以生物，而物自生，此则自然也；施气不
欲为物，而物自为，此则无为也。谓天自然无为者何？气也，恬澹
无欲，无为无事者也，老聃得以寿矣[3]。老聃禀之于天，使天无此
气，老聃安所禀受此性？师无其说而弟子独言者，未之有也[4]。

　　[1]由：通"犹"，犹如。　　[2]毅平按：王充此说影响极大，后来孔
融、祢衡的观点，一直到新文学里，都持王充此说。如胡适《我的儿子》："我
实在不要儿子，儿子却自己来了……譬如树上开花，/花落偶然结果，/那果便
是你，/那树便是我。/树本无心结子，/我也无恩于你……"　　[3]老聃
(dān)：即李耳，一名重耳，字聃，一字伯阳，春秋时楚国人，做过周朝管理
藏书的史官，孔子曾向他问礼，道家的创始人，著《老子》。一说老子即太史
儋，或老莱子。其事参见《史记·老子韩非列传》。　　[4]以上二句意谓：老
师没有讲过的，弟子却能够独自讲出来，这样的事情从来没有过。毅平按：王
充用这个比喻是想要说明，天以及它所施放的气是自然无为的，所以老聃才得
到了这种气，具有了清静无为的本性。但"师无其说而弟子独言者，未之有
也"，以此来比喻却是不甚恰当的。

　　或复于桓公[1]，公曰："以告仲父[2]。"左右曰："一则仲父，
二则仲父，为君乃易乎？"桓公曰："吾未得仲父，故难；已得仲父，
何为不易！"[3]夫桓公得仲父，任之以事，委之以政，不复与知。皇

天以至优之德与王政而遣告人[4]，则天德不若桓公，而霸君之操过上帝也[5]。

[1] 复：复命，报告。桓公：齐桓公（？—前643），即姜小白，春秋时齐国国君，前685—前643年在位，春秋"五霸"之一。 [2] 仲父：即管仲（？—前645），名夷吾，字仲，又字敬仲，春秋时齐国大夫，辅佐齐桓公成为春秋"五霸"之一，齐桓公尊称他为仲父。 [3] 其事参见《韩非子·难二》。 [4] 如果皇天以它最高的道德参与王政而遣告人们。 [5] 以上二句意谓：那么老天的德行还不如齐桓公，而霸君的操行反而要超过上帝了。霸君：在诸侯中称霸的君主，这里指齐桓公。毅平按：王充意谓，齐桓公有了管仲都能无为而治，何以天而不如齐桓公乎？

或曰：桓公知管仲贤，故委任之；如非管仲，亦将遣告之矣。使天遭尧、舜，必无遣告之变。

曰：天能遣告人君，则亦能故命圣君，择才若尧、舜，受以王命，委以王事，勿复与知。今则不然，生庸庸之君，失道废德，随遣告之，何天不惮劳也！曹参为汉相[1]，纵酒歌乐，不听政治，其子谏之，笞之二百[2]。当时天下无扰乱之变。淮阳铸伪钱[3]，吏不能禁，汲黯为太守[4]，不坏一炉，不刑一人，高枕安卧，而淮阳政清[5]。夫曹参为相，若不为相，汲黯为太守，若郡无人，然而汉朝无事、淮阳刑错者[6]，参德优而黯威重也[7]。计天之威德，孰与曹参、汲黯[8]？而谓天与王政，随而遣告之，是谓天德不若曹参厚，而威不若汲黯重也。蘧伯玉治卫，子贡使人问之："何以治卫？"对曰："以不治治之。"[9]夫不治之治，无为之道也。[10]

[1] 曹参（shēn）（？—前190）：字敬伯，西汉初功臣之一，汉惠帝时继萧何为相国，举事无所变更，一遵萧何约束，有"萧规曹随"之称。 [2] 其事参见《史记·曹相国世家》。 [3] 淮阳：郡名，在今河南东部。铸伪钱：盗铸钱，私自造钱。 [4] 汲黯（jí'àn）（？—前112）：字长孺，曾任淮阳太守，好黄老之术，常直言切谏。 [5] 其事参见《史记·汲郑列传》。然史书不言"坏炉""刑人"，吴承仕疑《论衡》推言之。 [6] 错：

通"措"，废置不用。　　[7]这是因为曹参道德好而汲黯威望高的缘故。[8]以上二句意谓：衡量天的威望与道德，跟曹参、汲黯比较起来，那个高呢？　　[9]其事参见《淮南子·主术》。　　[10]毅平按：王充意谓，曹参、汲黯、蘧伯玉都能无为而治，何以天而不如这些人乎？

或曰：太平之应[1]，河出图，洛出书。不画不就，不为不成，天地出之，有为之验也[2]。张良游汜水之上[3]，遇黄石公授太公书[4]。盖天佐汉诛秦，故命令神石为鬼书授人[5]，复为有为之效也。

[1]应：瑞应。　　[2]以上四句意谓：图不画不就，书不写不成，天地出示了河图、洛书，就是天有意识活动的证明。　　[3]张良（？—前186）：字子房，汉高祖刘邦的重要谋臣。"汜水"，原作"泗水"，据黄晖说改。《水经注》卷二五沂水"又南过下邳县西，南入于泗"："沂水于下邳县北西流，分为二水，一水于城北西南入泗，一水径城东屈从县南，亦注泗，谓之小沂水。水上有桥，徐、泗间以为圯。昔张子房遇黄石公于圯上，即此处也。"是张良会黄石公于小沂水，而非泗水。小沂水别沂水而复注泗，故曰汜水。　　[4]传说张良早年在汜水的桥上，遇到一个神秘老者，自称是穀城山下黄石，送给他一部《太公兵法》，后来张良凭借这部书，辅助刘邦统一了天下。其事参见《史记·留侯世家》《论衡·纪妖篇》。　　[5]神石：传说神秘老者是黄石变的，故称"黄石公"。鬼书：指《太公兵法》。

曰：此皆自然也。夫天安得以笔墨而为图书乎？天道自然，故图书自成。晋唐叔虞、鲁成季友生[1]，文在其手，故叔曰"虞"，季曰"友"。宋仲子生[2]，有文在其手，曰"为鲁夫人"。三者在母之时，文字成矣。而谓天为文字[3]，在母之时，天使神持锥笔墨刻其身乎？自然之化，固疑难知，外若有为，内实自然。[4]是以太史公纪黄石事，疑而不能实也。赵简子梦上天[5]，见一男子在帝之侧，后出，见人当道[6]，则前所梦见在帝侧者也[7]。论之以为赵国且昌之状也[8]。黄石授书，亦汉且兴之象也。妖气为鬼[9]，鬼象人形，自然之道，非或为之也[10]。

[1] 晋唐叔虞：周武王的儿子，名虞，封于唐，后因唐改为晋，所以称晋唐叔虞。据《左传》昭公元年记载，他出生前，周武王托梦给他母亲，让取名"虞"，他生下来，手上有"虞"字，所以就名"虞"了。鲁成季友：春秋时鲁桓公的小儿子，名友，字成季。据《左传》昭公三十二年记载，他生下来，手上有"友"字。　[2] 宋仲子：春秋时宋武公的女儿。据《左传》隐公元年记载，她生下来，手上有"为鲁夫人"字样，后来果然嫁给了鲁惠公，生鲁桓公。　[3] 而：如。　[4] 毅平按："自然之化，固疑难知，外若有为，内实自然"，四句足以解释许多难解之谜。　[5] 赵简子（？—前477）：赵鞅，又名志父，亦称赵孟，春秋末晋国大夫，在晋卿的内讧中打败范氏、中行氏，其后扩大封地，奠定了建立赵国的基础。　[6] 当：挡。当道：拦路。[7] 其事参见《论衡·纪妖篇》。　[8] 论之：议论这件事的人，实际上就是王充本人。他认为国家将兴或将亡，必有或吉或凶的征兆出现，它们不是天有意识降下的，而是由气自然形成的，参见《论衡·订鬼篇》。昌：兴起。状：形状，征兆。　[9] 妖气为鬼：王充认为，人死后精神不能为鬼，但他并不否定鬼神的存在，并且认为鬼神是由气自然形成的，是吉凶的一种征兆，参见《论衡·订鬼篇》。　[10] 不是有人特意创造出来的。或：有。毅平按：王充的"自然之道"里，没有天的意志，却有鬼的存在。

草木之生，华叶青葱，皆有曲折，象类文章[1]。谓天为文字，复为华叶乎[2]？宋人或刻木为楮叶者[3]，三年乃成。列子曰[4]："使天地三年乃成一叶[5]，则万物之有叶者寡矣。"[6] 如列子之言，万物之叶自为生也[7]。自为生也，故能并成；如天为之，其迟当若宋人刻楮叶矣。观鸟兽之毛羽，毛羽之采色，通可为乎[8]？鸟兽未能尽实[9]。春观万物之生，秋观其成，天地为之乎？物自然也？如谓天地为之，为之宜用手，天地安得万万千千手，并为万万千千物乎？[10] 诸物在天地之间也，犹子在母腹中也，母怀子气，十月而生，鼻口耳目，发肤毛理，血脉脂腴，骨节爪齿，自然成腹中乎？母为之也？偶人千万[11]，不名为人者，何也？鼻口耳目，非性自然也[12]。武帝幸王夫人[13]，王夫人死，思见其形。道士以方术作夫人形[14]，形成，出入宫门，武帝大惊，立而迎之，忽不复见。盖非自然之真，方士巧妄之伪[15]，故一见恍忽[16]，消散灭亡。有为之化，其不可久行[17]，犹王夫人形不可久见也。道家论自然，不知引物事以验其言行，故自然之说未见信也[18]。

[1]以上二句意谓：都有曲折的纹脉，像文字图案一样。 [2]以上二句意谓：要说（晋唐叔虞等人手中的）文字是天写的，那么花叶也是天造的吗？ [3]宋：春秋时宋国，在今河南商丘一带。楮（chǔ）：楮树，树皮纤维为造纸原料。 [4]列子：列御寇，春秋末期人，著作有《列子》，原书已佚失，今本《列子》是晋时重出并流行的著作。原作"孔子"，或为王充误记，据《论衡注释》、张宗祥说改。《韩非子·喻老》《淮南子·泰族》《列子·说符》均作"列子"。下文"孔子"同改。 [5]"天"，原无，据刘文典、张宗祥说补。《韩非子》《淮南子》《列子》也作"天地"。 [6]其事参见《韩非子·喻老》《淮南子·泰族》《列子·说符》。 [7]自为生：自生自长。[8]通：通"庸"，何。 [9]只用鸟兽作比喻还不能完全证实这个道理。[10]杨雄《法言·问道》："吾于天与，见无为之为矣。""以其不雕刻也；如物刻而雕之，焉得力而给诸？" [11]偶人：木人、泥人之类的假人。[12]性：天生的。 [13]武帝：汉武帝。幸：宠爱。王夫人：汉武帝的妃子。此事《汉书·外戚传》作李夫人，《论衡·乱龙篇》引之；《史记·封禅书》作王夫人，此篇引之。 [14]道士：有道之士，即秦汉时的方士，以求仙、炼丹、卜筮等活动为生的人。方术：法术。 [15]方士弄虚作假搞出来的伪象。 [16]恍忽：同"恍惚"，模糊不清楚。 [17]久行：长久存在。 [18]以上三句意谓：道家论自然的道理，不知道引用具体的事物来证明自己的言行，因而他们所讲的自然之说没有人相信。毅平按：王充以草木、鸟兽、季节、怀胎等诸多事例，来论证天道自然无为。

然虽自然，亦须有为辅助[1]。耒耜耕耘，因春播种者，人为之也。及谷入地，日夜长大[2]，人不能为也。或为之者，败之道也。宋人有闵其苗之不长者，就而揠之[3]，明日枯死[4]。夫欲为自然者[5]，宋人之徒也。

[1]以上二句意谓：然而万物虽说是自然而然产生的，也还需要人有意识

的行动给予辅助。《老子》第六十四章："是以圣人……以辅万物之自然而不敢为。" ［2］"大"，原作"夫"，据黄晖说改。 ［3］就而：从而。摠(yà)：拔。 ［4］其事参见《孟子·公孙丑上》。 ［5］想要代行自然职能的人。

问曰：人生于天地，天地无为，人禀天性者，亦当无为，而有为，何也？

曰：至德纯渥之人，禀天气多，故能则天，自然无为。禀气薄少，不遵道德，不似天地，故曰不肖。不肖者，不似也。不似天地，不类圣贤，故有为也。天地为炉，造化为工[1]。禀气不一，安能皆贤。贤之纯者，黄、老是也。黄者，黄帝也；老者，老子也[2]。黄、老之操，身中恬澹，其治无为，正身共己[3]，而阴阳自和，无心于为，而物自化，无意于生，而物自成。[4]

［1］以上二句意谓：天地像熔炉，自然的变化像工匠。贾谊《鹏鸟赋》："天地为炉兮，造化为工。阴阳为炭兮，万物为铜。" ［2］以上四句十字，齐燕铭疑是后人注语误入正文者。 ［3］正：端正。共(gōng)：通"恭"，恭顺。 ［4］毅平按：黄老之道合于自然无为的天道。

易曰："黄帝、尧、舜，垂衣裳而天下治。"[1]垂衣裳者，垂拱无为也[2]。孔子曰："大哉，尧之为君也！惟天为大，惟尧则之。"又曰："巍巍乎，舜、禹之有天下也而不与焉[3]。"周公曰："上帝引佚[4]。"上帝，谓虞舜也[5]。舜、禹承安继治，任贤使能，恭己无为，而天下治。舜、禹承尧之安，尧则天而行，不作功邀名，无为之化自成，故曰"荡荡乎民无能名焉[6]"。年五十者击壤于涂，不能知尧之德，盖自然之化也。《易》曰："大人与天地合其德[7]。"黄帝、尧、舜，大人也，其德与天地合，故知无为也。

［1］引文见《周易·系辞下》。 ［2］垂拱(gǒng)：垂衣拱手，这里指无为。《尚书·武成》："垂拱而天下治。" ［3］与：参与。引文见《论语·

泰伯》。　　［4］引：长。佚（yì）：通"逸"，安逸。引文见《尚书·多士》。　　［5］"虞舜"，原作"舜禹"，据黄晖说改。《论衡·语增篇》也作"虞舜"。　　［6］荡荡：形容广大的样子。此句一般解释为尧的功德如此广大，老百姓竟不知道怎样来称赞他了，王充则意谓，尧的统治体现了自然无为的原则，不故意追求名声，所以没有人能说得出来他的功德。引文见《论语·泰伯》。　　［7］圣王的德行与天地相符合。大人：指圣王、圣人。引文见《周易·乾卦》文言。

天道无为，故春不为生，而夏不为长，秋不为成，冬不为藏。阳气自出[1]，物自生长；阴气自起[2]，物自成藏。汲井决陂[3]，灌溉园田，物亦生长。需然而雨，物之茎叶根荄[4]，莫不洽濡。程量澍泽[5]，孰与汲井决陂哉[6]？故无为之为大矣。本不求功，故其功立；本不求名，故其名成。沛然之雨，功名大矣，而天地不为也，气和而雨自集。[7]

　　［1］阳气：这里指春夏温暖之气。　　［2］阴气：这里指秋冬寒冷之气。　　［3］汲井：从井里打水。决陂（bēi）：掘开池塘，引水灌溉。［4］根荄（gāi）：根。荄，草根，原作"核"，据孙人和、张宗祥说改。［5］程量：衡量。澍（shù）：及时雨。泽：滋润。　　［6］以上二句意谓：把下雨滋润万物和汲井水、决池塘水灌溉比较一下，哪个作用更大呢？［7］毅平按：无为之为大于有为之为。

儒家说夫妇之道取法于天地。知夫妇法天地，不知推夫妇之道以论天地之性，可谓惑矣。夫天覆于上，地偃于下，下气烝上[1]，上气降下，万物自生其中间矣。当其生也，天不须复与也[2]，由子在母怀中[3]，父不能知也。物自生，子自成，天地父母何与知哉！及其生也，人道有教训之义，天道无为，听恣其性。故放鱼于川，纵兽于山，从其性命之欲也。不驱鱼令上陵，不逐兽令入渊者，何哉？拂诡其性[4]，失其所宜也。夫百姓，鱼兽之类也，上德治之，若烹小鲜[5]，与天地同操也。商鞅变秦法，欲为殊异之功，不听赵良之议^[6]，以取车裂之患^[7]，德薄多欲，君臣相憎怨也^[8]。道家德厚，下当其上^[9]，上安其下，纯蒙无为^[10]，何复谴告？故曰：政之适也，君臣相忘于治^[11]，鱼相忘于水，兽相忘于林，人相忘于世，故曰天也^[12]。孔子谓颜渊曰："吾服汝，忘也；汝之服于我，亦忘也^[13]。"以孔子为君^[14]，颜渊为臣，尚能不谴告^[15]，况以老子为君，文子为臣乎^[16]！老子、文子，似天地者也。淳酒味甘^[17]，饮之者醉不相知；薄酒酸苦，宾主嚬蹙。夫相谴告，道薄之验也。谓天谴告，曾谓天德不若淳酒乎！^[18]

[1] 烝（zhēng）：升。　[2] 与：干预。　[3] 由：通"犹"，犹如。　[4] 拂诡：违背。　[5] 烹：烹调。小鲜：鱼。若烹小鲜：就像煮鱼不要搅动以免弄碎一样，意思是不要人为干预。《老子》第六十章："治大国若烹小鲜。"毅平按：此语为《老子》名言，今人谈治国方略时每喜引用之，然而所谓"小鲜"，却是王充这里说的"夫百姓，鱼兽之类也"。　[6] 赵良：战国时秦国儒生，曾用"恃德者昌，恃力者亡"这样的话反对商鞅变法，遭到商鞅拒绝。　[7] 车裂：古代的一种酷刑，用五辆车子朝五个方向把人拉裂肢解而死，商鞅后来遭受此刑。　[8] 君：指秦孝公死后继位的秦惠王。臣：指商鞅。其事参见《史记·商君列传》。毅平按：王充在《论衡》中曾多次肯定商鞅变法的功绩，而这里却用"无为而治"说否定了商鞅变法，显示了王充"随事立说"的思想方法。　[9] 当：应合。　[10] 纯蒙：神完形全，纯朴天真。　[11]（在无为之治下）君臣彼此忘怀，各不相扰，逍遥自得。[12] 天：自然。　[13] 以上四句意谓：我回想（过去的）你，全都忘记了；你思念（过去的）我，也全都不存在了。引文见《庄子·田子方》，原文为："吾服女也，甚忘；女服吾也，亦甚忘。"服：思念，回想。　[14] 君：古代对尊长的统称，这里指老师。　[15]"能不"，原作"不能"，据蒋礼鸿说乙。　[16] 文子：传说是老子弟子。　[17] 淳：通"醇"。　[18] 毅平按：天道自然无为，所以不会"谴告"。

"礼者，忠信之薄，乱之首也^[1]。"相讥以礼^[2]，故相谴告。三皇之时，坐者于于^[3]，行者居居，乍自以为马，乍自以为牛^[4]。纯德行而民瞳矇^[5]，晓惠之心未形生也^[6]。当时亦无灾异，如有灾异，不名曰谴告。何则？时人愚蠢，不知相绳责也[7]。末世衰微，上下相非，灾异时至，则造谴告之言矣。夫今之天，古之天也，非古之天厚，而今之天薄也。谴告之言生于今者，人以心准况之也[8]。"诰誓不及五帝[9]，要盟不及三王[10]，交质子不及五伯[11]。"德弥薄者信弥衰。心险而行诐[12]，则犯约而负教[13]。教约不行[14]，则相谴告。谴告不改，举兵相灭。由此言之，谴告之言，衰乱之语也，而谓之上天为之，斯盖所以疑也[15]。

[1] 以上三句意谓：礼是忠信衰微的表现，是乱的开始。引文见《老子》第三十八章："夫礼者，忠信之薄，而乱之首。" [2] 互相用礼来指责。 [3] 于于：和下句的"居居"，都是形容悠然自得的样子。 [4] 以上二句意谓：时而觉得自己是马，时而觉得自己是牛。 [5] 纯德：纯朴的道德。行：风行。瞳矇：愚昧无知。 [6] 晓：智。惠：通"慧"。晓惠：智慧，这里指机巧奸诈。形：形成。 [7] 绳责：责备。 [8] 这是人们以自己的心理来推论天的缘故。准况：比照，推论。 [9] 诰誓在五帝时是没有的。诰：训诫勉励的文告，如《康诰》《酒诰》。誓：告诫将士的言辞，如《甘誓》《汤誓》。 [10] 要（yāo）：强迫，威胁。要盟：以势力威逼对方订立盟约。 [11] 交：相互。质：抵押。质子：古代君主把儿子派往别国作人质，这种做法在战国时很普遍。伯（bà）：通"霸"。五伯：即五霸。五霸所指不一，一般称春秋时齐桓公、晋文公、楚庄王、秦穆公、宋襄公为五霸。引文见《荀子·大略》："诰誓不及五帝，盟诅不及三王，交质子不及五伯。" [12] 诐（bì）：邪僻。 [13] 约：盟约。教：教令，这里指诰、誓。 [14] 不行：行不通。 [15] 这就是谴告之说为什么可疑的原因了。毅平按：王充这是在追究"谴告"说的来历。

且凡言谴告者，以人道验之也[1]。人道，君谴告臣；上天谴告君也，谓灾异为谴告[2]。夫人道，臣亦有谏君；以灾异为谴告，而王者亦当时有谏上天之义，其效何在？苟谓天德优，人不能谏，优德亦宜玄默，不当谴告。万石君子有过[3]，不言，对案不食，至优之验也[4]。夫人之优者犹能不言，皇天德大，而乃谓之谴告乎！[5] 夫天无为，故不言。灾变时至，气自为之。夫天地不能为，亦不能知也。腹中有寒，腹中疾痛，人不使也，气自为之。夫天地之间，犹人背腹之中也。谓天为灾变，凡诸怪异之类，无小大薄厚，皆天所为乎？牛生马，桃生李，如论者之言，天神入牛腹中为马，把李实提桃间乎[6]？

[1] 以上二句意谓：况且凡是宣扬谴告的人，都是用人世间的道理来验证的。　[2] 以上四句意谓：按照人世间的道理，君主可以谴告臣下，便认为上天可以谴告君主，并且说灾异就是（上天的）谴告。　[3] 万石（dàn）君：即石奋，西汉人，他和四个儿子都做过二千石的大官，故汉景帝称他为"万石君"。　[4] 以上四句意谓：万石君的子孙有了错误，他不说话，只是对着食案不吃饭，这便是道德极高尚的证明。其事参见《史记·万石张叔列传》。　[5] 毅平按：人有不言之教，天何以就做不到？　[6] 以上五句意谓：牛生马和桃生李这种怪事，按照主张谴告的人的说法，难道是天神钻入牛肚子里造出马，拿着李树的果实放到桃树中间去的吗？把：握持，拿着。提：投掷。

牢曰[1]："子云：'吾不试，故艺[2]。'"又曰[3]："吾少也贱，故多能鄙事。"[4] 人之贱不用于大者，类多伎能[5]。天尊贵高大，安能撰为灾变以谴告人！

[1] 牢：子牢，郑玄说是孔子弟子，但不见于《史记·仲尼弟子列传》。　[2] 以上二句意谓：我（年轻的时候）没有被君主任用，所以学会了一些技艺。试：用，这里指被任用。艺：技艺。　[3] 又曰：孔子又说。[4] 引文见《论语·子罕》。　[5] 以上二句意谓：地位低贱不被重用的人，一般都会掌握多种技能。伎：同"技"。

且吉凶蜚色见于面[1]，人不能为，色自发也。[2] 天地犹人身，气变犹蜚色，人不能为蜚色，天地安能为气变！然则气变之见，殆自然也。变自见，色自发，占候之家因以言也[3]。

[1] 蜚（fēi）：通"飞"。蜚色：变色，指脸部变化之色。古人认为，"蜚色"现于面，可预测吉凶。　[2]《荀子·非相》："相人之形状颜色，而知其

吉凶妖祥。"《论衡·自纪篇》："人面色部七十有余，颊肌明洁，五色分别，隐微忧喜，皆可得察，占射之者，十不失一。"王符《潜夫论·相列》："夫骨法为禄相表，气色为吉凶候。"毅平按：这些都是吉凶蜚色之说。　　[3] 占候之家：以看天象变化臆断吉凶为职业的人。

夫寒温、谴告、变动、招致，四疑皆已论矣[1]。谴告于天道尤诡[2]，故重论之，论之所以难别也[3]。说合于人事，不入于道意[4]。从道不随事[5]，虽违儒家之说，合黄、老之义也。

[1] 四疑皆已论：王充针对寒温、谴告、变动、招致四种论点，分别写了《寒温》《谴告》《变动》《招致》等四篇文章予以驳斥。其中《招致篇》已经佚失，仅留下了篇名。　　[2] 诡：违背。　　[3] 难：责难。别：辨别。　　[4] 以上二句意谓：谴告说符合人世间的事情，却不符合自然的道理。　　[5]（我的论述）服从自然的道理，而不迁就人世间的事情。

◎ 研读

在本篇中，王充指出了产生"谴告"的原因，不是天人感应，而是社会动荡，"谴告"之言其实出于人为："末世衰微，上下相非，灾异时至，则造谴告之言矣。""谴告之言生于今者，人以心准况之也。""谴告之言，衰乱之语也，而谓之上天为之，斯盖所以疑也。"这就说明了天人感应论的起源，王充对之做了釜底抽薪。

而从根本上来说，"谴告"之类的虚妄，乃是因为"天道自然""自然无为"，"天"不是有意志的精神现象，而是无意志的物质实体。王充在《变虚篇》中说："夫天，体也，与地无异。"在《道虚篇》中说："天之与地，皆体也。"在《谈天篇》中说："如实论之，天，体，非气也。"在本篇中说："使天体乎？宜与地同；使天气乎？气若云烟。"在王充看来，既然"天"是物质实体，那么也就不会像生物一样，具有耳目口鼻等感觉器官，因而也就没有感觉、感情、欲望，也就不可能有意志、目的、人格，以至成为可以与人感应的神灵。天只是自然而然地存在着。这种天地自然论，乃是王充思想的基石。

当然，天永远在运动，由此创造万物："天地合气，万物自生。""天者，普施气万物之中。""天之动行也，施气也，体动气乃出，物乃生矣。"但无论从积极方面还是从消极方面来说，天的运动都是无意识、无目的的："夫天之不故生五谷丝麻以衣食人，由其有灾变不欲以谴告人也。""天动不欲以生物，而物自生，此则自然也；施气不欲为物，而物自为，此则无为也。"在《说日篇》中，王充也表达了同样的思想："天之行也，施气自然也。施气则物自生，非故施气以生物也。"可见这是他一贯的思想，也对目的论做了釜底抽薪。

正因为相信"天道自然""自然无为"的自然观，所以王充在本篇中，充分表达了他对黄老思想的理解与信服："说合于人事，不入于道意。从道不随事，虽违儒家之说，合黄老之义也。"黄老思想流行于西汉初期，主张"天道自然""自然无为"。从王充对它的理解与信服来看，即使汉武帝以后独尊儒术，但它在东汉时期也仍有影响。而王充反复强调"无为"这一点，其实也间接地反映了普通民众对于太平生活的向往。

当然，王充也充分认识到"天道无为"与"人道有为"的区别，在尊重"天道无为"的同时，并不忽略"人道有为"的重要性："然虽自然，亦须有为辅助。"只是这种"有为辅助"应是有限度的，不能违背自然规律，不能像宋人那样"揠苗助长"，更不能取自然而代之。

齐世篇

◎解题

◎解题

从本篇到《佚文篇》等六篇，是一组系统地对汉王朝歌功颂德的文章。王充盖先以本篇驳斥厚古薄今的历史观，次以《宣汉篇》称颂汉代功德，次以《恢国篇》进一步"恢而极之"，次以《验符篇》证明汉代在符瑞方面超越前代，次以《须颂篇》说明汉代的功德有待鸿笔之臣称颂，最后，从鸿笔之臣引申到汉代文化，以《佚文篇》从文化方面称颂汉代功德。本书选取了其中的本篇。

语称上世之人侗长佼好[1]，坚强老寿，百岁左右；下世之人短小陋丑，夭折早死。何则？上世和气纯渥[2]，婚姻以时，人民禀善气而生，生又不伤，骨节坚定，故长大老寿，状貌美好；下世反此，故短小夭折，形面丑恶。

此言妄也。[3]

[1] 语：一般的说法。侗（tǒng）：大。佼：通"姣"，美。 [2] 和气：阴气、阳气协调和谐之气，参见《论衡·气寿篇》《讲瑞篇》。 [3] 毅平按："此言妄也"，《论衡》的标志性语句之一，痛快淋漓！

夫上世治者，圣人也；下世治者，亦圣人也。圣人之德，前后不殊，则其治世，古今不异。上世之天[1]，下世之天也，天不变易，气不改更[2]。上世之民，下世之民也，俱禀元气。元气纯和，古今不异，则禀以为形体者，何故不同？夫禀气等，则怀性均[3]；怀性均，则形体同；形体同，则丑好齐；丑好齐，则夭寿适[4]。

[1] 天：王充所说的"天"是一种物质实体，不是汉儒所说的有意志、能赏罚的"天"。参见《论衡·自然篇》《谈天篇》。 [2] 气：又称元气，天之精气，阴阳之气，王充认为它是构成人和万物的物质元素，是天地自然而然施放出来的。参见《论衡·自然篇》。 [3] 以上二句意谓：（古人和今人）所承受的元气是一样的，那么具有的特性也就应该相同。 [4] 适（dí）：通"敌（敵）"，相等。

一天一地，并生万物，万物之生，俱得一气，气之薄渥，万世若一。帝王治世，百代同道。人民嫁娶，异时共礼[1]。虽言"男三十而娶，女二十而嫁"[2]，法制张设，未必奉行。何以效之？以今不奉行也。礼乐之制，存见于今[3]，今之人民，肯行之乎？今人不肯行，古人亦不肯举。以今之人民，知古之人民也。[4]

[1] "异时"，原作"同时"，据蒋礼鸿说改。共礼：有相同的礼仪。 [2] 引文见《周礼·地官·媒氏》："令男三十而娶，女二十而嫁。" [3] "存见"，吴承仕疑当作"见存"。 [4]《吕氏春秋·察今》："故察己则可以知人，察今则可以知古，古今一也，人与我同耳。有道之士，贵以近知远，以今知古，以所见知所不见。"

人，物也[1]；物，亦物也。[2] 人生一世，寿至一百岁。生为十岁儿时，所见地上之物，生死改易者多。至于百岁，临且死时，所见诸物，与年十岁时所见，无以异也。使上世下世民人无有异，则百岁之间足以卜筮[3]。六畜长短[4]，五谷大小[5]，昆虫草木，金石珠玉，蜎蜚蠕动[6]，跂行喙息[7]，无有异者，此形不异也。古之水火，今之水火也。今气为水火也，使气有异，则古之水清火热，而今水浊火寒乎？[8]

[1] "人，物也"，原无，据孙人和、张宗祥说补。 [2]《论衡·论死

篇》："人，物也；物，亦物也。"《论衡·四讳篇》："人，物也；子，亦物也。"
《论衡·道虚篇》："夫人，物也，虽贵为王侯，性不异于物。"《论衡·雷虚
篇》："人在天地之间，物也；物，亦物也。"　[3] 百岁：马宗霍疑当作
"百世"，始与上文"上世下世"呼应。卜：用龟甲占卜。筮（shì）：用著
（shī）草算卦。卜筮：这里指推断。　[4] 六畜：马、牛、羊、鸡、狗、
猪，这里泛指牲畜。　[5] 五谷：稻、黍、稷、麦、菽，这里泛指谷物。
[6] 蜎（xuān）：小飞。蜚（fēi）：通"飞"。蜎蜚：飞翔，这里泛指用翅膀
飞行的动物。蠕（rú）动：虫体一伸一屈地爬行，这里泛指用身体爬行的动
物。　[7] 跂（qí）：脚。跂行：这里泛指用腿脚行走的动物。喙（huì）：
嘴。息：呼吸。喙息：这里泛指用嘴呼吸的动物。　[8] 毅平按：此段以万
物古今不异，证厚古薄今之谬。

　　人生长六七尺[1]，大三四围[2]，面有五色[3]，寿至于百[4]，
万世不异。如以上世人民侗长佼好，坚强老寿，下世反此，则天地
初立，始为人时，可长如防风之君[5]，色如宋朝[6]，寿如彭祖
乎[7]？从当今至千世之后，人可长如莢英[8]，色如嫫母[9]，寿如朝
生乎[10]？王莽之时[11]，长人生长一丈，名曰霸[12]。建武年中，颍
川张仲师长二尺二寸[13]。张苍八尺有余[14]，其父不满五尺。俱在
今世，或长或短，儒者之言，竟非误也。语称上世使民以宜，伛者
抱关[15]，侏儒俳优[16]，如皆侗长佼好，安得伛、侏之人乎？[17]

　　[1] 尺：汉代一尺约合今 0.69 市尺。　[2] 围：古代一种计算长度的单
位，一围就是两手的拇指与拇指相对、食指与食指相对所构成的圆周长度。
[3] 五色：《周礼·天官·疾医》郑玄注："五色，面貌青、赤、黄、白、黑
也。"这里指人的面部肤色由于健康原因或情绪变化而产生的不同气色。
[4] 寿至于百：王充认为正常人的寿命应该是一百岁。参见《论衡·气寿
篇》。　[5] "可长"，原作"长可"，据蒋礼鸿说乙。可：岂。防风之君：传
说禹时，防风氏的君主身材非常高大，一节骨骼就装满了一车。其事参见《国
语·鲁语下》。　[6] 宋朝：春秋时宋国的公子朝，以貌美闻名于时。其事参
见《论语·雍也》和《左传》昭公二十年、定公十四年。　[7] 彭祖：古代
传说人物，传说活了八百岁，被视为长寿的象征。其事参见《神仙传》《列仙
传》。　[8] 莢：皂莢。英：花瓣。莢英：这里用来比喻人的身材非常矮

小。 [9] 嫫（mó）母：亦作"嫫姆"，传说是黄帝的妃子，相貌极丑，但极有贤德。 [10] 朝（zhāo）生：即木槿，《战国策·秦策五》"君危于累卵，而不寿于朝生"句高诱注："朝生，木槿也，朝荣夕落。"一说指朝蜏，一种朝生暮死的虫子。这里用以比喻寿命极其短促。 [11] 王莽：西汉末外戚，后夺取汉政权，建立"新"朝。 [12] "霸"下原有"出"字，据《论衡注释》说删，因巨毋霸出时，尚在王莽时，光武未建元。《汉书·王莽传下》："有奇士，长丈，大十围……自谓巨毋霸，出于蓬莱东南，五城西北昭如海滨。" [13] "颍川"，原作"颖川"，据《论衡注释》说改。颍（yǐng）川：郡名，在今河南中部。参见《汉书·地理志》。张仲师：东汉人。"二尺二寸"，原作"一丈二寸"，据黄晖说改。《太平御览》卷三七八引何承天《纂文》："汉光武时，颍川张仲师长二尺二寸。"《梁书·文学下·刘杳传》作"尺二寸"。本篇下文云："俱在今世，或长或短。"短即指张仲师。 [14] 张苍：西汉人，汉文帝时丞相，据《史记·张丞相列传》记载，张苍父长不满五尺，苍长八尺余，苍子复长，及孙类，长六尺余。"张苍"，原作"张汤"，据《论衡注释》说改。 [15] 伛（yǔ）者：驼背。抱关：守门，这里指让驼背当守门人。 [16] 俳（pái）优：古代表演曲艺的人，这里指让侏儒当俳优。 [17] 毅平按：此段以归谬法证厚古薄今之谬。以上"齐世"一齐。

　　语称上世之人质朴易化，下世之人文薄难治[1]。故《易》曰："上古之时，结绳以治[2]，后世易之以书契[3]。"先结绳，易化之效[4]；后书契，难治之验也。故夫宓牺之前[5]，人民至质朴，卧者居居[6]，坐者于于，群居聚处，知其母不识其父。至宓牺时，人民颇文，知欲诈愚，勇欲恐怯，强欲凌弱，众欲暴寡，故宓牺作八卦以治之[7]。至商之时[8]，人民文薄，八卦难复因袭，故文王衍为六十四首[9]，极其变，使民不倦。至周之时[10]，人民久薄，故孔子作《春秋》[11]，采毫毛之善，贬纤介之恶，称曰："周监于二代[12]，郁郁乎文哉[13]！吾从周。"[14]孔子知世浸弊，文薄难治，故加密致之罔[15]，设纤微之禁，检柙守持[16]，备具悉极[17]。

　　此言妄也。

　　[1] 文薄：浮华轻薄。 [2] 结绳：用绳子打结以记事。相传大事打大

结，小事打小结，是文字产生之前的一种记事方法。　　[3] 书契：泛指文字。引文见《周易·系辞下》。　　[4]"效"，原作"故"，据黄晖说改。《论衡》多以"效""验"对言。　　[5] 宓（fú）牺：又作宓戏、宓羲、包牺、庖牺、伏戏，也称牺皇、皇羲，即伏羲氏，传说中的上古帝王，中国神话中人类的始祖。　　[6] 居居：和下句的"于于"，都是形容散淡的样子。　　[7] 八卦：即乾、坤、震、巽（xùn）、坎、离、艮（gèn）、兑，分别代表天、地、雷、风、水、火、山、泽。宓牺作八卦：《白虎通·号》："于是伏羲仰观象于天，俯察法于地，因夫妇，正五行，始定人道。画八卦以治下，下伏而化之，故谓之伏羲也。"　　[8]"商"，原作"周"，据蒋礼鸿、杨宝忠说改。　　[9] 衍：推演，发展。六十四首：指六十四卦，传说周文王通过排列组合，把八卦两两相配，组成六十四种不同的卦，每一卦都有文字说明，这就是《易》的正文，称作"经"。　　[10] 周之时：这里指东周的春秋时期。　　[11]《春秋》：儒家经书之一，传说是孔子根据鲁国史书编写的。　　[12] 监（jiàn）：通"鉴"，借鉴。二代：指夏、商两朝。　　[13] 郁郁：形容繁盛、丰富的样子。文：文采，这里指典章制度。　　[14] 引文见《论语·八佾》。　　[15] 密致：致密。罔：同"网"，这里指礼法制度。　　[16]"检柙"，原作"检狎"，据孙诒让、黄晖、刘盼遂、张宗祥说改。检柙（xiá）：亦作"检押"，纠正，循规蹈矩，为汉代人常用语。杨雄《法言序》："蠢迪检柙。"旧注："检柙，犹隐括也。言君子举动则当蹈规矩。"参见《论衡·对作篇》。守持：保持，维护。[17] 完备详尽。毅平按：这是典型的历史退化论。

　　上世之人所怀五常也，下世之人亦所怀五常也。俱怀五常之道，共禀一气而生[1]，上世何以质朴？下世何以文薄？彼见上世之民饮血茹毛[2]，无五谷之食，后世穿地为井，耕土种谷，饮井食粟，有水火之调[3]；又见上古岩居穴处，衣禽兽之皮，后世易以宫室，有布帛之饰，则谓上世质朴，下世文薄矣。

　　[1] 王充认为人的道德属性是由具有道德属性的"气"构成的。参见《论衡·率性篇》《论死篇》。　　[2] 饮血茹（rú）毛：喝禽兽的鲜血，吃带毛的生肉。《礼记·礼运》："未有火化，食草木之实，鸟兽之肉，饮其血，茹其毛。"　　[3] 调：烹调。

夫器业变易[1]，性行不异[2]。然而有质朴文薄之语者，世有盛衰，衰极久有弊也。譬犹衣食之于人也，初成鲜完[3]，始熟香洁，少久穿败[4]，连日臭茹矣[5]。文质之法[6]，古今所共。一质一文，一衰一盛，古而有之，非独今也。何以效之？传曰："夏后氏之王教以忠[7]。上教以忠，君子忠，其失也[8]，小人野[9]。救野莫如敬[10]，殷之王教以敬[11]。上教用敬，君子敬，其失也，小人鬼[12]。救鬼莫如文[13]，故周之王教以文。上教以文，君子文，其失也，小人薄[14]。救薄莫如忠。"[15]承周而王者，当教以忠。[16]夏所承唐、虞之教薄[17]，故教以忠；唐、虞以文教，则其所承有鬼失矣。[18]世人见当今之文薄也，狎侮非之[19]，则谓上世朴质，下世文薄。[20]犹家人子弟不谨，则谓他家子弟谨良矣。[21]

[1]器：器物，指物质生活的条件。业：事业，指各种不同的职业。[2]性：本性。行：操行。　[3]鲜完：鲜亮完整。　[4]穿败：破旧。[5]臭茹：腐臭。　[6]文质之法：指提倡典章制度与质朴诚信相交替的法则。　[7]夏后氏之王：指夏朝的君主。教：倡导。忠：忠厚，纯朴。[8]失：缺点，弊病。　[9]野：粗野。　[10]救：补救，纠正。敬：指敬奉天神和祖先。　[11]"殷之王"，原作"殷王之"，据吴承仕、黄晖、刘盼遂说乙。上文"夏后氏之王"，下文"周之王"，句式相同。　[12]鬼：迷信鬼神。　[13]文：指典章制度。　[14]薄：文薄，浮华轻薄。[15]引文参见《史记·高祖本纪》太史公曰、《说苑·修文》、《白虎通·三教》。　[16]毅平按：以上二句是指汉代的情况，以及王充依据历史经验，所开出的治病药方。　[17]唐：指尧。虞：指舜。　[18]毅平按：以上四句是王充逆推夏以前的情况。　[19]狎侮：蔑视。非：反对。　[20]毅平按：王充引用"忠、敬、文"三教循环的说法，目的在于说明古代社会同样有文质，有盛衰，用以驳斥"上世质朴，下世文薄"的观点。　[21]毅平按：又是"别人家的孩子"，看来此说古已有之。以上"齐世"二齐。

语称上世之人重义轻身，遭忠义之事，得已所当赴死之分明也[1]，则必赴汤趋锋，死不顾恨。故弘演之节[2]，陈不占之义[3]，行事比类，书籍所载，亡命捐身，众多非一。今世趋利苟生，弃义妄得，不相勉以义，不相激以行，义废身不以为累[4]，行隳事不以相畏[5]。

此言妄也。

[1] 以上二句意谓：遇到应该效忠尽义的事情，清楚地认识到为此而牺牲生命是自己的本分。　[2] 弘演：春秋时卫国大夫，以忠君著称。弘演之节：据《吕氏春秋·忠廉》记载，卫懿公时，弘演出使外国。狄人攻卫，杀死懿公，吃了他的肉，扔了他的肝。弘演回国，对着懿公的肝，汇报出使的情况，然后剖腹掏出自己的内脏，装入懿公的肝而死。王充对之的驳斥，参见《论衡·儒增篇》。　[3] 陈不占：春秋时齐国人。陈不占之义：据《新序·义勇》记载，陈不占听到齐庄公被崔杼（zhù）杀害的消息后，为了尽忠，不顾车夫劝阻，赶到出事地点，结果被战斗的声音吓死了。其事又见《太平御览》卷四一八引《韩诗外传》。　[4] 礼仪被自己废弃了，不以为有害。累：害。　[5] 操行被（自己所做的）事情败坏了，也不感到害怕。隳（huī）：败坏。畏：害怕。

夫上世之士，今世之士也，俱含仁义之性，则其遭事并有奋身之节。古有无义之人，今有建节之士[1]，善恶杂厕，何世无有？述事者好高古而下今，贵所闻而贱所见。[2] 辩士则谈其久者，文人则著其远者。近有奇而辩不称，今有异而笔不记。若夫琅邪儿子明[3]，岁败之时[4]，兄为饥人欲食[5]，自缚叩头，代兄为食，饿人美其义，两舍不食。[6] 兄死，收养其孤，爱不异于己之子。岁败谷尽，不能两活，饿杀其子，活兄之子。临淮许君叔亦养兄孤子[7]，岁仓卒之时[8]，饿其亲子，活兄之子，与子明同义。会稽孟章父英为郡决曹掾[9]，郡将拭杀非辜[10]，事至覆考[11]，英引罪自予，卒代将死。章后复为郡功曹[12]，从役攻贼，兵卒北败[13]，为贼所射，以身代将，卒死不去。此弘演之节、陈不占之义何以异？当今著文书者，肯引以为比喻乎？比喻之证，上则求虞、夏，下则索殷、周、秦、汉之际，功奇行殊，犹以为后[14]，又况当今在百代下，言事者目亲见之乎？[15]

[1] 建节：树立节操。　　[2] 毅平按："述事者好高古而下今，贵所闻而贱所见"，二句乃洞观之言。　　[3] 琅邪：即琅琊（láng yá），郡名，在今山东诸城一带。兒（ní）：同"倪"。兒子明：倪萌，字子明，西汉末年人。《初学记》卷十七引《东观汉记》："倪萌，字子明，齐国临淄人也。"此云琅邪人，误。　　[4] 岁败：凶年，歉收年头，灾荒年头。　　[5]"欲"，原作"所"，据黄晖说改。《意林》引作"兄曾为饥人欲食"。　　[6] 其事见《初学记》卷十七引《东观汉记》："（倪萌）仁孝敦笃，不好荣贵，常勤身田农。遭岁仓卒，兵革并起，人民馁饿相啖。与兄俱出城采蔬，为赤眉贼所得，欲杀啖之。萌诣贼叩头言：'兄年老羸瘵，不如萌肥健，愿代兄。'贼义而不啖。"又，《后汉书·赵孝传》载赵孝事相类："及天下乱，人相食。孝弟礼为饿贼所得，孝闻之，即自缚诣贼，曰：'礼久饿羸瘦，不如孝肥饱。'贼大惊，并放之。"[7] 临淮：郡名，在今江苏北部及安徽东北部一带。许君叔：东汉初年人。[8] 仓卒（cù）：荒乱。　　[9] 会（kuài）稽：郡名，东汉前期包括今江苏南部、浙江大部和福建全部。孟章：东汉时会稽郡人。英：孟英，字公房，孟章之父。决曹掾（yuàn）：官名，郡的属吏，主管刑事案件。　　[10] 郡将：泛指郡长官。挝（zhuā）：拷打。非辜：无罪的人。　　[11] 覆考：复审。　　[12] 功曹：郡县主管官吏任免升降的部门，其办事人员称功曹掾史。　　[13] 北败：败北。一作"比败"，连败。　　[14] 尚且认为时代离得太近。犹：尚且。后：近。　　[15] 王羲之《兰亭集序》："后之视今，亦犹今之视昔。"

　　画工好画上代之人，秦、汉之士，功行谲奇[1]，不肯图。不肯图今世之士者[2]，尊古卑今也。贵鹄贱鸡，鹄远而鸡近也。使当今说道深于孔、墨，名不得与之同；立行崇于曾、颜[3]，声不得与之钧。何则？世俗之性，贱所见贵所闻也。[4] 有人于此，立义建节，实核其操，古无以过，为文书者，肯载于篇籍，表以为行事乎[5]？作奇论，造新文，不损于前人，好事者肯舍久远之书，而垂意观读之乎？[6] 杨子云作《太玄》[7]，造《法言》[8]，张伯松不肯壹观[9]，与之并肩，故贱其言。使子云在伯松前，伯松以为金匮矣[10]！

　　[1] 谲（jué）奇：卓异，突出。　　[2]"不肯图"，原无，据刘盼遂说

补。　　[3] 曾、颜：曾参、颜回，都是孔子弟子。　　[4] 毅平按："世俗之性，贱所见贵所闻也"，二句乃至理名言。　　[5] 把他当作和以往的事例一样来表彰吗？表：表扬。　　[6] 毅平按："有人于此"，盖王充夫子自道。不过，王充所言固然不错，但当世著作汗牛充栋，也的确需要时间来汰选。　　[7] 杨子云：亦作扬子云，即杨（扬）雄（前53—18），字子云，蜀郡成都（今属四川）人，王莽时校书天禄阁，著有《太玄》《法言》《方言》等书，以及《长杨赋》《甘泉赋》《羽猎赋》等辞赋。《太玄》：亦称《太玄经》，共十卷，体裁模拟《周易》，内容则是儒、道、阴阳三家的混合体。　　[8]《法言》：共十三卷，体裁模拟《论语》，内容以儒家思想为主，兼采道家思想。　　[9] 张伯松：张竦（sǒng），西汉末年人，王莽时封为淑德侯。壹：同"一"。　　[10] 金匮：金属制的藏书匣，这里借指十分珍贵的文献。毅平按：王充这里举的例子是杨雄及其著作，但其实也是包含有自己的委屈的。以上"齐世"三齐。

语称上世之时圣人德优，而功治有奇。故孔子曰："大哉，尧之为君也！唯天为大，唯尧则之。荡荡乎民无能名焉！巍巍乎其有成功也！焕乎其有文章也！"[1] 舜承尧，不堕洪业[2]；禹袭舜，不亏大功。其后至汤，举兵伐桀，武王把钺讨纣，无巍巍荡荡之文，而有动兵讨伐之言。盖其德劣而兵试[3]，武用而化薄。化薄[4]，不能相逮之明验也。及至秦[5]，兵革云扰，战力角势[6]，秦以得天下。既得天下，无嘉瑞之美，若"协和万国""凤皇来仪"之类[7]，非德劣不及、功薄不若之征乎[8]？

此言妄也。

[1] 引文见《论语·泰伯》。　　[2] 堕（huī）：通"隳"，败坏。[3] 大概因为他们的道德（比尧、舜）差，所以才使用武力。试：使用。[4] 揆之上下文语气，"化薄"前似当有"德劣"二字。　　[5]"秦"下原有"汉"字，据黄晖说删。下文"秦以得天下"，亦只以"秦"承之。　　[6] 战力：以武力互相争斗。角势：较量势力强弱。　　[7] 协和万国：使上万个国家和睦相处。这是歌颂尧的话，见《尚书·尧典》。来仪：来朝。凤皇来仪：这是歌颂舜的话，见《尚书·益稷》。　　[8] 征：征兆，证明。

夫天地气和，即生圣人，圣人之治，即立大功。和气不独在古先，则圣人何故独优？世俗之性，好褒古而毁今，少所见而多所闻[1]；又见经传增贤圣之美，孔子尤大尧、舜之功，又闻尧、舜禅而相让[2]，汤、武伐而相夺，则谓古圣优于今，功化渥于后矣。夫经有褒增之文，世有空加之言，读经览书者所共见也。孔子曰："纣之不善，不若是之甚也。是以君子恶居下流，天下之恶皆归焉。"[3]世常以桀、纣与尧、舜相反，称美则说尧、舜，言恶则举纣、桀。孔子曰："纣之不善，不若是之甚也。"则知尧、舜之德，不若是其盛也。尧、舜之禅，汤、武之诛，皆有天命，非优劣所能为，人事所能成也。使汤、武在唐、虞，亦禅而不伐；尧、舜在殷、周，亦诛而不让。盖有天命之实，而世空生优劣之语。经言"协和万国"，时亦有丹水[4]；"凤皇来仪"，时亦有有苗[5]。兵皆动而并用，则知德亦何优劣而小大也[6]。

[1] 少：轻视，贬低。多：重视，赞扬。毅平按："世俗之性，好褒古而毁今，少所见而多所闻"，三句乃至理名言。　[2]"舜"，原作"禹"，据黄晖、刘盼遂、张宗祥说改。上下文皆尧舜连言，无以尧禹连言者，且禹亦非禅让。　[3] 引文见《论语·子张》，但这话是子贡说的，而不是孔子说的。[4]《论衡·儒增篇》："尧伐丹水。"丹水：古河名，即今丹江，是汉江最长支流，传说尧曾在丹水流域与南方的少数民族打过仗，其事参见《吕氏春秋·召类》。"丹水"，原作"丹朱"，据黄晖说改。　[5] 有苗：传说是舜时南方的一个部族，即三苗，舜和此部族发生过战争。　[6] 以上二句意谓：既然古今帝王都动了兵、用了武，就可以知道他们的智慧道德也没有什么好坏与大小的差别。毅平按：王充这是在挑战正统历史观。

世论桀、纣之恶甚于亡秦，实事者谓亡秦恶甚于桀、纣[1]。秦、汉善恶相反，犹尧、舜、桀、纣相违也。亡秦与汉皆在后世，亡秦恶甚于桀、纣，则亦知大汉之德不劣于唐、虞也。[2]唐之"万国"[3]，固增而非实者也。有虞之"凤皇"[4]，宣帝已五致之矣[5]。孝明帝符瑞并至[6]。夫德优故有瑞，瑞钧则功不相下。宣帝、孝明如劣不及尧、舜，何以能致尧、舜之瑞？[7]光武皇帝龙兴凤举[8]，取天下若拾遗[9]，何以不及殷汤、周武？世称周之成、康不亏文王之隆[10]，舜巍巍不亏尧之盛功也，方今圣朝[11]，承光武，袭孝明，有浸酆溢美之化[12]，无细小毫发之亏，上何以不逮舜、禹，下何以不若成、康？[13]世见五帝、三王事在经传之上，而汉之记故尚为文书[14]，则谓古圣优而功大，后世劣而化薄矣！[15]

[1]实事者：这里可能是指东汉人邹伯奇，王充曾说他"论桀、纣不如亡秦"，参见《论衡·感类篇》。王充也曾说过"二世之恶，隆盛于纣"，参见《论衡·语增篇》。 [2]毅平按：逻辑上好像不能这么类推的，但这也正是王充写作本篇的动机之所在。 [3]万国：指上文所说的"协和万国"。[4]凤皇：指上文所说的"凤皇来仪"。 [5]宣帝：汉宣帝刘询，前74—前49年在位。五致之：汉宣帝时已经五次招来凤凰。参见《论衡·指瑞篇》。 [6]孝明帝：汉明帝。 [7]毅平按：为了歌颂今朝，不惜承认符瑞，这是王充的弱点。 [8]光武：汉光武帝。龙兴凤举：古代用以形容帝王的兴起。 [9]拾遗：捡起遗物，这里形容极其容易。 [10]成、康：周成王、周康王。隆：指盛大的功业。 [11]圣朝：指当时在位的汉章帝。 [12]酆：同"丰"，丰盛。浸酆：更加兴盛。 [13]毅平按：这里王充对东汉王朝也有溢美之词。 [14]记故：记事。"尚"下原有校语"一有'书'字"。文书：指一般的文书档案，还没有整理成书。 [15]毅平按：以上"齐世"四齐。

◎研读

本篇集中反映了王充的历史观。王充的历史观有两个特征，一个是命定论的，一个是厚今薄古或古今同视的。

王充的历史观有命定论的色彩，其理论基础是元气论，为的是反对历史退化论。如有人认为"气"是有时间性的，是有古今变化的；王充则认为"气"是没有时间性的，是没有古今变化的："上世之天，下世之天也，天不变易，气不改更。上世之民，下世之民也，俱禀元气。元气纯和，古今不异。"这就破除了对于古代的迷信，动摇了历史退化论的根基。但有时王充不免矫枉过正，强调了"时""数"，却忽略了"政""教"："世之治乱，在时不在政；国之安危，在数不在教。贤不贤之君，明不明之政，无能损益。"（《治期篇》）这就走向另一个极端了。

王充的历史观是厚今薄古的，至少也是古今同视的。这种历史观，在《论衡》其他各篇中也有所表现，而在本篇中表现得最为充分。本篇从四个方面驳斥了今不如昔论：一是"语称上世之人侗长佼好，坚强老寿，百岁左右；下世之人短小陋丑，夭折早死"，王充以古今元气不变说破之；二是"语称上世之人质朴易化，下世之人文薄难治"，王充以文质盛衰循环说破之；三是"语称上世之人重义轻身……今世趋利苟生，弃义妄得"，王充以"善恶杂厕，何世无有"说破之；四是"语称上世之时圣人德优，而功治有奇"，后来则一代不如一代，王充以"世空生优劣之语"说破之。

在本篇中，王充还揭示了厚古薄今论者的心理根源，即"世俗之性，贱所见贵所闻也"，"世俗之性，好褒古而毁今，少所见而多所闻"；而儒学经传则更是推波助澜："述事者好高古而下今，贵所闻而贱所见。辩士则谈其久者，文人则著其远者。近有奇而辨不称，今有异而笔不记。"对于世俗之性和儒学经传，王充的批评可谓一针见血。

王充对于今不如昔论的有些驳斥，即在今天看来也是很有道理的。比如，"度土境则周狭于汉"（《宣汉篇》），汉代疆域的开拓确实远超前代，在中国历史上属于强盛时期，各种典章制度也更为完备，这都是符合历史事实的。又如，在将汉代之文与先秦之文相比时，王充对汉代之文给予更多的肯定，这在推动文学发展方面也是有意义的。总之，作为生活于东汉初社会相对安定时期的人，王充对自己所处的时代抱有自豪感，这是可以理解且无可厚非的。

　　不过，王充的厚今薄古历史观也有局限性，即比较容易与歌功颂德合流，成为对本朝歌功颂德的工具。如《宣汉篇》认为汉兴以来已有太平，其标志就是汉有符瑞（儒者认为没有），和五帝三王时一样，"论符瑞则汉盛于周"；《恢国篇》中所用来"恢"汉的根据，都是瑞应之类无根之事；《验符篇》则连篇累牍地罗列了汉代出现的符瑞，以证明汉德丰隆超越前代；本篇则说，"有虞之'凤皇'，宣帝巳五致之矣"，"孝明帝符瑞并至"，"方今圣朝，承光武，袭孝明，有浸酆溢美之化，无细小毫发之亏"，等等，颂扬得不免有点过分了。《宣汉篇》说："非以身生汉世，可褒增颂叹，以求媚称也，核事理之情，定说者之实也。"实则两层意思都有吧。

论死篇

从本篇到《祭意篇》等十六篇，论述了各种迷信陋俗，是一组有系统的文章。其中前四篇《论死篇》《死伪篇》《纪妖篇》《订鬼篇》自成一组，专门讨论人死是否为鬼的问题，而最终目的则是为了通过否定人死为鬼，反对厚葬，提倡薄葬，正如《对作篇》所说的："《论死》《订鬼》，所以使俗薄丧葬也。""今著《论死》及《死伪》之篇，明死无知，不能为鬼，冀观览者将一晓解约葬，更为节俭。"本书选取其中的本篇。

世谓人死为鬼[1]，有知，能害人。试以物类验之，人死不为鬼，无知，不能害人。何以验之？验之以物。人，物也；物，亦物也。物死不为鬼，人死何故独能为鬼？世能别人不为物[2]，则为鬼不为鬼尚难分明；如不能别，则亦无以知其能为鬼也[3]。

[1] 以下两处"人死"，原均作"死人"，据吴承仕、孙人和说乙。《世说新语·方正》刘孝标注引《论衡》皆作"人死"。 [2] 本句原作"世能别人物不能为鬼"，据蒋礼鸿说改。别：辨别。 [3] 以上四句意谓：（因为物死后是肯定不会变为鬼的，所以）世人即便能够辨明人与物的区别，对于人死后是否会变为鬼可能还是难以确定；如果不能够辨明人与物的区别，那么更无从知道人死后是否会变为鬼了。毅平按：以"物"死不为鬼，类推"人"死不为鬼。以下皆论证人死不为鬼。

184

人之所以生者，精气也[1]，死而精气灭。能为精气者，血脉也。人死血脉竭，竭而精气灭，灭而形体朽，朽而成灰土，何用为鬼[2]？人无耳目则无所知，故聋盲之人，比于草木。夫精气去人，岂徒与无耳目同哉？朽则消亡，荒忽不见，故谓之鬼神。人见鬼神之形，故非死人之精也。何则？鬼神，荒忽不见之名也。人死精神升天[3]，骸骨归土，故谓之鬼神[4]。鬼者，归也[5]；神者，荒忽无形者也。[6]

[1] 精气：精神之气。王充认为，气是构成人和万物的元素，分为阴气和阳气，阴气构成人的骨肉，阳气构成人的精神，所以有时又称阳气为精气。参见《论衡·订鬼篇》。　[2] 何用：靠什么。　[3] 精神：这里指精气。王充认为，精气在自然界中是无知的，构成人的精神后才是有知的，人死后，精气离开人体，仍旧回到无知的自然界中。在本篇中，王充对"精神"和"精气"这两个概念有时是混用的。升天：指精气又回到自然界的元气中去。[4] "神"，原无，据黄晖说补。上下文均以"鬼神"并言。《孔子家语·哀公问政》称孔子曰："众生必死，死必归土，此谓鬼；魂气归天，此谓神。"[5]《太平御览》卷八八三引《韩诗外传》："人死曰鬼，鬼者，归也。精气归于天，肉归于土，血归于水，脉归于泽，声归于雷，动则归于风，眠归于日月，骨归于木，筋归于山，齿归于石，膏归于露，发归于草，呼吸之气复归于人。"　[6] 毅平按："鬼""神"的本义就是"荒忽不见"，所以说它是有形之物是很荒唐的。

或说：鬼神，阴阳之名也[1]。阴气逆物而归[2]，故谓之鬼；阳气导物而生[3]，故谓之神。神者，伸也[4]，申复无已[5]，终而复始。人用神气生[6]，其死复归神气[7]。阴阳称鬼神，人死亦称鬼神。气之生人，犹水之为冰也。水凝为冰，气凝为人；冰释为水，人死复神[8]。其名为神也，犹冰释更名水也。人见名异[9]，则谓有知，能为形而害人，无据以论之也。[10]

[1] 阴阳：指阴气和阳气。　[2] 逆：违背，阻止。归：指人死后形体归于地。阴阳五行家认为，地属阴，又认为阴气主杀，所以说阴气阻止万物生

长，使其死后形体归于地。　　[3] 导：引导，助长。阴阳五行家认为，天属阳，又认为阳气主生，所以说阳气助长万物生长，使其获得生命。　　[4] 伸：通"申"，舒展，指万物获得生命。《五行大义·论诸神》："神，申也。万物皆有质，碍屈而不申。神是清虚之气，无所拥滞，故曰申也。"　　[5] 意谓阳气和阴气结合构成有生命的东西，又离开阴气构成的形体回复到自然界，如此无止境地循环下去。申：通"伸"。复：还原。　　[6] 神气：即阳气。　　[7] 以上二句意谓：人靠阳气获得生命，死后形体中的阳气又回到大自然的阳气中去。　　[8] 神：指"神气"。　　[9] 名异：名称不同。意即活时称"人"，死后称"神"。　　[10] 毅平按："鬼""神"分别是"阴气""阳气"的代名词。

人见鬼若生人之形[1]。以其见若生人之形，故知非死人之精也。[2]何以效之？以囊橐盈粟米，米在囊中，若粟在橐中，满盈坚强，立树可见[3]，人瞻望之，则知其为粟米囊橐。何则？囊橐之形若其容[4]，可察也。如囊穿米出，橐败粟弃，则囊橐委辟[5]，人瞻望之，弗复见矣。人之精神藏于形体之内，犹粟米在囊橐之中也。死而形体朽，精气散，犹囊橐穿败，粟米弃出也。粟米弃出，囊橐无复有形；精气散亡，何能复有体而人得见之乎？[6]

[1] 生人：活人。　　[2] 毅平按：王充认为鬼是有的，但不是死人变的，而是另外一种东西。所以如果鬼像人的形状，那就反而说明它不是死人变的，而是本来就长成那样子的。　　[3] 立树：竖立。　　[4] 囊橐的外形就像里面所装的东西。若：如。容：容受，内容。　　[5] 委：通"萎"。辟：通"襞(bì)"，折叠。委辟：指口袋瘪了，可以折叠。　　[6] 毅平按：形、神须臾不能分离，所以人死不能为鬼。

禽兽之死也，其肉尽索[1]，皮毛尚在，制以为裘，人望见之，似禽兽之形。故世有衣狗裘为狗盗者[2]，人不觉知，假狗之皮毛，故人不意疑也[3]。今人死，皮毛朽败，虽精气尚在，神安能复假此形而以行见乎[4]？夫死人不能假生人之形以见，犹生人不能假死人之魂以亡矣[5]。六畜能变化象人之形者，其形尚生，精气尚在也。[6]如死，其形腐朽，虽虎兕勇悍[7]，不能复化。鲁公牛哀病化为虎[8]，亦以未死也。世有以生形转为生类者矣，未有以死身化为生象者也[9]。

[1]索：尽。　[2]衣（yì）：穿。狗盗：装扮成狗的小偷。　[3]意疑：怀疑。　[4]精神又怎么能再借这个烂掉的形体来活动和现形呢？安：怎么。行：活动。　[5]以上二句意谓：死人不能借活人的形体出现，就像活人不能借死人的精神使自己的形体消失一样。魂：指精神。　[6]毅平按：王充认为六畜可以变化为人形，但必须是活着的，而不能是死了的。参见《论衡·订鬼篇》。　[7]兕（sì）：雌犀牛。悍：凶暴。　[8]公牛哀：春秋时鲁国人，据《淮南子·俶（chù）真》记载，他卧病七日后，变成了老虎，他哥哥去看他，被他扑杀了。　[9]以上二句意谓：世上有活的形体转化为另一类活的形体的现象，却从来没有以死的身体变成活的形象这种事情。毅平按：王充的意思是物种之间可以转化，但生死界限无法逾越。

天地开辟，人皇以来[1]，随寿而死[2]，若中年夭亡，以亿万数。计今人之数，不若死者多。如人死辄为鬼，则道路之上，一步一鬼也；人且死见鬼，宜见数百千万，满堂盈廷[3]，填塞巷路，不宜徒见一两人也。[4]

[1]人皇：传说中的"三皇"（天皇、地皇、人皇）之一，据说是最早的人。　[2]寿：寿限。王充认为正常人一般能活百岁左右。参见《论衡·气寿篇》。随寿而死：指活到百岁左右而死。　[3]廷：通"庭"，院子。[4]毅平按：自古以来，鬼满为患，满堂盈廷，填塞巷路，道路之上，一步一鬼——想想也可笑！然于否定人死为鬼，却是非常有力的类推。

人之兵死也[1]，世言其血为磷[2]。血者，生时之精气也。人夜行见磷，不象人形，浑沌积聚，若火光之状。磷，死人之血也，其形不类生人之形也[3]。其形不类生人之形，精气去人，何故象人之体？

[1]兵死:被兵器杀死。　[2]磷:指磷火。夜间在坟地间常见的蓝绿色火光,是磷所发的光,迷信的人称为"鬼火"。古人认为磷是血生成的,如《淮南子·泛论》"久血为磷"句高诱注:"血精在地,暴露百日则为磷,遥望炯炯,若燃火也。"《博物志·杂说上》:"斗战死亡之处,其人马血积年化为磷。"　[3]后一个"形",原作"血",据黄晖说改。

人见鬼也,皆象死人之形,则可疑死人为鬼[1],或反象生人之形。病者见鬼,云甲来[2],甲时不死[3],气象甲形[4]。如死人为鬼,病者何故见生人之体乎?

[1]"可疑",杨宝忠疑为"不疑"之误。　[2]甲:路人甲,泛指某人。　[3]时:当时。不死:未死。　[4]气:指阳气。王充认为,单独的阳气只能幻化成瞬间即逝的人的样子,而不能构成真正的人。参见《论衡·订鬼篇》。

天地之性[1],能更生火,不能使灭火复燃;能更生人,不能令死人复见。能使灭灰更为燃火,吾乃颇疑死人能复为形[2];案火灭不能复燃以况之[3],死人不能复为鬼,明矣。[4]

[1]天地:自然。性:本性。　[2]以上二句意谓:如果能使死灰复燃,我才不会怀疑死人能再变成活着时的样子。颇疑:不疑。　[3]案:根据。况:比拟,对照。　[4]毅平按:王充以死灰不能复燃,类推死人不能为鬼。

夫为鬼者,人谓死人之精神。如审鬼者死人之精神,则人见之,宜徒见裸袒之形,无为见衣带被服也[1]。何则?衣服无精神,人死,与形体俱朽,何以得贯穿之乎[2]?精神本以血气为主,血气常附形体,形体虽朽,精神尚在,能为鬼可也;今衣服,丝絮布帛也,生时血气不附着,而亦自无血气,败朽遂已,与形体等,安能自若为衣服之形[3]?由此言之,见鬼衣服象人[4],则形体亦象人矣。象人,则知非死人之精神也[5]。

188

[1]无为：不应该。衣（yì）：系。被：披，穿。 [2]贯：穿，这里指系。 [3]自若：照旧。 [4]"人"，原作"之"，据吴承仕、孙人和说改。下二句"之"字同改。《世说新语·方正》刘孝标注引《论衡》"之"字皆作"人"。 [5]以上五句意谓：由此说来，见到鬼穿的衣服像人，那么形体也就像人了。既然形体像人，就可以知道鬼不是死人的精神变的。毅平按：《世说新语·方正》（参见《晋书·阮修传》）记载，时人皆以为人死有鬼，只有阮宣子认为没有："今见鬼者，云着生时衣服；若人死有鬼，衣服复有鬼邪？"正如刘孝标《世说新语》注所指出的，这乃是从《论衡》这里学来的说法。

夫死人不能为鬼，则亦无所知矣。[1]何以验之？以未生之时无所知也。人未生，在元气之中；既死，复归元气。元气荒忽，人气在其中[2]。人未生无所知，其死归无知之本，何能有知乎？人之所以聪明智惠者[3]，以含五常之气也[4]；五常之气所以在人者，以五藏在形中也[5]。五藏不伤，则人智惠，五藏有病，则人荒忽[6]，荒忽则愚痴矣。人死，五藏腐朽，腐朽则五常无所托矣，所用藏智者已败矣，所用为智者已去矣。形须气而成，气须形而知[7]。天下无独燃之火，世间安得有无体独知之精[8]？

[1]毅平按：以下皆论证人死无所知。 [2]人气：指构成人的气。[3]惠：通"慧"。 [4]五常之气：王充指的是分别具有仁、义、礼、智、信这些道德属性的气。 [5]五藏（zàng）：即五脏，指心、肝、肺、脾、肾。王充认为五常之气是寄托在五脏之中的。 [6]荒忽：指神智不清。[7]以上二句意谓：躯体要靠精气才能形成人，精气要靠依附于躯体才能产生知觉。 [8]以上二句意谓：天下没有离开物体而独自燃烧的火，世间又怎能有脱离形体而独自产生知觉的精气呢？

人之死也，其犹梦也[1]。梦者，殄之次也；殄者，死之比也[2]。人殄不悟则死矣[3]。案人殄复悟，死复来者[4]，与梦相似，然则梦、殄、死，一实也。人梦不能知觉时所作，犹死不能识生时所为矣。人言谈有所作于卧人之旁[5]，卧人不能知，犹对死人之棺为善恶之事，死人不能复知也。夫卧，精气尚在，形体尚全，犹无所知，况死人精神消亡，形体朽败乎？[6]

[1] 梦：指睡着了。　[2] 以上四句意谓：睡着了和昏迷差不多，昏迷和死亡类似。殄（tiǎn）：昏迷。次：差不多。比：类似。　[3] 悟：通"寤"，苏醒。　[4]"复（復）"，原作"从（從）"，据吴承仕、孙人和说改。　[5] 卧人：睡着的人。　[6] 毅平按：睡着了都无知无觉，更何况是死了呢。

人为人所殴伤[1]，诣吏告苦以语人[2]，有知之故也。或为人所杀，则不知何人杀也，或家不知其尸所在。使死人有知，必患人之杀己也，当能言于吏旁，告以贼主名，若能归语其家，告以尸之所在。今则不能，无知之效也。[3]

[1]"殴"，原作"敺"，据张宗祥、马宗霍说改。下文"敺"字同改。[2] 到官吏那里去告状诉苦，并向人叙述这件事。　[3] 毅平按：如人死有知会报案指认凶手，则破案不就易如反掌了吗？

世间死者，令生人殄而用其言[1]，及巫叩元弦[2]，下死人魂[3]，因巫口谈[4]，皆夸诞之言也。如不夸诞，物之精神为之象也[5]。

[1] 使活人昏迷，再借他的嘴说话。"令"，原作"今"，据吴承仕、孙人和说改。　[2] 叩：弹。元弦：可能是祭祀舞神时用的一种弦乐器，也可能是巫师用来引魂的法器。张宗祥说此言穷幽索冥以致魂也。　[3] 下：招来。　[4] 通过巫的口说话。　[5] 以上二句意谓：如果不是荒诞无稽的，那就是老物精所造成的虚像（总之不是死人之精在显灵）。物之精神：指老物精的精神，王充认为活着的老物精（如六畜）的精神可以变成人形。参见《论衡·订鬼篇》。

或曰：不能言也[1]。夫不能言，则亦不能知矣。知用气，言亦用气焉。人之未病也[2]，智惠精神定矣[3]；病则愩乱[4]，精神扰也。夫死，病之甚者也。病，死之微，犹愩乱，况其甚乎！精神扰，自无所知，况其散也[5]！

[1]（人死了仍有知觉，只是）不能说话而已。　[2]"病"，原作"死"，据黄晖说改。"未病"与下文"病"正反相承。　[3]精神：指神志。定：安定，平静。　[4]愩：糊涂。　[5]何况死后精神散了呢！毅平按：病人都神志不清，更何况死人呢。

人之死，犹火之灭也。火灭而耀不照，人死而知不惠，二者宜同一实，论者独谓死有知[1]，惑也。人病且死，与火之且灭何以异？火灭光消而烛在，人死精亡而形存。谓人死有知，是谓火灭复有光也。[2]

[1]"独"，原作"犹"，据杨宝忠说改。　[2]毅平按：人死如灯灭，人死如烛灭。《初学记》卷十四引杨泉《物理论》："人含气而生，精尽而死。死犹澌也，灭也。譬如火焉，薪尽而火灭，则无光矣。故灭火之余，无遗炎矣；人死之后，无遗魂矣。"

隆冬之月，寒气用事[1]，水凝为冰；逾春气温，冰释为水。人生于天地之间，其犹冰也。阴阳之气，凝而为人；年终寿尽，死还为气。夫春水不能复为冰，死魂安能复为形？

[1]用事：主事。

妒夫媢妻[1]，同室而处，淫乱失行，忿怒斗讼。夫死妻更嫁，妻死夫更娶，以有知验之，宜大忿怒；今夫妻死者寂寞无声，更嫁娶者平忽无祸[2]，无知之验也。[3]

[1]媢（mào）：嫉妒。《说文解字》女部："妒，妇妒夫也。""媢，夫妒妇也。"　[2]平忽：平静。　[3]《战国策·秦二》"秦宣太后爱魏丑夫"条云："秦宣太后爱魏丑夫。太后病将死，出令曰：'为我葬，必以魏子为殉。'

魏子患之。庸芮为魏子说太后曰:'以死者为有知乎?'太后曰:'无知也。'曰:'若太后之神灵明知死者之无知矣,何为空以生所爱葬于无知之死人哉?若死者有知,先王积怒之日久矣,太后救过不赡,何暇乃私魏丑夫乎?'太后曰:'善。'乃止。"

　　孔子葬母于防[1],既而雨甚至[2],防墓崩。孔子闻之,泫然流涕曰:"古者不修墓[3]。"遂不复修[4]。使死有知,必恚人不修也。孔子知之,宜辄修墓,以喜魂神;然而不修,圣人明审[5],晓其无知也。[6]

　　[1]防:指防山,在今山东曲阜东。　[2]不久下起了暴雨。甚:极大。　[3]古代不把墓堆得高起来。修墓:把墓堆高,做成坟头。　[4]孔子合葬父母的时候,虽知道"古者不修墓",但又说自己是"东西南北之人",不可以回家时找不着父母的墓,所以就把墓堆得高四尺,结果马上就被大雨冲塌了。孔子觉得是自己违反了古制,所以说了"古者不修墓"后,就不再重新堆高父母的墓了。其事参见《礼记·檀弓上》。　[5]明审:明白道理。[6]毅平按:王充发挥孔子的意思以迎合己说,然孔子的"泫然流涕"着实让人感动。

　　枯骨在野,时呻鸣有声[1],若夜闻哭声,谓之死人之音,非也。何以验之?生人所以言语吁呼者,气括口喉之中[2],动摇其舌,张歙其口[3],故能成言。譬犹吹箫笙,箫笙折破,气越不括[4],手无所弄[5],则不成音。夫箫笙之管,犹人之口喉也;手弄其孔,犹人之动舌也。人死,口喉腐败,舌不复动,何能成言?然而枯骨时呻鸣者,人骨自有能呻鸣者焉[6]。或以为秋气也[7],是与夜鬼哭无以异也。秋气为呻鸣之变[8],自有所为,依倚死骨之侧[9],人则谓之骨尚有知,呻鸣于野。草泽暴体以千万数[10],呻鸣之声,宜步属焉[11]。

　　[1]呻鸣:呼叫,原作"鸣呼",据刘盼遂说改。下文"呻鸣"二字多次连用。　[2]括:包含,闭塞。　[3]歙(xī):收,合。　[4]越:

散。　　[5] 弄：把玩，这里指按。　　[6] 人的骨头自有发出哀鸣的道理。
[7]“气”，原无，据吴承仕、孙人和、张宗祥说补。　　[8] 秋气形成哀鸣这
种怪异声音。　　[9] 这种声音紧挨着枯骨。依倚：依靠，依附。　　[10] 草
泽：泛指荒野。暴：同“曝”。露。　　[11] 应该每走一步都能听得到。属
(zhǔ)：连续。步属：这里指一步一声。毅平按：枯骨遍野，与鬼满为患同一
归谬法。

　　夫有能使不言者言，未有言者死能复使之言。言者死 [1]，不能
复使之言，犹物生以青为色 [2]，或予之也 [3]，物死青者去，或夺之
也。予之物青，夺之青去，去后不能复予之青，物亦不能复自青。
声色俱通 [4]，并禀于天，青青之色，犹枭枭之声也 [5]。死物之色不
能复青，独为死人之声能复自言 [6]，惑也。[7]

　　[1]“死”，原作“亦”，据张宗祥说改。　　[2] 物：指植物。生：指活的
时候。“色”，原作“气”，据刘盼遂说改。青是物之色，并非其气。下文“青
青之色”，“死物之色不能复青”，皆作“色”。　　[3] 或：有一种力量，这里
指自然。　　[4] 声音与颜色的道理是相通的。　　[5] 枭枭 (xiāo xiāo)：呼
喊的声音。　　[6] 为：认为。　　[7] 毅平按：以植物枯者不能复青，类推人
死后不能再言。

　　人之所以能言语者，以有气力也。气力之盛，以能饮食也。饮
食损减则气力衰，衰则声音嘶，困不能食，则口不能复言。夫死，
困之甚，何能复言？或曰：“死人歆肴食气 [1]，故能言。”夫死人之
精，生人之精也。使生人不饮食，而徒以口歆肴食之气，不过三日
则饿死矣。或曰：“死人之精，神于生人之精 [2]，故能歆气为音。”
夫生人之精在于身中，死则在于身外。死之与生何以殊？身中身外
何以异？取水实于大盎中 [3]，盎破水流地，地水能异于盎中之水
乎？地水不异于盎中之水，身外之精何故殊于身中之精？[4]

　　[1] 歆肴食气：享用饭菜的气味。歆 (xīn)：指鬼神享受供物。肴
(yáo)：肉类。食：饭类。　　[2] 比活人的精气更神灵。　　[3] 实：装满。

盎（àng）：古代一种腹大口小的器皿。　　[4]敫平按：不吃饭就没力气，光闻味道是不行的；没力气就说不出话，因此死人不会说话。

　　人死不为鬼，无知，不能语言，则不能害人矣。[1]何以验之？夫人之怒也用气，其害人用力，用力须筋骨而强，强则能害人。忿怒之人，呴呼于人之旁[2]，口气喘射人之面[3]，虽勇如贲、育[4]，气不害人。使舒手而击，举足而蹶[5]，则所击蹶无不破折[6]。夫死，骨朽筋力绝，手足不举，虽精气尚在，犹呴吁之时无嗣助也[7]，何以能害人也？凡人与物所以能害人者，手臂把刃[8]，爪牙坚利之故也。今人死，手臂朽败，不能复持刃，爪牙隳落[9]，不能复啮噬[10]，安能害人？儿之始生也，手足具成，手不能搏，足不能蹶者，气适凝成，未能坚强也。由此言之，精气不能坚强，审矣。气为形体，形体微弱，犹未能害人，况死，气去精神绝。微弱犹未能害人，寒骨谓能害人者邪[11]？死人之气不去邪[12]？何能害人？

　　[1]敫平按：以下皆论证人死不能害人。　　[2]呴（hǒu）：通"吼"。[3]喘射：喷射。　　[4]贲（bēn）、育：孟贲、夏育。孟贲是战国时的大力士，据说他水行不避蛟龙，陆行不避虎兕，发怒吐气，声响动天，与秦武王比试举鼎，秦武王折断膝盖骨而死。夏育是周代卫国的勇士，传说能力举千钧，生拔牛尾。　　[5]蹶（jué）：踢，踏。　　[6]破折：皮破骨折。　　[7]呴吁：同"呴呼"。嗣（sì）助：继之以手足。　　[8]把：拿。刃：锋利的器具。　　[9]隳（huī）：毁坏。　　[10]啮噬（niè shì）：咬。　　[11]寒骨：朽骨。　　[12]难道死人的气没有离开躯体吗？

　　鸡卵之未孚也[1]，澒溶于㲉中[2]，溃而视之[3]，若水之形。良雌伛伏[4]，体方就成。就成之后，能啄蹶之。夫人之死，犹澒溶之时[5]，澒溶之气安能害人？

　　[1]"孚"，原作"字"，据黄晖、蒋礼鸿说改。孚：孵化。　　[2]澒（hòng）溶：浑沌，自然未分之象。㲉（kòu）：蛋壳。　　[3]溃：打破。

［4］伛（yǔ）：通"煦"，暖。伛伏：指孵蛋。　　［5］犹如回到颍溶之时。

　　人之所以勇猛能害人者，以饮食也。饮食饱足则强壮勇猛，强壮勇猛则能害人矣。人病不能饮食，则身羸弱[1]，羸弱困甚，故至于死。病困之时，仇在其旁，不能咄叱[2]，人盗其物，不能禁夺，羸弱困劣之故也[3]。夫死，羸弱困劣之甚者也，何能害人？

　　［1］羸（léi）：瘦弱，虚弱，原作"嬴"，据吴承仕、张宗祥说改。下句"嬴"字同改。　　［2］咄（duó）叱：大声呵叱。　　［3］困劣：困乏无力。

　　有鸡犬之畜，为人所盗窃，虽怯无势之人，莫不忿怒，忿怒之极，至相贼灭。败乱之时，人相啖食者，使其神有知，宜能害人。身贵于鸡犬，已死重于见盗，忿怒于鸡犬，无怨于食己，不能害人之验也[1]。

　　［1］以上五句意谓：人的身体比鸡犬宝贵，自己被杀死比鸡犬被偷走更严重，然而（活着）可对鸡犬被偷表示愤怒，（死后）却连人家把自己吃掉也不怨恨，这就证明人死后是不能害人的。

　　蝉之未蜕也[1]，为复育[2]，已蜕也，去复育之体，更为蝉之形。使死人精神去形体若蝉之去复育乎？则夫为蝉者不能害为复育者。夫蝉不能害复育，死人之精神何能害生人之身？

　　［1］蜕（tuì）：脱去皮壳。　　［2］复育：蝉的幼虫。

　　梦者之义疑[1]。或言[2]："梦者，精神自止身中为吉凶之象[3]。"或言："精神行，与人物相更[4]。"令其审止身中[5]，死之精神亦将复然[6]；令其审行[7]，人梦杀伤人[8]，若为人所复杀，明日视彼之身，察己之体，无兵刃创伤之验。夫梦用精神，精神，死之精神也。梦之精神不能害人，死之精神安能为害？[9]

《论衡》选注

[1] 做梦的道理很难解释。义：道理。　　[2]"或"，原作"惑"，据吴承仕、张宗祥说改。　　[3] 以上二句意谓：所谓梦，是人的精神在自己身体内产生的吉或凶的虚像。止：停留。象：幻象。《周礼·春官·占梦》："以日、月、星、辰占六梦之吉凶。"或为《论衡》此语所本。　　[4] 以上二句意谓：（梦）是人的精神离开了自己的身体（梦游），与别人及物相接触而产生的。相更：相交，相遇。　　[5] 假设（做梦时）精神确实留在身体中。"令"，原作"今"，据吴承仕、孙人和、张宗祥说改。下句"今"字同改。　　[6] 那么死人的精神也应该停留在身体中（而不能害人）。　　[7] 假设（做梦时）精神确实离开了身体。　　[8]"梦杀伤人"，原重，据刘盼遂、《论衡注释》、张宗祥说删其一。　　[9] 毅平按：梦中不能害人，人死更不能害人。

火炽而釜沸，沸止而气歇，以火为主也。精神之怒也乃能害人，不怒不能害人。火猛灶中，釜涌气蒸；精怒胸中，力盛身热。今人之将死，身体清凉[1]，凉益清甚，遂以死亡。当死之时，精神不怒，身亡之后，犹汤之离釜也，安能害人？[2]

[1] 清：通"清"，寒。下句"清"字同此。　　[2] 毅平按：人死犹如釜底抽薪。

物与人通[1]，人有痴狂之病，如知其物然而理之[2]，病则愈矣。夫物未死，精神依倚形体，故能变化[3]，与人交通[4]；已死，形体坏烂，精神散亡，无所复依，不能变化。夫人之精神，犹物之精神也。物生，精神为病[5]；其死，精神消亡。人与物同，死而精神亦灭，安能为害祸？设谓人贵[6]，精神有异，成事，物能变化，人则不能，是反人精神不若物，物精神奇于人也[7]。

[1] 物：鬼魅，老物精。通：发生关系。物与人通：指老物精和人发生关系。王充认为老物精和人发生关系，就会使人得病，参见《论衡·订鬼篇》。　　[2] 如果知道是哪种老物精使他害这样的病而去治它。然：如此。理：治。　　[3] 变化：指老物精变成人形。　　[4] 与人发生关系。[5] 以上二句意谓：老物精产生了，其精神能使人害病。　　[6] 假设说人

196

（比老物精）高贵。　　[7] 以上四句意谓：老物精能够变化，人却不能，这样说来，人的精神反而不如老物精的精神，老物精的精神反比人的精神更神灵。最后一个"神"字原无，据孙人和说补。毅平按："物"奇于"人"，"物"死不能害人，"人"死更不能害人。

　　水火烧溺，凡能害人者，皆五行之物[1]。金伤人，木殴人[2]，土压人，水溺人，火烧人。使人死，精神为五行之物乎，害人[3]；不为乎，不能害人。不为物则为气矣。气之害人者，太阳之气为毒者也[4]。使人死[5]，其气为毒乎，害人；不为乎，不能害人。

　　[1] 五行之物：指金、木、水、火、土五种元素构成的东西。[2] "殴"，原作"毆"，据黄晖、张宗祥说改。　　[3] 以上三句意谓：如果人死后，人的精神变成"五行之物"的话，就会害人。　　[4] 太阳之气：极盛的阳气，王充认为它有毒，能害人。参见《论衡·言毒篇》《订鬼篇》。[5] 如果人死了。

　　夫论死不为鬼，无知，不能害人，则夫所见鬼者，非死人之精，其害人者，非其精所为，明矣。[1]

　　[1] 毅平按：总结全文，王充还是那个意思：鬼是有的，但不是死人变的。王充的进步和局限都体现在这里了。

◎ **研读**

　　从思想脉络来看，本篇先从理论上阐述了"人死不为鬼，无知，不能害人"的思想，并以各种类推来论证这一思想，然后以《死伪篇》对史书所载世上所传十四个"人死为鬼，有知，能害人"的事例逐一加以批驳，又以《纪妖篇》考订史书所载八种离奇古怪的迷信传说。考订评论具体事例以后，王充又作《订鬼篇》，从理论上对世上所传各类鬼说进行评论，同时系统地阐述了《死伪篇》《纪妖篇》中关于鬼神的观点。从结构来看，这四篇文章有纲领，有例证，有总结，很有体系，而本篇正为其中的纲领。

正如本篇所说："世谓人死为鬼，有知，能害人。"这是一种活人与死人可以神秘互渗的观念，这种观念使古代社会形成了厚享与厚葬死人的习俗。这种习俗在中国的确源远流长，直到今天也还随处可见。除了人死为鬼以外，在中国还存在着人死为仙、得道或尸解等各种传说，这也同样反映了古代中国人认为生死可以互渗的观念，也促成了神仙道教的广泛传播。本篇以及其他相关各篇，既为这种习俗留下了宝贵的资料，又在王充的批判中，体现了理性精神的进步。

本篇从结构上来说，先提出"人死不为鬼，无知，不能害人"的总纲，然后以各种例子，分别论述"人死不为鬼""人死无知""人死不能害人"这三层意思。其中如以"计今人之数，不若死者多。如人死辄为鬼，则道路之上，一步一鬼也；人且死见鬼，宜见数百千万，满堂盈廷，填塞巷路，不宜徒见一两人也"来否定人死为鬼，以"妒夫媚妻，同室而处，淫乱失行，忿怒斗讼。夫死妻更嫁，妻死夫更娶，以有知验之，宜大忿怒；今夫妻死者寂寞无声，更嫁娶者平忽无祸，无知之验也"来否定人死有知，以"有鸡犬之畜，为人所盗窃，虽怯无势之人，莫不忿怒，忿怒之极，至相贼灭。败乱之时，人相啖食者，使其神有知，宜能害人。身贵于鸡犬，已死重于见盗，忿怒于鸡犬，无怒于食己，不能害人之验也"来否定人死能害人，都是很精彩的例子。

王充写作本篇及其他相关文章，其目的虽是为了通过否定人死为鬼，来反对厚葬，提倡薄葬，但其实际意义却远大于此。这是因为，他认为"神"不能离开"形"而独立存在，所以事实上也就否定了灵魂不灭论。后来到了南北朝时期，进步的思想家们更将其发扬光大，以此来反对佛教的因果报应论。

　　当然，王充一边不相信人死为鬼，一边又相信鬼的存在，这也显示了其理性精神的局限："夫论死不为鬼，无知，不能害人，则夫所见鬼者，非死人之精，其害人者，非其精所为，明矣。"后来南朝的范缜等人，也继承了王充这一思想，一边不相信人死为鬼，一边又相信鬼的存在。

书解篇

◎ 解题

◎ 解题

本篇是关于当时受到冷遇的诸子书的论述，与论述五经篇数、时代、书名、流传、内容、史实、训诂等问题的《正说篇》，论述此外一些重要著作的《案书篇》，构成了关于"书"或文献的姐妹篇。

或曰：士之论高，何必以文[1]？

[1] 以：凭借。文：这里指文采。

答曰[1]：夫人有文质乃成[2]。物有华而不实，未有实而不华者[3]。《易》曰："圣人之情见乎辞。"[4] 出口为言，集札为文[5]，文辞施设[6]，实情敷列[7]。夫文德，世服也[8]。空书为文[9]，实行为德，著之于衣为服。故曰：德弥盛者文弥缛，德弥彰者文弥明[10]。大人德扩[11]，其文炳[12]；小人德炽[13]，其文斑[14]。官尊而文繁，德高而文积[15]。华而睆者[16]，大夫之箦[17]，曾子寝疾[18]，命元起易[19]。由此言之，衣服以品贤[20]，贤以文为差。愚杰不别，须文以立折[21]。非唯于人，物亦咸然。龙鳞有文，于蛇为神；凤羽五色，于鸟为君；虎猛，毛蚡蜦[22]；龟知[23]，背负文。四者体不质，于物为圣贤。[24] 且夫山无林，则为土山；地无毛，则为泻土[25]；人无文，则为仆人[26]。土山无麇鹿，泻土无五谷，人无文德，不为圣贤。上天多文而后土多理[27]，二气协和[28]，圣贤

200

禀受，法象本类[29]，故多文彩。瑞应符命[30]，莫非文者。晋唐叔虞[31]，鲁成季友[32]，惠公夫人号曰仲子[33]，生而怪奇，文在其手[34]。张良当贵，出与神会，老父授书[35]，卒封留侯[36]。河神，故出图；洛灵，故出书。竹帛所记怪奇之物，不出潢污[37]。物以文为表，人以文为基。棘子成欲弥文[38]，子贡讥之[39]。谓文不足奇者，子成之徒也。[40]

[1]答曰：这是王充的回答。以下"答曰"均同。　　[2]人要具备文，才能成就质。质：本质，原初形态。　　[3]"未"，原无，据杨宝忠说补。[4]引文见《周易·系辞下》。　　[5]札：古代书写用的竹简、木简，原作"扎"，据黄晖说改。《论衡注释》、杨宝忠说"扎"同"札"。　　[6]施设：陈列。　　[7]敷列：陈列，罗列。"列"，原作"烈"，据裘锡圭说改。　　[8]以上二句意谓：文德是彰身之服。文德：体现德行的文采，即礼仪规定的文饰，主要表现在衣服上。世：身。　　[9]只见诸文字叫"文"。　　[10]"文"，原作"人"，据黄晖说改。　　[11]大人：指官大位尊之人。扩：充，盈。　　[12]炳：鲜明。　　[13]小人：对"大人"而言，指比大人地位低的君子。参见《论衡·佚文篇》引《周易·革卦》象辞："大人虎变其文炳，君子豹变其文蔚。"炽：盛。王充引用这两句话的意思是，大人和君子的德行有差别，他们按礼仪规定所享用的文饰也就有差别。参见《论衡·佚文篇》。　　[14]斑：华丽。　　[15]积：厚，盛。　　[16]睆（huǎn）：光滑，漂亮。　　[17]箦（zé）：竹席。　　[18]曾子：即曾参。寝疾：病重卧床不起。　　[19]元：曾元，曾参的儿子。易：更换。命元起易：据《礼记·檀弓上》记载，曾参临死还躺在季孙氏赏给他的席子上，一个伺候他的童子反复说，那是大夫用的竹席吧，曾参认为自己不是大夫，赶忙叫儿子曾元换掉席子。刚换了席子还没有躺稳，曾参就咽气了。　　[20]品：区分。　　[21]立折：判断，断定。　　[22]蚡蕴：同"纷纶"，毛色花纹丰富的样子。　　[23]龟知：古人用龟甲占卜吉凶，因此就认为龟有智，能先知。　　[24]毂平按："圣贤"之词用于动物，王充很有想象力。　　[25]泻（瀉）：通"潟（xì）"。泻土：不生草木的盐碱地。　　[26]仆：通"朴"，质实无文。仆人：无文之人。　　[27]文：即天文，指日月星辰等。后土：大地。理：纹理，指山川陵谷等。《意林》引《论衡》佚文："天有日月辰星谓之文，地有山川陵谷谓之理。"　　[28]二气：指阴阳二气。　　[29]法象：仿

效。本类：指天地。 [30] 符命：指预示帝王受命于天的吉兆。 [31] 晋唐叔虞：周武王的儿子，名虞，封于唐，后因唐改为晋，所以称晋唐叔虞。据《左传》昭公元年记载，他生下来，手上有"虞"字。参见本书《自然篇》注。 [32] 鲁成季友：春秋时鲁桓公的小儿子，名友，字成季。据《左传》昭公三十二年记载，他生下来，手上有"友"字。参见本书《自然篇》注。 [33] 惠公：鲁惠公，春秋时鲁国君主。仲子：宋仲子，春秋时宋武公的女儿。 [34] 据《左传》隐公元年记载，宋仲子生下来，手上有"为鲁夫人"字样，后来果然嫁给了鲁惠公，生鲁桓公。参见本书《自然篇》注。 [35] 参见本书《自然篇》注，又参见《史记·留侯世家》《论衡·纪妖篇》。 [36] 留侯：张良的封爵。"留"是他的封地，在今江苏沛县东南。 [37] 洿：同"污"。潢洿：小水坑。 [38] 棘子成：卫国大夫。弥：通"弭（mǐ）"，止，取消。文：指礼节仪式。 [39] 棘子成认为君子只要有好的本质就行了，不需要礼仪之类的形式。子贡讥讽他说，如果把毛去掉，虎豹皮和犬羊皮就没法区别了。其事参见《论语·颜渊》。 [40] 彀平按：章炳麟《国故论衡》中卷《文学总略》："文德之论，发诸王充《论衡》。"王充的"文德"之论，强调"文"对于"德"的重要性。以上"书解"一解。

著作者为文儒[1]，说经者为世儒[2]。二儒在世，未知何者为优。或曰：文儒不若世儒。世儒说圣人之经，解贤者之传，义理广博，无不实见，故常在官位[3]，位最尊者为博士[4]，门徒聚众，招会千里[5]，身虽死亡，学传于后；文儒为华淫之说，于世无补，故无常官，弟子门徒，不见一人，身死之后，莫有绍传。此其所以不如世儒者也。[6]

[1] 文儒：指学识渊博、能撰文著书的儒生。 [2] 世儒：指治今文经学的儒生。 [3] 有固定的官职可做。"常在官位"，原作"在官常位"，据裴锡圭说乙。 [4] 博士：指汉武帝时开始设立的教授儒家经书的五经博士。 [5] 招引和会集了千里之外的人。 [6] 章炳麟《国故论衡》下卷《原儒》："所谓文儒者，九流六艺太史之属；所谓世儒者，即今文家。以此为别，似可就部。然世儒之称，又非可加诸刘歆、许慎也。"

答曰：不然。夫世儒说经意，文儒说圣情[1]，共起并验[2]，俱追圣人，事殊而务同，言异而义钧，何以谓之文儒之说无补于世？世儒业易为，故世人学之多；其事可析第[3]，故官廷设其位。文儒之业，卓绝不循，人寡其书，业虽不讲，门虽无人，书文奇伟，世人亦传。彼虚说[4]，此实篇[5]，折累二者[6]，孰者为贤？案古俊义著作辞说，自用其业，自明于世；世儒当时虽尊，不遭文儒之书[7]，其迹不传。周公制礼乐[8]，名垂而不灭；孔子作《春秋》，闻传而不绝。周公、孔子，难以论言[9]。汉世文章之徒，陆贾[10]、司马迁、刘子政[11]、杨子云，其材能若奇，其称不由人。世传《诗》家鲁申公[12]，《书》家千乘欧阳、公孙[13]，不遭太史公[14]，世人不闻。夫以业自显，孰与须人乃显[15]？夫能纪百人，孰与廑能显其名[16]？

[1]"经意，文儒说"，原无，据杨宝忠说补。今本脱此五字，则"世儒"失所比较。　　[2]出于同一个动机，同样有效验。　　[3]"其"原作"非"，据裘锡圭说改。析第：区分等级高低。　　[4]彼：指世儒。虚说：无稽之言。　　[5]此：指文儒。实篇：内容实在之文。　　[6]折：判断。累：重叠，比较。折累：判断衡量。　　[7]不被文儒写到书里去。书：写进书里。　　[8]周公制礼乐：《礼记·明堂位》："武王崩，成王幼弱，周公践天子之位，以治天下。六年，朝诸侯于明堂，制礼作乐，颁度量，而天下大服。七年，致政于成王。"　　[9]以上二句意谓：周公、孔子（是少有的圣人），很难以他们为例来论证文儒的优越。　　[10]陆贾：战国末期楚国人，从汉高祖定天下，是汉高祖的重要谋臣，常被派往各诸侯为说客，擅政论、辞赋，著有《新语》。　　[11]刘子政（前77—前6）：刘向，名更生，字子政，汉皇族楚元王（刘交）四世孙，西汉著名的经学家、目录学家、文学家，曾校阅群书，撰成《别录》，是我国目录学之祖；撰有《洪范五行传》《新序》《说苑》《列女传》等；所作《九叹》《五经通义》，大都已散失。　　[12]《诗》：《诗经》。申公：申培，又称申培公，鲁（今山东曲阜一带）人，汉文帝时立为博士，他注释的《诗》被称为《鲁诗》。　　[13]《书》：《尚书》。千乘（shèng）：郡名，在今山东北部。欧阳：欧阳生，西汉千乘郡人，字和伯，以精通《尚书》闻名。公孙：可能是指公孙弘，然据史籍记载，公孙弘以精通《春秋公羊传》著

名，而不是《尚书》，故孙人和、张宗祥皆说"公孙"上当有脱文。　[14]司马迁在《史记·儒林列传》中记载了申公、欧阳生、公孙弘等人的事迹。[15]以上二句意谓：凭自己的学业出名的人，相比依赖别人才出名的人，哪个更好呢？　[16]以上二句意谓：能够记载一百个人事迹的人，相比仅仅能使自己出名的人，哪个更高明呢？廑（jǐn）：通"仅"（僅）。毅平按：王充自居于"文儒"，故扬"文儒"而贬"世儒"。以上"书解"二解。

　　或曰：著作者思虑闲也[1]，未必材知出异人也。居不幽，思不至。使著作之人，总众事之凡，典国境之职，汲汲忙忙，何暇著作[2]？试使庸人积闲暇之思，亦能成篇八十数[3]。文王日昃不暇食[4]，周公一沐三握发[5]，何暇优游为丽美之文于笔札？孔子作《春秋》，不用于周也；司马长卿不预公卿之事[6]，故能作《子虚之赋》[7]；杨子云任中郎之官[8]，故能成《太玄》[9]，就《法言》。使孔子得王，《春秋》不作；长卿、子云为相，《赋》《玄》不工[10]。

　　[1]"闲"，原作"间（xián）"，据黄晖说改。下文"间"字同改。"间""闲"义同，《论衡》混用，本不必改，改之以方便今天的读者。　[2]"何"，原作"或"，据孙人和、张宗祥说改。然马宗霍说"或"有"何"义，不必改字。　[3]成篇八十数：写成八十多篇文章。毅平按：这里暗指《论衡》，也是《论衡》原本八十五篇的最重要证据。　[4]日昃不暇食：传说周文王因为忙于处理国家大事，太阳偏西了还没有工夫吃饭。其事参见《尚书·无逸》。　[5]一沐三握发：传说周公礼贤下士，忙于接待，洗一次头都要中断三回。其事参见《史记·鲁周公世家》。　[6]司马长卿：司马相如，西汉辞赋家，代表作有《子虚赋》等。预：参预。公卿：三公九卿，泛指高级官吏。　[7]《子虚之赋》：即《子虚赋》，司马相如的代表作之一，全文保存于《史记》《汉书》本传中，《文选》所收，前半题为《子虚赋》，后半题为《上林赋》。　[8]"任"，原作"存"，据张宗祥说改。中郎：皇帝的侍从官，比较清闲。　[9]"太玄"下原有"经"字，据杨宝忠说删。　[10]《赋》：即上文说的《子虚之赋》。《玄》：即上文说的《太玄》。"工"下原有"籍"字，据黄晖、杨宝忠、张宗祥说删。蒋礼鸿说"工籍"当作"著"。

答曰：文王日昃不暇食，此谓演《易》而益卦[1]。周公一沐三握发，为周改法而制[2]。周道不弊[3]，孔子不作[4]，非思虑闲也[5]，周法阔疏，不可因也。夫禀天地之文，发于胸臆，岂为闲作于暇日哉[6]？感伪起妄[7]，源流气烝[8]。管仲相桓公，致于九合[9]；商鞅相孝公，为秦开帝业。然而二子之书[10]，篇章数十。长卿、子云，二子之伦也。俱感，故才并；才同，故业钧。皆士而各著[11]，不以思虑闲也。事弥多而见弥博[12]，官弥剧而识弥渥[13]。居不幽则思不至，思不至则笔不利。嚚顽之人，有幽室之思，虽无忧，不能著一字。盖人材有能，无有不暇。有无材而不能思，无有知而不能著。有鸿材欲作而无起，无细知以闲而能记[14]。盖奇有无所因，无有不能言；有无所睹，无不暇造作[15]。

[1]谓：通"为"。演：推演。益：增加。益卦：传说周文王曾把伏羲制作的八卦两两相配而成六十四卦。王充说周文王因演《易》而不暇食，未知所据，是另一种说法。　[2]《韩诗外传》卷三第三十一章、《史记·鲁周公世家》、《说苑·敬慎》等记载周公一沐三握发，一饭三吐哺，都说是为了礼贤天下士，王充却说是为了替周朝改定法度，制作礼乐，是另一种说法，未知所据。　[3]周道：指周代的礼仪制度。　[4]作：著书，指撰写《春秋》。　[5]"非"，原作"休"，据黄晖说改。　[6]哪里是因为闲着没事干而写作于空闲的日子呢？"于"，原作"不"，据黄晖说改。　[7]痛感于虚妄。起：感触。　[8]就像水源必然外流、蒸汽必然上升一样（非写不可）。烝：同"蒸"。　[9]九：形容次数多。九合：指多次召集诸侯开会结盟。[10]二子之书：指《管子》《商君书》。其实二书都是后人所编，并非本人所撰。　[11]士：通"仕"，做官。　[12]"事"上原有"问"字，据杨宝忠说删。　[13]"渥"，原作"泥"，据张宗祥说改。　[14]以上二句意谓：有才智很高想写作而缺少感触的人，没有才智很低却因有闲而能记录成文的人。细知：小才。第二个"无"字原无，"闲"，原作"问"，据黄晖说补、改。　[15]以上二句意谓：只有观察不到无从下笔的，没有缺少时间写作的。"有"上原有"两"字，据黄晖说删。毅平按："没有时间"永远不是理由。以上"书解"三解。

或曰：凡作者精思已极，居位不能领职。盖人思有所倚着[1]，则精有所尽索[2]。著作之人，书言通奇[3]，其材已极，其知已罢[4]。案古作书者，多位布散槃解[5]，辅倾宁危，非著作之人所能为也。夫有所偪[6]，有所泥[7]，则有所自[8]，篇章数百。吕不韦作《春秋》，举家徙蜀[9]；淮南王作道书，祸至灭族[10]；韩非著治术，身下秦狱[11]。身且不全，安能辅国？夫有长于彼，安能不短于此？深于作文，安能不浅于政治？[12]

[1]倚着：偏重。　　[2]精：精力。尽索：竭尽。　　[3]通奇：通达奇特。　　[4]罢（pí）：通"疲"，疲惫不堪，消耗殆尽。　　[5]大多数都处在闲散无事的地位。布散：闲散。槃：通"般""盘"，盘桓，快乐。解（xiè）：通"懈"，松懈，无所事事。　　[6]偪：同"逼"，催逼，推动。　　[7]泥：坚持。　　[8]就会有所开始。　　[9]吕不韦（？—前235）：卫国人，战国末期曾任秦相，以图谋叛乱罪，被秦王政撤职罢官，贬居洛阳，后畏罪自杀。《春秋》：指《吕氏春秋》，亦称《吕览》，是吕不韦召集门客编撰的，为杂家代表作。徙：迁徙，这里指流放。其事参见《史记·吕不韦列传》。[10]淮南王：刘安（前179—前122），汉高祖之孙，袭父封为淮南王，好读书鼓琴，善为文辞，才思敏捷，曾招致宾客方术之士数千人，集体编撰《鸿烈》（后称《淮南鸿烈》，也称《淮南子》）。道书：指《淮南子》，为杂家代表作，《汉书·艺文志》著录内二十一篇，外三十三篇，内篇论道，外篇杂说，现仅存内二十一篇。灭族：古刑之一。《尚书·泰誓上》："罪人以族。"伪孔传："一人有罪，刑及父母兄弟妻子。"刘安后以谋反事发自杀。其事参见《史记·淮南衡山列传》。　　[11]韩非（约前280—前233）：战国末期韩国贵族，与李斯同学于荀卿，法家的代表人物，曾建议韩王变法图强，不受重用，著《孤愤》《五蠹》《内外储》《说林》《说难》等十余万言，著有《韩非子》二十卷。治术：治理国家的政治主张，这里指《韩非子》。身下秦狱：韩非的文章传到秦国，受到秦王的重视，便猛攻韩国，韩王派韩非使秦，秦王想要用他，然遭李斯、姚贾陷害，韩非自杀于秦狱中。其事参见《史记·老子韩非列传》。　　[12]毅平按：世人所说写作与遇祸的因果关系，与司马迁《报任安书》所说的正相反。

答曰：人有所优，固有所劣；人有所工，固有所拙。非劣也，志意不为也；非拙也，精诚不加也。志有所存，顾不见泰山；思有所至，有身不暇徇[1]。世称干将之利[2]，刺则不能击，击则不能刺，非刃不利，不能一且二也[3]。羿弹雀则失鹢[4]，射鹊则失雁；方员画不俱成[5]，左右视不并见。人材有两为，不能成一。使干将置刺而更击[6]，羿舍鹊而射雁，则下射无失矣[7]。人委其篇章，专为政治[8]，则子产、子贱之迹不足侔也[9]。古作书者，多立功不用也？管仲、晏婴[10]，功书并作；商鞅、虞卿[11]，篇治俱为。高祖既得天下，马上之计未改[12]，陆贾造《新语》，高祖粗纳采[13]。吕氏横逆，刘氏将倾，非陆贾之策，帝室不宁[14]。盖材知无不能，在所遭遇，遇乱则以其知立功[15]，有起则以其材著书者也。出口为言，著文为篇。古以言为功者多，以文为败者希。吕不韦、淮南王以他为过[16]，不以书有非；使客作书，不身自为，如不作书，犹蒙此章章之祸[17]。蒙祸之人古今连属[18]，未必皆著作材知极也。邹阳举疏，免罪于梁[19]；徐乐上书[20]，身拜郎中。材能以其文为功于人，何嫌不能营卫其身[21]？韩蚤信公子非[22]，国不倾危。及非之死，李斯妒奇[23]，非以著作材极，不能复有为也。春物之伤，或死之也[24]，残物不伤，秋亦大长[25]；假令非不死，秦未可知[26]。故才人能令其行可尊，不能使人必法己；能令其言可行，不能使人必采取之矣。[27]

　　[1]有身：黄晖疑"有"字衍，刘盼遂、张宗祥疑二字误倒，马宗霍疑当作"则身"，意思相同。　[2]"世"，原作"也"，据黄晖、杨宝忠说改。干将：传说中的古代名剑。　[3]不能一物两用，同时派两种用途。"且"，原作"旦"，据黄晖说改。　[4]"羿"，原作"蚿"，据孙诒让说改。下文"羿"字同改。羿以善射著称。"鹢"，原作"鹩"，据孙诒让说改。　[5]方和圆不能一笔同时画成。员：通"圆"。　[6]置刺：舍刺。"置"，原作"寡"，据杨宝忠说改。　[7]就一定能砍下来，一定能射中，而不会失误了。下射：砍下，射下。　[8]"政"，原作"攻"，据吴则虞、黄晖、刘盼遂、张宗祥说改。"政治"本连文，此正承上文而言。　[9]那么子产和子贱的事迹就不值得一比了。子产（？—前522）：公孙侨，字子产，一字子美，春秋时郑国大

夫，锐意改革，使郑有了新气象。子贱：虙（fú）（一作"宓"）不齐，字子贱，孔子弟子，小孔子三十岁（一说小四十九岁），有政治才能，孔子称他为君子。　[10]晏婴：春秋时齐国大夫，传说他著《晏子春秋》，其实是后人收集他的言行编成的。　[11]虞卿：战国时人，曾游说赵孝成王联齐、魏抗秦，被采用，拜上卿，由于食邑在"虞"，故称为"虞卿"，著有《虞氏春秋》，已佚。　[12]马上之计：指使用武力的主张。"改"，原作"败"，据张宗祥说改。　[13]《史记·郦生陆贾列传》："陆生时时前说称《诗》《书》，高帝骂之曰：'乃公居马上而得之，安事《诗》《书》！'陆生曰：'居马上得之，宁可以马上治之乎？……'高帝不怿而有惭色，乃谓陆生曰：'试为我著秦所以失天下，吾所以得之者何，及古成败之国。'陆生乃粗述存亡之征，凡著十二篇。每奏一篇，高帝未尝不称善，左右呼万岁，号其书曰《新语》。"[14]汉高祖刘邦死后，吕后、吕产、吕禄等人图谋篡权，陆贾与丞相陈平、太尉周勃等多方计议，终于消灭诸吕，兴复汉室。其事参见《史记·郦生陆贾列传》。　[15]"以其"，原无，据蒋礼鸿说补。　[16]吕不韦、淮南王由于别的事情犯罪。　[17]以上二句意谓：即使不著书，也还是要蒙受这种大灾祸的。章章：显著。　[18]"蒙祸之"，原无，据张宗祥说补。"连"，原作"违"，据黄晖、刘盼遂说改。连属（zhǔ）：接连不断。　[19]据《史记·鲁仲连邹阳列传》记载，由于羊胜等人的陷害，邹阳曾被梁孝王逮捕下狱，后邹阳从狱中上书表白，得到释放，成为上客。邹阳：西汉人。举疏：上疏，上书。梁：指梁孝王刘武。　[20]徐乐：西汉人，因上书汉武帝阐明自己的主张，官拜郎中。　[21]何嫌：何疑，不容怀疑。营卫：保护。　[22]韩：指战国末期韩国君主韩王安。蚤：通"早"。公子非：指韩非，因他出身韩国贵族，故称"公子非"。　[23]以上二句意谓：至于韩非之死，乃是由于李斯妒贤嫉能。"妒"，原作"如"，据《论衡注释》说改。　[24]有的因此死了。　[25]以上二句意谓：有些被摧残过的植物，如果不再受伤害，到秋天也会长大成熟。　[26]以上二句意谓：如果韩非不死，秦朝的前途就很难说了（也许不会那么快就灭亡）。　[27]毅平按：遇祸并非由于写作，而是由于其他原因。以上"书解"四解。

　　或曰：古今作书者非一，各穿凿失经之实[1]，传违圣人质[2]，故谓之蕞残，比之玉屑。故曰："蕞残满车，不成为道；玉屑满箧，不成为宝。"前人近圣，犹为蕞残，况远圣从后复重为者乎[3]？其作必为妄，其言必不明，安可采用而施行？[4]

[1]"失"，原作"夫"，据黄晖、刘盼遂、张宗祥说改。　[2]传：通"转"。质：实。　[3]何况远离圣人、随前人之后、又重新来写书的人呢？　[4]《盐铁论·相刺》："故玉屑满箧，不为有宝；诗书负笈，不为有道。"

答曰：圣人作其经，贤者造其传。[1]述作者之意，采圣人之志，故经须传也。俱贤所为，何以独谓经传是，他书记非？彼见经传传经之文[2]，经须而解，故谓之是；他书与经相违[3]，更造端绪，故谓之非。若此者，韪是于五经，使言非五经，虽是，不见听。使五经从孔门出，到今常令人不缺灭[4]，谓之纯壹，信之可也；今五经遭亡秦之奢侈[5]，触李斯之横议[6]，燔烧禁防，伏生之徒[7]，抱经深藏，汉兴，收五经，经书缺灭而不明，篇章弃散而不具。晁错之辈[8]，各以私意，分拆文字[9]，师徒相因相授，不知何者为是，亡秦无道，败乱之也。秦虽无道，不燔诸子。诸子尺书[10]，文篇具在，可观读以正说，可采掇以示后人。后人复作，犹前人之造也。夫俱鸿而知[11]，皆传记所称[12]，文义与经相薄[13]，何以独谓文书失经之实？由此言之，经缺而不完，书无佚本[14]，经有遗篇，折累二者，孰为蕞残[15]？《易》据事象[16]，《诗》采民以为篇[17]，《乐》须民欢[18]，《礼》待民平[19]，四经有据，篇章乃成。《尚书》《春秋》，采掇史记[20]。史记与书无异[21]，以民、事一意[22]。六经之作皆有据。由此言之，书亦为本，经亦为末[23]；末失事实，本得道质。折累二者，孰为玉屑？知屋漏者在宇下，知政失者在草野，知经误者在诸子。[24]诸子尺书，文明实是[25]。说章句者，终不求解扣明[26]，师师相传，仍为章句者[27]，非通览之人也。[28]

[1]《释名·释典艺》："传，传也，以传示后人也。"《博物志·文籍考》："圣人制作曰经，贤者著述曰传。"　[2]经传（zhuàn）传（chuán）经之文：经之传是传述经之文的。　[3]"经"，原作"书"，据马宗霍、杨宝忠说

改。　　[4]"常"字或为"尚"字形误，"令人"二字或为"今"字讹衍。"到今尚不缺灭"，意谓未遭秦火焚烧。　　[5]奢侈：浪费，糟蹋。　　[6]横议：蛮横地议论，指李斯主张焚烧儒家经书，不准保存流传。　　[7]伏生：伏胜，精通《尚书》，秦时做过博士。"徒"，原作"休"，据孙诒让说改。　　[8]晁错：汉初政治家，汉文帝时，曾奉命跟伏生学经书，由伏生口授《尚书》。[9]分拆文字：指进行支离破碎、牵强附会的解释。　　[10]尺书：指儒家经书以外的一般书籍，这里主要是指诸子之书。经书写在二尺四寸长的竹简上，其他书写在一尺二寸长的竹简上，故称作"尺籍"或"短书"。　　[11]都一样博学而有智慧。俱：指解释经书的人和诸子百家两方面。鸿：通"洪"，大，指博学。　　[12]传记：即诗文所说的传，解释经书的著作。称：称道。[13]薄：接近。相薄：不相上下。　　[14]诸子百家的书没有散失不全的。　　[15]以上二句意谓：衡量经、子二者，到底谁是蕞残？"孰为"，原作"孰与"，据裘锡圭说改。下文"折累二者，孰为玉屑"句式同。　　[16]《易》根据事物的表象写成。　　[17]《诗》是采自民间的。　　[18]《乐》的成书有赖于百姓的欢欣鼓舞。《乐》：儒家经书之一，已佚。须：待。"民"，原作"不"，据吴承仕、孙人和、张宗祥、马宗霍说改。　　[19]《礼》的成文全靠百姓安居乐业（讲究礼节）。　　[20]史记：指古代史官的记载。　　[21]史记和诸子百家的书没有区别。"与书无异"，原作"兴无异书"，据黄晖说改。　　[22]与有赖于百姓和事象的经书的写成同一道理。以：与。一：同。　　[23]史记虽不是"经"，但为《尚书》《春秋》二经所本，所以说"书亦为本，经亦为末"。　　[24]毅平按："知屋漏者在宇下"以下三句，前二句为第三句打比方，但一为生活常识，一为政治常识，也很有意味，其价值反超第三句。　　[25]文义明白，事实正确。　　[26]始终不想求得彻底理解，弄个一清二楚。扣：同"叩"，考，问。一作"何"，义同。　　[27]"仍"，原作"初"，据刘盼遂说改。既言"师师相传"，不得云"初为章句"。　　[28]毅平按：王充认为诸子的价值有过于五经处。以上"书解"五解。

◎ **研读**

针对人们"士之论高，何必以文"的疑问，王充反复强调了文对于人的重要性。王充认为，文是人的内在本质的表现，又是人的学问才华的标志，人的内在品质不同，文也就不同；人的贤愚可以用文为标准来加以划分和区别，有文之人是优秀的，无文之人是不优秀的，而圣人则是文之最优者；不仅人类是这样，天地万物也莫不如此。总而言之，王充认为"物以文为表，人以文为基"，高度肯定了文对于人的重要性。

在表彰肯定有文之人的同时，本篇中，王充又对当时社会上流行的两种否定有文之人的看法提出了批评。一种流行看法认为："著作者思虑闲也，未必材知出异人也。"王充反驳说，著作之人不是因为思虑闲，而是因为有才能，思虑闲不过是辅助因素而已；没有才能的人，"有幽室之思，虽无忧，不能著一字"。所以，"盖人材有能，无有不暇。有无材而不能思，无有知而不能著"。另一种流行看法认为，著作之人才竭于作书，而没有能力从政。王充则认为："材知无不能，在所遭遇，遇乱则以其知立功，有起则以其材著书者也。"并以陆贾败诸吕及作《新语》为例，说明立功与立言可以并行不悖。王充批评这两种否定有文之人的流行看法，旨在维护著作之人（当然也包括他自己）的地位。

在王充的时代，经典具有至高无上的地位，学习和传授经典的人为数众多，故一般人都认为说经之"世儒"高于写作之"文儒"。王充则不同意世人的这种看法，他先公平地指出"文儒"与"世儒"均有补于世，接着又强调"文儒"比"世儒"更高。这首先是因为"世儒"之事迹有待"文儒"之记载才能流传，而"文儒"之事迹则只靠自己之书便能流传；其次也是因为"世儒"比"文儒"易为，"世儒"之文是"虚说"，而"文儒"之文是"实篇"，故"折累二者，孰者为贤"的答案，自不难作出了。

在王充的时代，一般的流行看法是重经艺而轻诸子，但王充的看法却与此不同。他认为诸子有补于经传，经传有赖于诸子，世人的见解，乃是只以五经之是非为是非的表现，其实经传的情况却并不太妙。在这样的情况下，同为古代著作的诸子便值得重视了，而且，诸子因其完整而价值更应在经传之上。何况从成书时间先后来说，经传与诸子本末正好相反。总之，王充认为诸子的作用是异常重要的，因而对忽视诸子的说经世儒的抱残守缺提出了批评。"六经之作皆有据。由此言之，书亦为本，经亦为末；末失事实，本得道质。折累二者，孰为玉屑？知屋漏者在宇下，知政失者在草野，知经误者在诸子。诸子尺书，文明实是。"王充高度肯定诸子书的价值，而相对贬低经书的价值，倒置本末，破石惊天，说出了当时一般写作者不敢说的真话。

案书篇

◎**解题**

《正说篇》《书解篇》及本篇是关于"书"或文献的姐妹篇。《正说篇》是关于五经的篇数、时代、书名、流传、内容、史实、训诂等问题的论述，《书解篇》是关于当时受到冷遇的诸子书的论述，本篇则是关于此外一些重要著作的论述。

儒家之宗，孔子也。墨家之祖，墨翟也。且案儒道传而墨法废者[1]，儒之道义可为，而墨之法议难从也[2]。何以验之？墨家薄葬右鬼[3]，道相乖反违其实[4]，宜以难从也。乖违如何？使鬼非死人之精也，右之未可知；今墨家谓鬼审死人之精也[5]，厚其精而薄其尸，此于其神厚而于其体薄也。薄厚不相胜，华实不相副，则怒而降祸，虽右其鬼[6]，终以死恨[7]。人情欲厚恶薄，神心犹然。[8]用墨子之法，事鬼求福，福罕至而祸常来也。[9]以一况百，而墨家为法，皆若此类也，废而不传，盖有以也。[10]

[1]且来考察一下为什么儒家之道流传而墨家之法废弃不用。且：连词。案：考察。 [2]议：通"义"。 [3]右：尊崇，信奉，古代以右为尊。 [4]主张自相矛盾，违背实际情况。"相乖"，原作"乖相"，据杨宝忠说乙。乖反：矛盾，背离。 [5]审：确实。"审"下原无"死"字，据孙人和、张宗祥说补。上文有"使鬼非死人之精"，与此相应。 [6]"右"，原作"有"，据黄晖说改。《论衡·薄葬篇》："虽右鬼，其何益哉？"语意与此同。[7]终会因薄待尸体而招致怨恨。死：尸体。 [8]毅平按：神心就是人心，

这是宗教的本质。　[9] 毅平按:《论衡・薄葬篇》云:"墨家之议,自违其术。"墨子薄葬右鬼,果然自相矛盾,难免求福得祸,被王充抓住了漏洞。[10] 毅平按:此段论墨家衰微的原因。

　　《春秋左氏传》者[1],盖出孔子壁中。孝武皇帝时[2],鲁共王坏孔子教授堂以为宫[3],得佚《春秋》三十篇,《左氏传》也。公羊高、穀梁寘、胡母氏皆传《春秋》[4],各门异户,独《左氏传》为近得实。何以验之?《礼记》造于孔子之堂[5],太史公,汉之通人也,左氏之言与二书合[6],公羊高、穀梁寘、胡母氏不相合[7]。又诸家去孔子远,远不如近,闻不如见[8]。刘子政玩弄《左氏》[9],童仆妻子皆呻吟之[10]。光武皇帝之时,陈元、范升上书连属[11],条事是非[12],《左氏》遂立。范升寻因罪罢[13]。元、升天下极才,讲论是非,有余力矣。陈元言纳[14],范升章诎[15],《左氏》得实,明矣。言多怪[16],颇与孔子"不语怪力"相违返也[17]。《吕氏春秋》亦如此焉。《国语》[18],《左氏》之外传也[19]。《左氏》传经,辞语尚略,故复选录《国语》之辞以实。然则《左氏》《国语》,世儒之实书也[20]。

　　[1]《春秋左氏传》:即《左传》,传为春秋末期鲁国史官左丘明所作。[2] 孝武皇帝:汉武帝。《论衡・正说篇》作"景帝时",有关的史书记载也互有出入。　[3] 鲁共(gōng)王:汉景帝的儿子。坏:拆毁。　[4] 公羊高:战国初期齐国人,相传是《春秋公羊传》的作者,其实只是子夏之后学、《公羊传》的一代传人而已。穀梁寘(zhì):即穀梁赤,或云名喜,或云名俶,或云名淑,字元始,战国初期鲁国人,相传受经于子夏,是《春秋穀梁传》的作者。胡母氏:"胡母"是复姓,又作"胡毋",《汉书・儒林传》:"胡母生,字子都,齐人也。治《公羊春秋》,为景帝博士,与董仲舒同业,仲舒著书称其德。"　[5]《礼记》:儒家经书之一,是汉儒解释《礼经》(即流传至今的《仪礼》)的一部著作,因为是"七十子后学者所记",所以王充说它"造于孔子之堂",意思是掌握孔子思想已达登堂入室的程度。　[6] 二书:指《礼记》《史记》。　[7] 不相合:指与《礼记》《史记》不相符合。　[8] 以上

三句意谓：诸家都不如左氏距孔子近。诸家：指《左传》以外解释《春秋》各家。《孔子家语·观周》（杜预《春秋左氏经传集解序》孔颖达正义引沈氏说引《严氏春秋》引）："孔子将修《春秋》，与左丘明乘如周，观书于周史，归而修《春秋》之经，丘明为之传，共为表里。" 　　［9］玩弄：指欣赏和喜爱。［10］童：即"僮"。童仆：奴仆。呻吟：诵读。《太平御览》卷六一六引桓谭《新论》："刘子政、子骏、伯玉三人，尤珍重《左氏》，教子孙，下至妇女，无不诵读。" 　　［11］陈元：字长孙，习《左传》，汉光武帝时任郎。范升：字辩卿，习《梁丘易》，汉光武帝时任博士。"范升"，原作"范叔"，据孙诒让说改。下文"范叔"同改。陈元与范升议立《左氏》博士事，并见《后汉书》二人本传。 　　［12］条：条陈。事：这里指光武帝时议立《左传》博士事。《后汉书·陈元传》："建武初……时议欲立《左氏传》博士，范升奏以为《左氏》浅末，不宜立。元闻之，乃诣阙上疏……书奏，下其议，范升复与元相辩难，凡十余上。帝卒立《左氏》学。" 　　［13］《后汉书·范升传》："后升为出妻所告，坐系。得出，还乡里。" 　　［14］"纳"，原作"讷"，据刘盼遂、张宗祥说改。 　　［15］诎：同"黜"，排斥，摒弃。 　　［16］言多怪：指《左传》中多载有关占卜、占梦之事。 　　［17］颇：稍。力：暴力。返：通"反"。不语怪力：《论语·述而》："子不语怪、力、乱、神。" 　　［18］《国语》：相传为春秋末期左丘明所撰的一部国别史，主要记述西周末年至春秋时期各国当政者的言论。 　　［19］《左氏》之外传：汉代人大都相信《左传》《国语》都是左丘明所作，前者据认为是解释儒家经书《春秋》的，所以又称《春秋内传》，后者据认为是补《左传》之不足的，所以又称《春秋外传》。 　　［20］实书：真实可信的书。刘盼遂说"实书"当作"宝书"。毅平按：此段论《左传》《国语》。

　　公孙龙著《坚白》之论[1]，析言剖辞，务折曲之言[2]，无道理之较[3]，无益于治。齐有三邹[4]，衍之书汇洋无涯[5]，其文少验，多惊耳之言。案大才之人，率多侈纵，无实是之验；华虚夸诞，无审察之实。商鞅相秦，作《耕战》之术[6]，管仲相齐，造《轻重》之篇[7]，富民丰国，强主弱敌，与公孙龙、邹衍之书不可并言[8]。而太史公两纪[9]，世人疑惑，不知所从。[10]

　　[1]公孙龙（约前320—前250）：字子秉，战国后期赵国人，为名家（逻辑学家）的代表人物，提出"离坚白""白马非马"等著名命题，著有《公孙

龙子》。《坚白》：《公孙龙子》中的一篇。 　[2]务：致力于。折曲：曲折。 　[3]较：通"校"，考校，研讨。 　[4]齐：战国时齐国，在今山东北部。三邹：指邹忌、邹衍、邹奭（shì），都是齐国人。邹忌曾任齐威王相，邹衍、邹奭都是阴阳五行家，其中邹衍著书言九州。 　[5]邹衍之书如汪洋大海般茫无际涯。衍：邹衍。沄（wǎng）洋：即"汪洋"。一般"衍"字从上读，这里从胡怀琛、张宗祥说从下读。 　[6]《耕战》：《商君书》的一篇，今传本作《农战》。 　[7]《轻重》：《管子》的一篇。 　[8]本句原作"公赏罚，与邹衍之书并言"，据黄晖说改。邹衍之书：据《汉书·艺文志》阴阳家著录，邹衍的著作有《邹子》四十九篇、《邹子终始》五十六篇，今皆佚失。并言：并称。 　[9]两纪：把他们一起记载了下来。 　[10]毅平按：此段论《公孙龙子》、邹衍之书与《商君书》《管子》不可并言，《史记》却两记之。

案张仪与苏秦同时，苏秦之死，仪固知之，仪知当审[1]，宜从仪言，以定其实，而说不明，两传其文[2]。东海冯商亦作列传[3]，岂《苏秦》商之所为邪[4]？何文相违甚也？[5]

[1]"当"，原作"各"，据马宗霍说改。刘盼遂引章士钊说当作"秦"。张宗祥说"各"为"异辞"之意，不误。 　[2]两传其文：指司马迁在《史记》中记载了有关苏秦之死的两种说法：《苏秦列传》说苏秦在齐当客卿，齐国大夫与他争宠，派人把他刺死；《张仪列传》说苏秦在齐做官，与燕国通谋，事情败露后，被齐王车裂而死。 　[3]东海：郡名，在今山东南部、江苏北部。"冯商"，原作"张商"，据孙人和、张宗祥说改。汉无张商补《史记》者，而据《汉书·艺文志》记载，"冯商所续《太史公》七篇"。然冯商是长安人，而非东海人。 　[4]《史记》的《苏秦列传》大概是冯商写的吧？《苏秦》：指《史记》中的《苏秦列传》。 　[5]毅平按：此段论《史记》的《苏秦列传》与《张仪列传》记载互相矛盾。

《三代世表》言五帝、三王皆黄帝子孙[1]，自黄帝转相生，不更禀气于天[2]；作《殷本纪》[3]，言契母简狄浴于川[4]，遇玄鸟坠卵[5]，吞之，遂生契焉；及《周本纪》[6]，言后稷之母姜嫄野出[7]，见大人迹[8]，履之，则妊身，生后稷焉。夫观《世表》，则契与后稷，黄帝之子孙也；读殷、周《本纪》，则玄鸟、大人之精气也。二者不可两传，而太史公兼纪不别。案帝王之妃，不宜野出，浴于川水。今言浴于川，吞玄鸟之卵，出于野，履大人之迹，违尊贵之节，误是非之言也。[9]

[1]《三代世表》：《史记》中的一篇，记载从黄帝到西周共和元年（前841）的世系。 [2]并非另外从天承受了某种精气而出生的。参见《论衡·奇怪篇》。 [3]《殷本纪》：《史记》中的一篇，记述商王朝的世系和大事。 [4]契（xiè）：传说是商朝的始祖。简狄：契的母亲。 [5]玄鸟：燕子。 [6]《周本纪》：《史记》中的一篇，记述周王朝的世系和大事。[7]姜嫄：后稷的母亲。野出：到野外去。 [8]大人：巨人。迹：脚印。 [9]毅平按：此段论《史记》的《三代世表》与殷、周《本纪》的记载互相矛盾。

《新语》陆贾所造，盖董仲舒相被服焉[1]，皆言君臣政治得失，言可采行，事美足观，鸿知所言[2]，参贰经传[3]，虽古圣之言，不能过增[4]。陆贾之言，未见遗阙，而仲舒之言雩祭可以应天[5]，土龙可以致雨[6]，颇难晓也。[7]夫致旱者，以雩祭、夏郊不祀[8]，岂晋侯之过邪[9]？以政失道，阴阳不和也[10]？晋废夏郊之祀，晋侯寝疾，用郑子产之言，祀夏郊而疾愈。如审雩不修，龙不治，与晋同祸，为之可也[11]；以政致旱，宜复以政[12]，政亏而复修雩治龙，其何益哉？[13]《春秋》公羊氏之说："亢阳之节[14]，足以致旱[15]。"阴阳相浑，旱湛相报[16]，天道然也，何乃修雩设龙乎？雩祀，神喜哉？或雨至，亢阳不改，旱祸不除，变复之义，安所施哉？且夫寒温与旱湛同，俱政所致，其咎在人，独为亢旱求福，不为寒温求祐，未晓其故。如当复报寒温，宜为雩龙之事。鸿材巨识，第两疑焉。[17]

[1]董仲舒：西汉大儒，据《汉书·艺文志》儒家著录，"董仲舒百二十三篇"。相被服：甚相推服。一说形容受影响之深，如穿衣、盖被一样。

[2] 鸿知（zhì）：有大智慧者。　[3] 参贰：同"三二"，指可与经传合成为三，或与其中之一合成为二，意思是可以与之并列。　[4] 过增：有所超过和增加。　[5] 雩（yú）祭：古代求雨的一种祭祀。应：感应，感动。[6] 土龙：用土堆制成的龙。参见《论衡·明雩篇》《乱龙篇》。　[7] 毅平按：既然董仲舒很佩服陆贾，而陆贾已经面面俱到了，却并未提到雩祭治龙之事，则董仲舒之说有点可疑。　[8]"夏郊不祀"，原作"不夏效之祀"，据黄晖说改。郊：古代君主在都城的南郊祭天叫"郊"。夏郊：传说夏代在祭天时以夏禹的父亲鲧配祭，这种祭祀称为"夏郊"。　[9] 晋侯：指春秋时晋国君晋平公。据说有一次晋平公生病，子产认为是由于没有祭祀鲧的缘故，后来按子产的主张祭祀了鲧，于是晋平公的病就好了。　[10] 以上五句意谓：造成旱灾，是由于不举行雩祭，就像晋侯卧病是由于不祀夏郊呢，还是由于政治不佳，造成气候不好，而带来旱灾呢？阴阳不和：阴气阳气不协调，指气候不好，造成旱灾。　[11]"可"，原作"再"，据黄晖说改。　[12] 以上二句意谓：如果是因政治不善造成旱灾，就应该改善政治以消除灾害。　[13] 毅平按：王充本来不相信天人感应论的"变复"之说，这里却以之来质疑董仲舒的雩祭治龙之说，虽可能是"以毒攻毒"，但仍不免自相矛盾。　[14] 亢阳：阳气过盛，这里指君王骄横。　[15]"致旱"，原作"复政"，据《论衡注释》说改。《论衡·顺鼓篇》："人君亢阳致旱。"　[16] 旱涝交替发生。　[17] 以上二句意谓：高材博学之人，对雩祭可以应天、土龙可以致雨这两种观点姑且存疑吧！毅平按：此段论董仲舒雩祭治龙之说，从几个方面对之提出了质疑。

董仲舒著书不称子者[1]，意殆自谓过诸子也[2]。汉作书者多，司马子长、杨子云，河汉也[3]，其余泾渭也[4]。然而子长少臆中之说[5]，子云无世俗之论，仲舒说道术奇矣，比方二家尚矣[6]。谶书云"董仲舒乱我书"[7]，盖孔子言也。读之者或为"乱我书"者[8]，烦乱孔子之书也；或以为"乱"者，理也，理孔子之书也。共一"乱"字，理之与乱，相去甚远。然而读者用心不同，不省本实，故说误也。夫言"烦乱孔子之书"，才高之语也；其言"理孔子之书"，亦知奇之言也[9]。出入圣人之门，乱理孔子之书，子长、子云无此言焉。世俗用心不实，省事失情，二语不定[10]，转侧不安。案仲舒之书，不违儒家，不反孔子[11]，其言"烦乱孔子之书"者，非也；孔子之书不乱，其言"理孔子之书"者，亦非也。孔子曰："师挚之始[12]，《关雎》之乱[13]，洋洋乎盈耳哉[14]！"乱者，终孔子言也[15]。孔子生周，始其本[16]；仲舒在汉，终其末[17]。班叔皮续《太史公书》[18]，盖其义也；赋颂篇下其有"乱曰"章[19]，盖其类也。孔子终论，定于仲舒之言[20]。其修雩治龙[21]，必将有义[22]，未可怪也。[23]

[1] 不称子：不把自己的书称为什么子。　[2] 意思大概是觉得自己的书超过诸子。诸子：《法言·君子》："诸子者，以其知异于孔子也。"[3] 河汉：黄河、汉水，这里用以形容司马迁、杨雄的学问博大渊深。[4] 泾渭：泾河、渭河，这里用以比喻其他人不如司马迁、杨雄。　[5] 臆中：揣测，主观臆断。　[6] 董仲舒比二家更高明。"比"，原作"北"，据黄晖、张宗祥说改；"二"，原作"三"，据黄晖说改。以董仲舒比方子长、子云二人，不当言三家。　[7] 谶（chèn）书：记载神秘的预言"谶语"的书。董仲舒乱我书：据说这是孔子临死时留下的谶言，其实完全是后人捏造的。在《论衡·实知篇》中，王充力斥此语之妄。　[8] 为：谓。　[9] 知（zhì）奇：智奇，与上文"才高"相对。　[10] 二语：指"烦乱"和"整理"两种说法。　[11] 反：违反，原作"及"，据孙诒让说改。张宗祥说"及"亦通。　[12] 师挚：春秋时鲁国的乐师，名挚。始：乐曲的开端，序曲，一般由太师演奏。师挚之始：由师挚演奏序曲。　[13]《关雎》：《诗经》中的第一首诗。乱：乐曲的结尾合奏。《关雎》之乱：当曲终合奏的时候，奏《关雎》的乐章。　[14] 洋洋：形容乐音丰富优美。盈：充满。引文见《论语·泰伯》。　[15] "终"，原作"於"，据孙人和、张宗祥说改。　[16] 孔子生在周代，开创了儒家学说。　[17] 董仲舒生在汉代，总结了（孔子以后的）儒家学说。　[18] 班叔皮：即班彪，曾作《史记后传》数十篇，后经其子班固增删修订，成为《汉书》。其事参见《后汉书·班彪传》。"班叔"，原作"尽也"，据孙诒让、马宗霍说改。《太史公书》：指《史记》。　[19] 有"乱曰"章：先秦两汉辞赋，最后一章常用"乱曰"二字开始。《离骚》"乱曰"王逸注："乱，理也，所以发理词指，总撮其要也。"王充训"乱"为"终"，与王逸注异。　[20] 以上二句意谓：孔子学说的最终面貌，是经过董仲舒的阐述而确定下来的。　[21] "治"，原作"始"，据黄晖、张宗祥说改。

[22] 一定有它的道理。　　[23] 毅平按：关于"乱"字的意思，在"乱"和"理"之外，王充又提出了第三种理解，即"终"，他认为"乱我书"的意思，是说董仲舒总结了孔子学说。也正因此，王充又收回了对于董仲舒雩祭治龙之说的质疑。

　　颜渊曰："舜何人也，予何人也[1]。"五帝、三王，颜渊独慕舜者，知己步骤有同也[2]。知德所慕，默识所追，同一实也。仲舒之言道德政治，可嘉美也；质定世事[3]，论说世疑[4]，桓君山莫上也[5]。故仲舒之文可及，而君山之论难追也。骥与众马绝迹[6]，或蹈骥哉[7]。有马于此，足行千里，终不名骥者，与骥毛色异也；有人于此[8]，文偶仲舒，论次君山，终不同于二子者，姓名殊也。[9]故马效千里，不必骥骡[10]；人期贤知，不必孔墨。何以验之？君山之论难追也。两刃相割，利钝乃知；二论相订[11]，是非乃见。是故韩非之《四难》[12]，桓宽之《盐铁》[13]，君山《新论》之类也。世人或疑[14]，言非是伪，论者实之[15]，故难为也。卿决疑讼[16]，狱定嫌罪[17]，是非不决，曲直不立，世人必谓卿狱之吏才不任职；至于论，不务全疑[18]，两传并纪，不肯明处[19]，孰与剖破浑沌，解决乱丝，言无不可知，文无不可晓哉？案孔子作《春秋》，采毫毛之善，贬纤介之恶，可褒，则明其善以义其行[20]，可贬，则明其恶以讥其操。《新论》之义，与《春秋》会一也。[21]

　　[1] 以上二句意谓：舜是什么样的人，我就做什么样的人。引文见《孟子·滕文公上》。　　[2] 是因为知道自己的步调和舜有一致的地方。骤(zhòu)：当为"趋"之借字。步骤：步趋，步调。　　[3] 质定：考订。[4] 世疑：指社会上没有定论的疑难问题。　　[5] 没有比桓君山更高明的了。桓君山：桓谭，字君山，汉代思想家，著有《新论》。　　[6] 骥：好马，千里马。绝迹：足迹绝不相同。　　[7] 然而有些马还是能赶上千里马。　　[8] 有人：王充暗指自己。　　[9] 毅平按：王充对自己很有信心，自拟于董仲舒、桓谭。　　[10] 以上二句意谓：所以马能行千里的，名称不一定叫骥或骡(lù)。骡：骡耳，一种千里马。　　[11] 订：校订，对证。　　[12]《四难》：

指《韩非子》中的《难一》《难二》《难三》《难四》四篇。　　[13] 桓宽：字次公，西汉汝南郡人，自幼研习《春秋公羊传》，汉宣帝时被推举为郎，当过庐江郡（今安徽西南）太守。《盐铁》：即《盐铁论》。汉昭帝始元六年（前81），曾召开盐铁会议，桓宽根据会议记录，把双方互相责难的问题，加以补充加工整理，再用对话体形式编撰，整理成《盐铁论》六十篇。　　[14] 或：通"惑"。　　[15] 实：核实，订正。　　[16] 卿：这里指"秋官司寇"，汉朝主管司法的廷尉，是九卿之一。然袁锡圭、张宗祥说"卿"为"乡（鄉）"之讹，"乡"有治狱决疑之责。决：判决。疑讼：疑难官司。[17] 狱：狱吏，指负责审判的官吏。嫌罪：疑难案件。　　[18] 不订正疑惑。全：通"诠"，订正。　　[19] 不肯明确作出判断。"肯"，原作"宜"，据黄晖说改。《论衡·薄葬篇》："故其立语，不肯明处。"　　[20] 本句原作"则义以明其行善"，据蒋礼鸿、《论衡注释》、马宗霍说改。义：认为正确，赞扬。[21] 毅平按：此段论桓谭《新论》，给予最高的评价。《太平御览》卷六〇二引桓谭《新论》："余为《新论》，述辨古今，亦欲兴治也，何异《春秋》褒贬耶？"王充这里一边是表彰桓谭，一边也是在替自己说话。在他心目中，桓谭与自己其实是超过董仲舒、司马迁而直追孔子的。

　　夫俗好珍古不贵今，谓今之文不如古书。夫古今一也，才有高下，言有是非。不论善恶而徒贵古，是谓古人贤今人也。案东番邹伯奇[1]，临淮袁太伯、袁文术[2]，会稽吴君高、周长生之辈[3]，位虽不至公卿，诚能知之囊橐[4]，文雅之英雄也。观伯奇之《元思》[5]、太伯之《易章句》[6]、文术之《咸铭》[7]、君高之《越纽录》[8]、长生之《洞历》[9]，刘子政、杨子云不能过也[10]。盖才有浅深[11]，无有古今；文有伪真，无有故新。[12] 广陵陈子迴、颜方[13]，今尚书郎班固[14]，兰台令史杨终、傅毅之徒[15]，虽无篇章，[16] 赋颂记奏，文辞斐炳，赋象屈原、贾生[17]，奏象唐林、谷永[18]，并比以观好，其美一也，当今未显，使在百世之后，则子政、子云之党也[19]。韩非著书，李斯采以言事[20]；杨子云作《太玄》，侯铺子随而宣之[21]。非、斯同门[22]，云、铺共朝，睹奇见益，不为古今变心易意[23]，实事贪善[24]，不为并肩以迹相轻[25]，好奇无已，故奇名无穷。杨子云反《离骚》之经[26]，非能尽反，一篇文往往见非，反而夺之[27]。

　　[1]东番：地名，境域不详。邹伯奇：人名。以下几位皆东汉初人。[2]临淮：郡名，在今江苏北部、安徽东北角。袁太伯：人名。袁文术：人名。　　[3]吴君高：名平，字君高，东汉会稽人，王充的同乡，著有《越纽录》，一说即《越绝书》。周长生：名树，字长生，东汉初人，著有《洞历》，已佚。　　[4]能知：能智。囊橐（tuó）：口袋，大者称囊，小者称橐。能知之囊橐：形容才智博大精深。　　[5]《元思》：书名，已佚。　　[6]《易章句》：书名，已佚。"章"，原作"童"，据黄晖、张宗祥说改。　　[7]《咸铭》：书名，已佚。孙人和、马宗霍说"咸"通"箴"，当作《箴铭》；刘盼遂、张宗祥说"咸"通"函"，当作《函铭》。　　[8]《越纽录》：一说即《越绝书》，由袁康、吴平相继撰成。《越绝书·叙外传记》末云："记陈厥说，略有其人。以去为姓，得衣乃成；厥名有米，覆之以庚。"合之乃"袁康"二字，暗示袁康为该书始作者。又云："文属辞定，自于邦贤。邦贤以口为姓，丞之以天；楚相屈原，与之同名。明于古今，德配颜渊。时莫能与，伏审自容，年加申酉，怀道而终。""以口为姓，丞之以天；楚相屈原，与之同名"四句，合之乃"吴平"二字，暗示吴平乃该书撰成者。原书二十五卷，历经时代变迁，现仅存十五卷。其所记吴越史地人物，多采取异闻传说，与《吴越春秋》所记相出入。　　[9]《洞历》：书名，已佚。　　[10]"政"原作"攻"，据黄晖说改。　　[11]"盖"，原作"善"，据孙人和说改。　　[12]毅平按："才有浅深，无有古今；文有伪真，无有故新"，说明王充不仅对自己充满自信，对同时代人也信心十足。　　[13]广陵：郡名，在今江苏北部。陈子廻、颜方：王充同时代人，生卒事迹不详。　　[14]尚书郎：东汉皇帝秘书机构尚书台中担任处理具体事务的官吏。　　[15]兰台：汉代官中藏书的地方，长官称兰台令，属员有兰台令史，负责整理图书。"史"，原无，据张宗祥说补。据《后汉书》杨终、傅毅本传，杨终做过校书郎，傅毅做过兰台令史，二人均未做过兰台令。杨终：字子山，著《春秋外传》十二篇，改定章句十五万言。傅毅：字武仲，著诗赋等凡二十八篇。　　[16]毅平按：王充与班固同时，班固著《汉书》，据《后汉书·班固传》："固自永平中始受诏，潜精积思二十余年，至建初中乃成。"王充《论衡》主要写成于建初年间，写本篇时应该尚未见到《汉书》，甚至不清楚班固撰述《汉书》之事，所以才会如此说。　　[17]贾生：贾谊，汉初文人、政治家。　　[18]唐林：字子高，西汉人，王莽时做官，

封侯，以敢提意见著称。谷永：字子云，西汉人，博学经书，工笔札，善言灾异，前后上书四十余事。　[19]毅平按：至少就班固而言，王充的预言应验了。　[20]李斯：秦始皇的丞相。采：采纳，指采用韩非的某些主张。　[21]侯铺子：侯芭，字铺子，杨雄弟子，从杨雄习《太玄》《法言》。　[22]"斯"，原作"私"，据孙诒让、黄晖、张宗祥说改。同门：韩非、李斯俱受业于荀卿。　[23]不因作品产生的时代早晚而改变评价的标准。　[24]贪：仰慕不已。　[25]不因为是同时代人而轻视其业绩事迹。此句原作"不远为术并肩以迹相轻"，据《论衡注释》说删"远"字、"术"字。　[26]《离骚》：春秋时楚国诗人屈原的代表作，后人尊它为《离骚经》。反《离骚》之经：据《汉书·杨雄传》：杨雄写文章凭吊屈原，常采用《离骚》中的话，却反其意而用之，取名《反离骚》。　[27]以上三句意谓：并非完全反其意而用之，而是《离骚》之中往往有其不赞同者，只针对不赞同者反其意而用之。毅平按：此段论王充同时代文人学者之作，王充给予高度评价并充满信心。

《六略》之录万三千篇[1]，虽不尽见，指趣可知。略借不合义者，案而论之。[2]

[1]《六略》：西汉末刘歆根据国家藏书编成的目录《七略》，分为辑略、六艺略、诸子略、诗赋略、兵书略、术数略、方技略等七个部分，其中"辑略"是总论，故统计书时只称"六略"，原书虽已失传，但除"辑略"外，基本保存在《汉书·艺文志》中，共著录书籍一万三千二百六十九卷（卷即篇也）。据刘盼遂考算，实际是一万二千九百九十四卷，正合王充所说"万三千篇"之数。　[2]以上二句意谓：略借其中不合道理的地方，进行考订并加以评论。毅平按：此段为全篇总结，也说明王充评论的对象是所有的既有文献。

◎ **研读**

本篇所提出的"两刃相割，利钝乃知；二论相订，是非乃见"的论辩方法，是很值得重视的。在本篇中，王充指出了墨家主张薄葬却又右鬼的矛盾，《史记》中苏秦、张仪二传的"文相违甚"，殷、周《本纪》与《三代世表》的"不可两传"，都是运用这种论辩方法的例子。不仅本篇，《论衡》全书都贯穿着这样的论辩方法，以此来处定是非，究明虚实。这种论辩方法，是王充"疾虚妄""求实诚"的锐利武器。也正因此，他高度评价了韩非的《四难》、桓宽的《盐铁论》、桓谭的《新论》，因为他们同样运用了这种论辩方法。

本篇还继续发挥了厚今薄古的历史观。按照这种历史观，将东汉之文与西汉之文相比，则东汉之文被给予了更多的肯定。在本篇中，王充肯定了他同时代人和同乡人的一些著作，认为连杨雄和刘向也比不过他们："观伯奇之《元思》、太伯之《易章句》、文术之《咸铭》、君高之《越纽录》、长生之《洞历》，刘子政、杨子云不能过也。"伯奇是东番邹伯奇，太伯是临淮袁太伯，文术是临淮袁文术，君高是会稽吴君高，长生是会稽周长生，都是王充的同时代人或同乡人，因而受到了王充的高度肯定。

由于辞赋即使"曲终奏雅""劝百讽一"，也不能像诗歌那样起到功利作用，所以在王充的心目中，它几乎是完全无用的文体。然而在本篇中，他提到一批同时代文人时，却对他们的辞赋赞誉有加，认为不亚于先秦和西汉的一些著名文人。这是因为辞赋虽然不能"处定是非"，不能"辩然否之实"，即没有什么功利价值，但从长远来看，从文化整体来看，辞赋却能代表一代人文，成为一个时代的文化点缀，起到文饰当代社会的作用，所以仍具有积极的意义，从而受到了王充的肯定。在这里起决定作用的，并不是辞赋的审美价值，而是其广义上的功利价值。

为了反对厚古薄今的历史观，王充有时难免矫枉过正，顾不上保持客观公正的态度。但是我们应该看到，他这样做，只是为了反对"夫俗好珍古不贵今，谓今之文不如古书"的世俗观念而已，因为这种世俗观念"不论善恶而徒贵古，是谓古人贤今人也"，是非常没有道理的。而在无须矫枉过正的时候，他的主张仍不失为持平之论："夫古今一也，才有高下，言有是非。""盖才有浅深，无有古今；文有伪真，无有故新。"以高下、是非、善恶、真伪为标准，而不以古今、故新为标准，这就是非常实事求是的说法了。

本篇末云："《六略》之录万三千篇，虽不尽见，指趣可知。略借不合义者，案而论之。"可见王充曾博览过当时所有"《六略》之录万三千篇"中的大部分书籍，凡读过《论衡》的人都会承认王充这里说的并非大话。而在本篇末说这几句话，也就表明《论衡》的正文到此结束了，接着的《对作篇》已是自序，而《自纪篇》则是自传了。

对作篇

◎解题

正如翟灏所说，"《论衡》以《对作篇》为序"（《四书考异》下编《条考》二二《论语·尧曰》按语），本篇是《论衡》的自序，也是总结性的文章，阐明了《论衡》的文体性质、写作动机、文章风格等。

或问曰：贤圣不空生[1]，必有以用其心。上自孔、墨之党，下至荀、孟之徒，教训必作垂文[2]，何也？[3]

[1] 空生：虚度岁月。 [2] 垂：自上施下。垂文：指内容在于教诲、开导的文章。 [3] 毅平按：此问明关先贤，实涉《论衡》。

对曰：圣人作经，贤者传记[1]，匡济薄俗，驱民使之归实诚也。案《六略》之书万三千篇，增善消恶，割截横拓[2]，驱役游慢[3]，期便道善[4]，归正道焉。孔子作《春秋》，周民弊也，故采毫毛之善[5]，贬纤介之恶，拨乱世，反诸正，人道浃，王道备[6]，所以检押靡薄之俗者[7]，悉具密致[8]。夫防决不备，有水溢之害；网解不结，有兽失之患[9]。是故周道不弊，则民不文薄，民不文薄，《春秋》不作；杨、墨之学不乱儒义[10]，则孟子之传不造[11]；韩国不小弱，法度不坏废，则韩非之书不为[12]；高祖不辨得天下，马上之计未转[13]，则陆贾之语不奏[14]；众事不失实，凡论不坏

226

乱[15]，则桓谭之论不起[16]。故夫贤圣之兴文也，起事不空为，因因不妄作[17]，作有益于化，化有补于正[18]。故汉立兰台之官，校审其书，以考其言。董仲舒作道术之书[19]，颇言灾异政治所失，书成文具，表在汉室[20]。主父偃嫉之[21]，诬奏其书。天子下仲舒于吏[22]，当谓之下愚[23]，仲舒当死，天子赦之[24]。夫仲舒言灾异之事，孝武犹不罪而尊其身，况所论无触忌之言[25]，核道实之事[26]，考故实之语乎[27]？故夫贤人之在世也，进则尽忠宣化，以明朝廷；退则称论贬说[28]，以觉俗失[29]。俗失不知还[30]，则去道轻为非[31]；论者不追救，则迷乱不觉悟。[32]

[1]"贤"，原作"艺"，据黄晖、张宗祥说改。《论衡·正说篇》："圣人作经，贤者作书。"《案书篇》："圣人作其经，贤者造其传。"　　[2]割截：制裁，阻止。横拓：横行，放纵。　　[3]驱役：驱使。游慢：游手好闲。[4]希望有利于引导人们向善。道：通"导"，引导。　　[5]"采"下原有"求"字，据刘盼遂、杨宝忠说删。　　[6]王道：王者治天下之道，这里指儒家的"礼治"。　　[7]检押：亦作"检柙"，矫正，纠正。靡薄：奢侈轻薄。　　[8]悉：全。密致：细密周到。　　[9]失（yì）：通"逸"，奔逃。[10]杨：指杨朱，相传他反对墨子的"兼爱"和儒家的伦理，主张"贵生""重己""全性葆真，不以物累形"，重视个人生命的保存，反对别人对自己的侵夺，当然也反对侵夺别人。"儒"，原作"传"，据张宗祥说改。　　[11]以上二句意谓：如果杨朱、墨翟的学说没有搞乱儒家的本义，那么孟子也就不会著书立说了。造：作。毅平按：《孟子·滕文公下》："杨子为我，是无君也；墨子兼爱，是无父也。无父无君，是禽兽也。""杨、墨之道不息，孔子之道不著。"《论衡》之《齐世》《定贤》《书解》诸篇也都表明了相似的看法。[12]《史记·老子韩非列传》："非见韩之削弱，数以书谏韩王，韩王不能用。于是韩非疾治国不务修明其法制，执势以御其臣下，富国强兵而以求人任贤，反举浮淫之蠹而加之于功实之上……观往者得失之变，故作《孤愤》《五蠹》《内外储》《说林》《说难》十余万言。"　　[13]马上之计：指用武力征服的主张。转：变。　　[14]其事参见《史记·陆贾列传》。　　[15]凡论：指社会舆论。　　[16]桓谭之论：指桓谭的著作《新论》。　　[17]因因：因故。[18]正：通"政"。毅平按："故夫贤圣之兴文也"以下五句，既是贤圣著述经传的缘起，也是王充写作《论衡》的动机。　　[19]道术之书：这里指董仲

舒撰写的《灾异之记》。　[20]把写的书呈给汉朝廷。　[21]主父偃：西汉人，汉武帝时任郎中。　[22]汉武帝把董仲舒交给司法官吏处理。[23]当：判罪。下愚：汉代的一种罪名。　[24]其事参见《史记·儒林列传》。　[25]所论：指《论衡》所发的议论。触忌之言：指触犯朝廷的言论。　[26]对事情是否符合实际道理进行考核。道实之事：符合实际道理的事。　[27]"考"，原作"收"，据杨宝忠说改。故实：史实。毅平按：以上三句，也是王充为《论衡》辩护之语。　[28]称论贬说：著书评论是非。[29]觉：唤醒，这里指矫正。"俗失"，原作"失俗"，据裘锡圭说乙，指世俗的失误。　[30]"失"，原作"也"，据裘锡圭说改。还：回头。　[31]去道：离开正道。"去"，原作"立"，据蒋礼鸿说改。　[32]毅平按：这里的"贤人""论者"，既指垂文的贤圣，也指王充自己。

　　是故《论衡》之造也，起众书并失实，虚妄之言胜真美也。故虚妄之语不黜，则华文不见息；华文放流，则实事不见用。故《论衡》者，所以铨轻重之言，立真伪之平，非苟调文饰辞为奇伟之观也[1]，其本皆起人间有非，故尽思极心，以讥世俗[2]。世俗之性，好奇怪之语，说虚妄之文。何则？实事不能快意，而华虚惊耳动心也。[3]是故才能之士，好谈论者，增益实事，为美盛之语；用笔墨者，造生空文，为虚妄之传。[4]听者以为真然，说而不舍；览者以为实事，传而不绝。不绝，则文载竹帛之上；不舍，则语入贤者之耳[5]。至或南面称师[6]，赋奸伪之说；[7]典城佩紫[8]，读虚妄之书。明辨然否，疾心伤之，安能不论？孟子伤杨、墨之议大夺儒家之论[9]，引平直之说，褒是抑非，世人以为好辩，孟子曰："予岂好辩哉？予不得已！"[10]今吾不得已也！虚妄显于真，实诚乱于伪，世人不悟，是非不定，紫朱杂厕[11]，瓦玉集糅[12]，以情言之，岂吾心所能忍哉！卫骖乘者越职而呼车[13]，恻怛发心[14]，恐上之危也[15]。夫论说者闵世忧俗[16]，与卫骖乘者同一心矣，愁精神而幽魂魄[17]，动胸中之静气，贼年损寿，无益于性[18]，祸重于颜回，违负黄、老之教[19]，非人所贪，不得已，故为《论衡》，文露而旨直[20]，辞奸而情实[21]。其《政务》言治民之道[22]。《论衡》诸篇，实俗间之凡人所能见，与彼作者无以异也。[23]若夫九虚三增、《论死》《订鬼》[24]，世俗所久惑，人所不能觉也。人君遭弊，改教于上[25]；人臣遇惑[26]，作论于下。下实得[27]，则上教从矣。冀悟迷惑之心，使知虚实之分。实虚之分定，而华伪之文灭。华伪之文灭，则纯诚之化日以孳矣。[28]

[1]不是随意玩弄笔墨，修饰文辞，让人看起来显得奇丽壮观。苟：随意。　[2]"讥"，原作"机"，据《论衡注释》、杨宝忠说改。马宗霍说"机"为"讥"之借字。　[3]毅平按："实事不能快意，而华虚惊耳动心也"，二句至理名言。　[4]毅平按：舌耘笔耕者足戒。　[5]"语"，原作"误"，据杨宝忠说改。　[6]南面：面朝南而坐，指居于尊位。南面称师：指做老师的人。　[7]毅平按：为人师表者足戒。　[8]典：掌管。典城：泛指地方长官。紫：指印章上的紫色丝带。佩紫：汉代相国、丞相、太尉、将军、列侯用的印章上都束有紫色丝带。　[9]夺：取代，压倒。　[10]引文见《孟子·滕文公下》。　[11]紫：暗红，是间色。朱：大红，是正色。紫朱，比喻真伪。杂厕：混杂。　[12]集糅：杂糅，混合。　[13]骖乘（cān shèng）：陪主人乘车的人。据《说苑·善说》记载，西周时卫国的将军桓司马有一次急于上朝，赶车人太慌张，差点惊了马，骖乘急忙帮着叫喊赶马，赶车人说他越职，骖乘说马惊了也会连累自己，所以怎么能不急着帮忙叫喊呢。　[14]恻怛（cè dá）：痛惜忧伤。发心：发自内心。　[15]上：主上，主人，原作"土"，据黄晖、张宗祥说改。　[16]论说者：既指历史上写作经传的圣贤，也指王充自己。　[17]幽：闭，苦闷。　[18]性：生命，这里指寿命。　[19]黄：指黄帝，传说中的上古帝王，汉初被尊为道家的创始者。老：指老子。黄、老之教：指汉初主张自然无为的处世哲学。[20]文辞直白而思路清晰。露：浅显，通俗易懂。旨：思路。　[21]文辞简约而内容真实。奸：简，简约质直；一说即"犯"，直言无忌。　[22]《政务》：王充的著作之一，已经亡佚。　[23]毅平按：无须顾忌的时候，王充毫不谦虚，自认为"作者"。　[24]九虚：指《论衡》中的《书虚》《变虚》《异虚》《福虚》《祸虚》《龙虚》《雷虚》《道虚》《感虚》等九篇文章。三增：指《论衡》中的《语增》《儒增》《艺增》等三篇文章。《论死》《订鬼》：《论衡》中的两篇文章。　[25]以上二句意谓：君主遇到世风败坏，就要在上面

改变政策。　　[26]"遇"，原作"愚"，据黄晖说改。"遇惑"与上句的"遭弊"对文。　　[27]如果下边的议论符合实际的道理。"下"，原无，据黄晖、张宗祥说补。　　[28]毅平按：本段介绍《论衡》的写作动机与宗旨。

　　或曰：圣人作[1]，贤者述[2]。以贤而作者，非也[3]。《论衡》《政务》，可谓作者[4]？

　　[1]作：创作，创造性写作。　　[2]述：阐释，阐释性写作。　　[3]以贤者的身份而从事于创作，是不对的。　　[4]可以说是创作吧？者：同"乎"，表疑问。毅平按：此问在当时是有挑衅性的。

　　曰：非作也[1]，亦非述也，论也。论者，述之次也。五经之兴，可谓作矣；太史公书、刘子政序、班叔皮传[2]，可谓述矣；桓君山《新论》、邹伯奇《检论》[3]，可谓论矣。今观《论衡》《政务》，桓、邹之二论也，非所谓作也。所谓作者[4]，造端更为[5]，前始未有，若仓颉作书，奚仲作车是也[6]。《易》言伏羲作八卦，前是未有八卦，伏羲造之，故曰作也。文王图八[7]，自演为六十四[8]，故曰衍。[9]谓《论衡》之成，犹六十四卦，而又非也。六十四卦以状衍增益[10]，其卦溢，其数多；今《论衡》就世俗之书，订其真伪，辩其实虚[11]，非造始更为，无本于前也。儒生就先师之说诘而难之，文吏就狱卿之事覆而考之[12]，谓《论衡》为作，儒生、文吏谓作乎？[13]

　　[1]"曰非"，原作"非曰"，据孙人和、黄晖、张宗祥说乙。　　[2]太史公书：《史记》的原名。刘子政序：指西汉末刘向所撰《新序》。班叔皮传：指东汉初班彪所著《史记后传》。　　[3]桓君山：桓谭。"君山"，原作"山君"，据刘盼遂、张宗祥说乙。邹伯奇：东汉人。《检论》：书名，已失传。　　[4]"所谓作者"，原无，据杨宝忠说补。　　[5]造端：起头，开创。更为：创作，另起炉灶。　　[6]奚仲：传说是夏代人，发明了车子。[7]文王：周文王。图：画。八：八卦。　　[8]演：推演。　　[9]毅平按：《论衡·正说篇》既云："伏羲得八卦，非作之；文王得成六十四，非演之也。

演作之言，生于俗传。苟信一文，使夫真是几灭不存。"这里王充又因俗传为说，显示其"随事立说"的思想方法。 [10]以状衍增益：根据八卦图像扩展增加出来的。状：图，指八卦。 [11]辩：通"辨"，辨别。 [12]文吏：掌握和熟悉文书、法令的官吏。卿，裘锡圭、张宗祥说当作"乡"。狱卿之事：这里指司法案件。 [13]毅平按：上文王充还说"《论衡》诸篇……与彼作者无以异也"，这里又竭力否认《论衡》是"作"，表明王充既自信又惧祸的矛盾心态。

上书奏记[1]，陈列便宜[2]，皆欲辅政。今作书者，犹上书奏记[3]，说发胸臆，文成手中，其实一也。夫上书谓之奏记[4]，转易其名谓之书。建初孟年[5]，中州颇歉[6]，颍川[7]、汝南，民流四散。圣主忧怀[8]，诏书数至[9]。《论衡》之人[10]，奏记郡守，宜禁奢侈，以备困乏。言不纳用，退题记草[11]，名曰《备乏》[12]。酒縻五谷[13]，生起盗贼，沉湎饮酒，盗贼不绝。奏记郡守，禁民酒。退题记草，名曰《禁酒》[14]。由此言之，夫作书者，上书奏记之文也，谓之造作[15]，上书奏记是作也[16]？

[1]上书奏记：指官吏给皇帝、上司写的奏章、报告。 [2]便宜：应采取的政策和措施。 [3]"上"，原无，据黄晖、张宗祥说补。[4]"奏"，原重，据刘盼遂说删其一。 [5]建初：汉章帝的年号，76—84年。孟年：初年。 [6]中州：即中土，中原，今河南一带。 [7]"颍"，原作"颖"，据《论衡注释》改。 [8]圣主：这里指汉章帝。 [9]其事参见《后汉书·章帝纪》。 [10]《论衡》的作者，指王充自己。 [11]回来把奏记草稿加上一个标题。退：回来。记：奏记。草：草稿。 [12]《备乏》：王充的一篇作品，已失传。 [13]縻：通"靡"，浪费。 [14]《禁酒》：王充的一篇作品，已失传。 [15]"谓"上原有"记"字，据《论衡注释》说删。 [16]"上书"，原重，据黄晖说删去其一。毅平按：王充这是继续回应指己书为"作"的指摘。

晋之《乘》[1]，而楚之《梼杌》[2]，鲁之《春秋》[3]，卜史名不同也[4]。《易》之"乾坤"[5]，《春秋》之"元"[6]，杨氏之

"玄"[7]，卜气号不均也[8]。由此言之，唐林之奏，谷永之章，《论衡》《政务》，同一趋也。汉家极笔墨之林[9]，书论之造，汉家尤多。阳成子张作《乐》[10]，杨子云造《玄》[11]，二经发于台下[12]，读于阙掖[13]，卓绝惊耳，不述而作，材疑圣人[14]，而汉朝不讥。况《论衡》细说微论，解释世俗之疑，辩照是非之理，使后进晓见然否之分，恐其废失，著之简牍，祖经章句之说[15]，先师奇说之类也[16]。其言伸绳[17]，弹割俗传[18]。俗传蔽惑，伪书放流，贤通之人，疾之无已。孔子曰："诗人疾之不能默，丘疾之不能伏[19]。"是以论也。玉乱于石，人不能别，或若楚之玉尹以玉为石[20]，卒使卞和受刖足之诛[21]。是反为非，虚转为实，安能不言？俗传既过，俗书又伪。若夫邹衍谓今天下为一州[22]，四海之外有若天下者九州[23]；《淮南书》言共工与颛顼争为天子[24]，不胜，怒而触不周之山[25]，使天柱折[26]，地维绝[27]；尧时十日并出，尧上射九日[28]；鲁阳战而日暮，援戈麾日，日为却还[29]。世间书传，多若等类，浮妄虚伪，没夺正是[30]。心渍涌[31]，笔手扰[32]，安能不论？[33]论则考之以心，效之以事，浮虚之事，辄立证验。若太史公之书，据许由不隐[34]，燕太子丹不使日再中[35]，读见之者，莫不称善。

[1] 晋：春秋时晋国，在今山西、河北西南部和河南北部。《乘》：晋国的史书。　[2] 楚：春秋时楚国，在今湖北、湖南北部、河南南部和安徽西南部。《梼杌》（táo wù）：楚国的史书。　[3] 鲁：春秋时鲁国，在今山东西南部。《孟子·离娄下》："晋之《乘》，楚之《梼杌》，鲁之《春秋》。"[4] 只不过赋予"史"的名称不一样。"卜史名"，原作"人事各"，据杨宝忠说改。卜：赋予。　[5] 乾：八卦之一，代表天、阳。坤：八卦之一，代表地、阴。乾坤：指阴阳二气。　[6] 元：开端。《春秋》的"元"，指君位的开始，这里指天地万物的本源。　[7] 杨氏：指杨雄。玄：《后汉书·张衡传》李贤注引桓谭《新论》："扬雄作《玄书》，以为玄者，天也，道也。言圣贤制法作事，皆引天道以为本统，而因附续万类、王政、人事、法度，故宓羲氏谓之《易》，老子谓之道，孔子谓之元，而扬雄谓之玄。"　[8] 只不过赋予"气"的称号不一样。　[9] 汉代文人之多达到了顶峰。笔墨之林：形容

写文章的人很多。　　[10] 阳成子张：即阳成衡，《论衡·超奇篇》作"阳成子长"，"张""长"字通，西汉末东汉初人，曾补《史记》，作《乐经》，已佚。　　[11]《玄》：指杨雄所作《太玄》。　　[12] 二经：指阳成子张的《乐经》、杨雄的《太玄》。台：指兰台。阳成子张和杨雄都曾在兰台做过官。[13] 阙：宫殿门前两边的高大建筑物。掖：掖门，宫殿两旁的小门。阙掖：指皇帝处理政事的地方。　　[14] 疑（nǐ）：通"拟（擬）"，比拟。　　[15] 祖经：指孔子所定之本经。章句之说：即章句之学，指孔门弟子及汉代儒家各派对经书的断句、分段、释义、训诂持不同的态度而形成的学问。　　[16] 以上二句意谓：《论衡》与对于祖经的章句之学以及前辈学者的奇说同属一类。[17] 绳：绳墨，木工用来取直的工具，这里指法度。伸绳：伸张法度。[18] 弹：抨击。割：剖析。俗传：庸俗的书传。　　[19] 伏：藏在心里不说。引文见《盐铁论·相刺》。　　[20] 玉尹：管理玉工的官吏。"玉"，原作"王"，据黄晖说改。　　[21] 卞和：春秋时楚国的玉工。据《韩非子·和氏》记载，卞和在山中得到一块含玉的石头，先后献给楚厉王和楚武王，都被认为是假的，以欺君之罪被砍掉双脚。楚文王即位后，卞和抱着这块石头痛哭于荆山下，文王使人剖开石头，果然得到一块宝玉。刖（yuè）：古代把脚剁掉的酷刑。　　[22] 邹衍称中国为"赤县神州"，认为中国境内的九州仅是九小州，像中国一样大的洲，天下一共九个，是为大九洲说。参见《论衡·谈天篇》。　　[23] 天下：指中国。　　[24]《淮南书》：即《淮南子》。共（gōng）工：传说中的上古诸侯。颛顼（zhuān xū）：传说中的上古帝王。　　[25] 不周之山：不周山，传说中的古山名。　　[26] 天柱：古代神话中撑天的柱子。　　[27] 地维：古代神话中系地的绳子。其事参见《淮南子·天文》。[28] 传说尧时十日并出，尧派羿射下九日。其事参见《淮南子·本经》《论衡·感虚篇》。　　[29] 鲁阳：这里指鲁阳公。传说鲁阳公在交战时，见太阳就要落山，就向太阳挥戈，太阳就又回到中天。其事参见《淮南子·览冥》《论衡·感虚篇》。　　[30] 淹没和压倒了正确的事实。没：淹没。　　[31] 濆（fén）涌：形容泉水喷涌而出，这里指心潮澎湃。　　[32] 笔和手安静不下来。　　[33] 毂平按："心濆涌，笔手扰，安能不论？"王充忍无可忍的样子，如在眼前。　　[34] 据：证实。《史记·伯夷列传》云："余登箕山，其上盖有许由冢云。"说明许由并没有隐居，否则其墓不会在箕山上。[35] 燕太子丹是战国末期燕王喜的儿子，曾长期作为人质滞留在秦国。秦王提出，若燕太子能使西下的太阳回归中天，天降粟，马生角，就放他回国，据说这些奇事后来都出现了。其事参见《论衡·感虚篇》。司马迁在《史记·刺客列传》中认为这种说法"太过"。

    《政务》为郡国守相、县邑令长陈通政事所当尚务[1]，欲令全民立化[2]，奉称国恩。《论衡》九虚三增，所以使俗务实诚也；《论死》《订鬼》，所以使俗薄丧葬也。孔子径庭丽级[3]，被棺敛者不省[4]；刘子政上薄葬[5]，奉送藏者不约[6]；光武皇帝草车茅马[7]，为明器者不奸[8]。何也[9]？世书俗言不载信死之语汶浊之也[10]。今著《论死》及《死伪》之篇，明死无知，不能为鬼，冀观览者将一晓解约葬[11]，更为节俭。斯盖《论衡》有益之验也[12]。言苟有益，虽作何害？[13]仓颉之书，世以纪事[14]；奚仲之车，世以自载；伯余之衣[15]，以辟寒暑；桀之瓦屋[16]，以辟风雨[17]。夫不论其利害，而徒讥其造作，是则仓颉之徒有非，《世本》十五家皆受责也[18]。故夫有益也，虽作无害也；无益[19]，虽无害何补？

    [1]守：郡守，郡的行政长官。相：国相，诸侯国的行政长官。县、邑：郡以下的行政机构。令：县的行政长官。长：邑的行政长官。万户以上为"令"，万户以下为"长"。 [2]要使（守、相、令、长）做到保全百姓，树立教化。 [3]径：径直，指直接穿过。庭：庭院。径庭：急急忙忙穿过庭院。按古礼，客人进入大门后，应该绕左侧而行，"径庭"是不合礼节的。丽：历，跨。级：台阶。丽级：一步跨一级台阶。按古礼，上台阶应该走一步把双脚并拢一下，"丽级"也是不合礼节的。孔子径庭丽级：《吕氏春秋·安死》："鲁季孙有丧，孔子往吊之。入门而左，从客也。主人以玙璠收，孔子径庭而趋，历级而上。"即孔子本来规规矩矩地走着，但当听说阳虎要用玙璠（君主佩戴的美玉）给季平子装殓时，就不顾自己应守的礼节，急忙跑上去谏阻，表面上是说怕导致掘墓，使尸体暴露，实际上他和仲梁怀一样，是反对用君王的佩玉为季平子装殓，其目的是要坚持君臣礼节。王充则以为这是孔子坚持薄葬，反对厚葬。参见《论衡·薄葬篇》。 [4]被装进棺材的东西并没有俭省。 [5]上：上书。薄葬：提倡薄葬。 [6]拿去埋葬的东西并没有节约。 [7]草车茅马：用茅草扎成车马做随葬品。据《后汉书·光武帝纪》记载，汉光武帝尚薄葬，曾称赞古人用"木车茅马"随葬。 [8]明器：古代随葬用的器物。奸：简约，一说制止。 [9]"也"，原无，据杨宝忠说

補。　[10]世书俗语不记载人死之实情，从而蒙蔽了人们。汶（mén）浊：昏暗不明，使受蒙蔽。　[11]希望读者对薄葬有一个了解。　[12]这就是《论衡》这部书有益的证明。　[13]毅平按："言苟有益，虽作何害？"王充最终还是自信《论衡》为"作"的。　[14]以上二句意谓：仓颉创造了文字，使人们可以用来记事。　[15]伯余：传说中上古帝王黄帝的名字，传说衣服是他发明的。　[16]桀之瓦屋：传说用瓦盖房是夏桀的发明。　[17]以上四事，参见《淮南子·泛论》《淮南子·修务》。　[18]《世本》：又称《系本》，是战国时的一部史书，记载了从黄帝到春秋时诸侯大夫的姓氏、世系、城邑和制作等，原书已失传，今有辑本。十五家：指《世本》中记载的十五个有发明创造的人。　[19]"无益"，原无，参酌各家之说补。

　　古有命使采诗[1]，欲观风俗，知下情也[2]。诗作民间，圣王可云："汝民也，何发作[3]！"因罪其身，殁灭其诗乎？今已不然，故《诗》传至今[4]。《论衡》《政务》，其犹诗也，冀望见采，而云有过。斯盖《论衡》之书所以兴也。且凡造作之过，意其言妄而谤诽也[5]；《论衡》实事疾妄[6]，《齐世》《宣汉》《恢国》《验符》[7]，盛褒颂之言[8]，无诽谤之辞。造作如此，可以免于罪矣！

　　[1]使：使臣。采诗：采集诗歌。"诗"，原作"爵"，据黄晖、马宗霍说改。张宗祥说"爵"言采民间礼俗。　[2]《汉书·艺文志》："古有采诗之官，王者所以观风俗，知得失，自考正也。"　[3]以上三句意谓：圣王难道就可以说："你们是老百姓，怎么可以作诗呢！"发：抒发。张宗祥疑"发"为"敢"之讹。　[4]"至"，原作"亚"，据刘盼遂、张宗祥说改。然马宗霍说"亚"有"至"义，不误。　[5]以上二句意谓：大凡写书的错误，想必是因为其中言论荒谬而又有诽谤君主的地方吧。意：猜疑。　[6]实事疾妄：实事求是，痛斥虚妄。　[7]此为《论衡》中的四篇，皆歌功颂德之文。[8]充满歌功颂德之言。"颂"上原有"须"字，有人读作"盛褒、须颂"，认为皆是《论衡》篇名，并以《盛褒》为《论衡》佚篇；然"盛褒颂之言"与"无诽谤之辞"相对为文，"须"字涉《须颂篇》衍，故据文意删。

235

◎研读

"作"乃是"述而不作"之作,"圣人作,贤者述"之作;"对"是动词"答对"之意,而非副词"并对"之意。所谓"对作",回答别人以《政务》《论衡》为"作"的疑问,与《答客难》《解嘲》《答宾戏》等结构相似。本篇说:"或曰:'圣人作,贤者述。以贤而作者,非也。《论衡》《政务》,可谓作者?'曰:非作也,亦非述也,论也。论者,述之次也。"所谓"对作",即此问答是也。《史记·太史公自序》云:"余所谓述故事,整齐其世传,非所谓作也,而君比之于《春秋》,谬矣!"此盖本篇命题立意所本,且王充更自谦不敢称"述",只敢称"论"。

这一方面固然是自谦,一方面也有惧祸之意。本篇一开头就说:"所论无触忌之言,核道实之事,考故实之语。"本篇结束时又说:"且凡造作之过,意其言妄而谤诽也。《论衡》实事疾妄,《齐世》《宣汉》《恢国》《验符》,盛襃颂之言,无诽谤之辞。造作如此,可以免于罪矣!"惧祸之意溢于言表,且贯穿本篇始末。

王充说这些话,有其时代背景。东汉明、章二帝时,由于统治者的政治压力,文坛上弥漫着歌功颂德之风。王充曾以《齐世篇》等文章对汉朝歌功颂德,这里怕《论衡》一书引起无谓的麻烦,于是又引证了一通颂汉之文,反复强调《论衡》"无触忌之言""无诽谤之辞"。

其实,王充一向自视甚高,常把自己和孔子相比,要不是因为惧祸,他是很乐意把《论衡》抬高到"作"的地位的。因此,他在本篇中又说过"《论衡》诸篇,实俗间之凡人所能见,与彼作者无以异也","言苟有益,虽作何害","故夫有益也,虽作,无害也"之类的话,表明他还是充满自信的,很乐意加入"作者"的队伍。即使是篇末的"造作如此,可以免于罪矣",在表达惧祸之意的同时，也不辞《论衡》有"造作"之实。

在本篇中，王充对《论衡》的写作动机和基本特征作了很好的概括，充分说明了《论衡》是"为世用"的实文，以及它与不为世用的华文的对立。他说贤人之在世，进则应该"尽忠宣化，以明朝廷"，退则应该"称论贬说，以觉俗失"，否则"俗失不知还，则去道轻为非；论者不追救，则迷乱不觉悟"。而他之所以要写作《论衡》，乃是"起众书并失实，虚妄之言胜真美也"，"其本皆起人间有非"，他对此不免"愁精神而幽魂魄，动胸中之静气"，出于"闵世忧俗"，"冀悟迷惑之心，使知虚实之分"的责任心，即使"贼年损寿，无益于性"，也就在所不惜了，"尽思极心，以讥世俗"，最终写成了《论衡》这部著作。他反复说"今吾不得已也"，"岂吾心所能忍哉"，"心溃涌，笔手扰，安能不论"，表明了他具有高度的社会责任感，且对自己著作的价值充满了自信。

至于《论衡》的文章风格，则因为要面向大众，纠正俗失，"铨轻重之言，立真伪之平"，"订其真伪，辩其实虚"，所以"非苟调文饰辞为奇伟之观也"，而是"文露而旨直，辞奸而情实"的。关于《论衡》的文章风格，《自纪篇》中有更详细的说明。

值得注意的是，本篇中还概括了《论衡》的论证方法，也就是"论则考之以心，效之以事，浮虚之事，辄立证验"。

自纪篇

◎解题

正如翟灏所说，"《自纪》一篇，则附传也"（《四书考异》下编《条考》二二《论语·尧曰》按语），本篇相当于王充的自传，对于了解王充的生平、思想、著述等，是最宝贵的第一手材料。从写作时间上来说，本篇应是王充的绝笔之作，写于《养性》之书完成以后，可能在永元四年、五年间（92、93）。在本篇中，王充对自己的一生与著述作了全面的总结，此后不久他可能就去世了。

王充者，会稽上虞人也[1]，字仲任。其先本魏郡元城一姓[2]。孙一幾[3]，世尝从军有功，封会稽欧阳亭[4]。一岁仓卒国绝[5]，因家焉，以农桑为业。[6]世祖勇任气[7]，卒咸不揉于人[8]。岁凶[9]，横道伤杀，怨仇众多。会世扰乱，恐为怨仇所擒，祖父汎举家担载[10]，就安会稽，留钱唐县[11]，以贾贩为事。[12]生子二人，长曰蒙，少曰诵，诵即充父。祖世任气，至蒙、诵滋甚，故蒙、诵在钱唐，勇势凌人。末复与豪家丁伯等结怨[13]，举家徙处上虞。[14]

[1] 上虞：县名，在今浙江上虞。　[2] 魏郡：郡名，在今河北南部、河南北部一带。元城：县名，在今河北魏县、河南元城一带。一姓：马宗霍说是"大姓"。　[3] 孙一幾：马宗霍说是"裔孙名一幾者"。　[4] 欧阳亭：地名，据《汉书·地理志》，会稽郡乌程县有欧阳亭，在今浙江湖州南。"欧"，原无，据吴则虞说补。　[5] 国绝：失掉了所封的爵位和土地。　[6] 毅平按：从军人至农民，王充家世一变。　[7] 世祖：世代祖先。勇任气：勇

敢而任性，意气用事。 [8]最终都得不到别人的容忍。卒：终于。咸：都。揆（kuí）：理解，谅解。 [9]灾荒年头。 [10]汎：王汎，王充祖父。担载：肩挑、车载，指携带所有财物。"担（擔）"，原作"檐"，通"担"，据黄晖、张宗祥说改。 [11]以上二句意谓：逃难到会稽郡钱唐县安顿下来。钱唐县：县名，在今浙江杭州西。 [12]毅平按：从农民至商人，王充家世二变。 [13]末：最后。丁伯：人名。 [14]毅平按：王充家族性格遗传，正在"任气"二字。王充后来治学，不畏权威，怀疑一切，成就一家之学，颇得"任气"之力。

建武三年[1]，充生。为小儿，与侪伦遨戏，不好狎侮。侪伦好掩雀、捕蝉、戏钱、林熙[2]，充独不肯。诵奇之。[3]六岁教书[4]，恭愿仁顺[5]，礼敬具备，矜庄寂寥[6]，有臣人之志[7]。父未尝笞，母未尝非，闾里未尝让。八岁出于书馆[8]。书馆小僮百人以上[9]，皆以过失袒谪[10]，或以书丑得鞭；充书日进，又无过失。[11]手书既成[12]，辞师，受《论语》《尚书》，日讽千字[13]。经明德就[14]，谢师而专门[15]，援笔而众奇。所读文书，亦日博多。才高而不尚苟作，口辩而不好谈对。非其人，终日不言。其论说始若诡于众[16]，极听其终，众乃是之。以笔著文，亦如此焉。操行事上，亦如此焉。[17]

[1] 建武三年：27年。 [2]掩雀、捕蝉、戏钱、林熙：四种儿童游戏的名称。掩：捉。熙：通"戏"，游戏。林熙：《淮南子·修务》作"木熙"，攀援树木之类游戏。 [3]毅平按：王充个性与众不同，从小看到老，不仅其父奇之，后人也将奇之。 [4]书：认字写字。 [5]恭敬老实仁爱顺从。 [6]矜（jīn）庄：庄重。寂寥：沉默寡言。 [7]有臣于人（入仕）之志。"臣"，一作"巨"。有巨人之志：少年老成。巨人，大人。 [8]离家去书馆上学。书馆，汉代的乡里小学，专教儿童识字书写。 [9]僮：同"童"。 [10]袒谪（tǎn zhé）：脱去衣服露出皮肉挨打。一说即"担谪"，承受责罚，与下文"得鞭"相对为文。 [11]毅平按：王充成了"别人家的孩子"，自然会招致别人的嫉妒。这成为他一生的命运，也成就了《论衡》的底色。 [12]学会了认字写字。 [13]讽：背诵。 [14]经书学懂了，

品德修养也养成了。 [15]专门：独立钻研学问。 [16]诡于众：与众不同。 [17]毅平按：所谓文如其人，人如其文。

在县位至掾功曹[1]，在都尉府位亦掾功曹[2]，在太守为列掾五官功曹行事[3]，入州为从事。[4]不好徼名于世[5]，不为利害见将。常言人长，希言人短。专荐未达[6]，解已进者过[7]。及所不善，亦弗誉[8]；有过不解，亦弗复陷[9]。能释人之大过，亦忘夫人之细非[10]。好自周[11]，不肯自彰。勉以行操为基，耻以材能为名。众会乎坐[12]，不问不言；赐见君将，不及不对[13]。在乡里，慕蘧伯玉之节[14]；在朝廷，贪史子鱼之行[15]。见污伤不肯自明[16]，位不进亦不怀恨。贫无一亩庇身[17]，志佚于王公；贱无斗石之秩[18]，意若食万钟[19]。得官不欣，失位不恨。处逸乐而欲不放，居贫苦而志不倦。[20]淫读古文[21]，甘闻异言。世书俗说，多所不安，幽处独居，考论实虚。[22]

[1]在县衙门里做到了功曹掾史。掾（yuàn）：掾史，汉代政府机构中主要官员的属官的通称。功曹：郡县主管官吏任免升降的部门，其办事人员称功曹掾史。 [2]在都尉府里也做到了功曹掾史。都尉：郡的军事长官，为郡太守的副手，东汉时临时设置。 [3]在郡衙门里做到了五官掾，并兼管功曹事务。太守：郡的行政长官。列掾：无固定工作部门的掾史。五官：五官掾，兼管功曹和其他各部门的有关事务。行事：兼理事务。 [4]毅平按：王充仕宦衙门的级别越来越高，其所担任的职位却基本不变，俸禄也基本上只有百石。又，以上官职应非连续担任，王充是合并说之。 [5]徼（yāo）：通"邀"，求取。 [6]专门推荐尚未做官的人。 [7]（在郡将面前）开脱已经做官者的过错。解：开脱。已进者：已经做官的人，与"未达"相对。[8]以上二句意谓：至于自己不满意的人，也不会去称赞他。 [9]以上二句意谓：人家有过错，即使不为他开脱，也不会再加害。 [10]"忘"，原作"悲"，据黄晖、马宗霍说改，与上句"释"对应。 [11]周：谨慎，低调。"自周"与下句"自彰"相对为文。 [12]乎：于，在。 [13]不问到自己就不回答。 [14]在乡里：指未做官时。蘧伯玉之节：据《论语·卫灵公》记载，孔子曾称赞蘧伯玉："君子哉，蘧伯玉！邦有道，则仕；邦无道，

则可卷而怀之。" 　　[15]史子鱼之行：史子鱼，名䲡，字子鱼，春秋时卫国大夫。据《论语·卫灵公》记载，孔子曾称赞他："直哉，史鱼！邦有道，如矢；邦无道，如矢。" 　　[16]见：被。污伤：污蔑中伤。 　　[17]一亩：即"一亩之宫"，指简陋的住宅，典出《礼记·儒行》："儒有一亩之宫，环堵之室，筚门圭窬，蓬户瓮牖。" 　　[18]斗石：指微薄的俸禄。秩：品级，俸禄。 　　[19]钟：古代容量单位。春秋时齐国的"公量"以六十四斗为一钟，战国时魏、秦等国也兼用这种量器。食万钟：指享受优厚的俸禄。[20]毅平按：王充的仕宦生涯，其自认是模范官员。 　　[21]淫读：饱读。 　　[22]毅平按：业余时间则读书著述。最后四句指《论衡》写作。

　　充为人清重[1]，游必择友，不好苟交。所友位虽微卑，年虽幼稚，行苟离俗，必与之友。好杰友雅徒，不泛结俗材。[2]俗材因其微过，蜚条陷之[3]，然终不自明，亦不非怨其人。或曰："有良材奇文，无罪见陷，胡不自陈？羊胜之徒[4]，摩口膏舌[5]；邹阳自明，入狱复出。苟有全完之行，不宜为人所缺；既耐勉自伸[6]，不宜为人所屈。"

　　[1]清重：清高庄重。 　　[2]毅平按：此为王充的择友观。 　　[3]蜚：通"飞"。蜚条：匿名帖子，即今之匿名信。 　　[4]羊胜：西汉梁孝王刘武的门客，曾为梁孝王密谋策划夺取帝位，结果失败。后来汉景帝怀疑梁孝王，追捕羊胜等人，羊胜等人被迫自杀。其事参见《汉书·梁孝王传》。 　　[5]摩口膏舌：形容一个人嘴巴厉害，善于挑拨是非，诬陷别人。 　　[6]既然能够竭力为自己表白。耐（néng）：通"能"。伸：表白。

　　答曰：不清不见尘，不高不见危，不广不见削，不盈不见亏。士兹多口[1]，为人所陷，盖亦其宜[2]。好进故自明，憎退故自陈。吾无好憎，故默无言。羊胜为谗，或使之也；邹阳得免，或拔之也[3]。孔子称命[4]，孟子言天[5]，吉凶安危，不在于人。昔人见之，故归之于命，委之于时，浩然恬忽[6]，无所怨尤。福至不谓己所得，祸到不谓己所为。故时进意不为丰，时退志不为亏[7]。不嫌亏以求盈，不违险以趋平；不鬻智以干禄，不辞爵以钓名[8]；不贪进以自明，不恶退以怨人。同安危而齐死生，钧吉凶而一败成，遭十羊胜，谓之无伤。动归于天，故不自明。[9]

[1] 士兹多口：是士人才会招致多嘴多舌。这句话出于《孟子·尽心下》，原文是"士憎兹多口"，意思是士人讨厌这种多嘴多舌。 [2] 以上二句意谓：被人陷害也不奇怪。 [3] 拔：解救。 [4] 据《论语·宪问》记载，孔子的弟子公伯寮在季桓子那里说子路的坏话，鲁国大夫子服景伯把这件事告诉了孔子，并表示能杀掉公伯寮且陈尸朝市，孔子对他说："道之将行也与，命也；道之将废也与，命也。公伯寮其如命何！" [5] 据《孟子·梁惠王下》记载，有一次，鲁平公将要去见孟子，被宠臣臧仓劝阻了，乐正子把这件事告诉了孟子，孟子说："吾之不遇鲁侯，天也，臧氏之子焉能使予不遇哉！" [6] 浩然：胸怀坦荡的样子。恬（tián）忽：坦然，满不在乎。[7] 以上二句意谓：升了官，不因此志得意满；罢了官，不因此灰心丧气。[8] 以上二句意谓：不沽名钓誉。"钓名"，原作"吊名"，据刘盼遂说改，与"干禄"相对。 [9] 毅平按：此为王充的处世态度。

充性恬澹，不贪富贵。为上所知，拔擢越次，不慕高官；不为上所知，贬黜抑屈，不恚下位。比为县吏[1]，无所择避。或曰："心难而行易[2]，好友同志，仕不择地，浊操伤行，世何效放[3]？"

[1] 比：频，屡次。 [2] 思想难得而行为一般。 [3] 放：通"仿"。

答曰：可效放者，莫过孔子。孔子之仕，无所避矣。为乘田委吏[1]，无於邑之心[2]；为司空相国[3]，无说豫之色[4]。舜耕历山[5]，若终不免[6]；及受尧禅，若本自得[7]。忧德之不丰，不患爵之不尊；耻名之不白，不恶位之不迁。垂棘与瓦同椟[8]，明月与砾同囊[9]，苟有二宝之质，不害为世所同。世能知善，虽贱犹显；不能别白[10]，虽尊犹辱。处卑与尊齐操，位贱与贵比德，斯可矣。[11]

[1] 乘田：管苑囿的小吏。委吏：管粮仓的小吏。其事参见《孟子·万章下》。 [2] 於（wū）邑：同"呜唈"，唉声叹气，愁闷不乐。 [3] 司空：

官名，西周始置，春秋战国汉时沿置，掌工程，后世用作工部尚书的别称。相国：古官名，战国时各国先后设相，称相国、相邦，或称丞相（唯楚称令尹），为百官之长，相当于后来的宰相。孔子曾由中都宰为司空，由司空为大司寇，由大司寇行摄相事。其事参见《史记·孔子世家》。　　[4] 说（yuè）豫：同"悦愉"。欢喜，快乐。　　[5] 历山：古山名，其地有异说，不可确指。[6] 以上二句意谓：舜在历山耕田，吃的是粗饭和野菜，但他很安心，好像甘心这样过一辈子似的。　　[7] 好像本来就应该得到的一样。"本"，原作"终"，据蒋礼鸿说改。《孟子·尽心下》："舜之饭糗（qiǔ）茹草也，若将终身焉；及其为天子也……若固有之。""固有之"即"本自得"。　　[8] 垂棘：春秋时晋国地名，出产美玉，后代指美玉。　　[9] 明月：指珍珠。砾（lì）：碎石。　　[10] 别白：分辨。　　[11] 毅平按：王充宠辱不惊。

　　俗性贪进忽退[1]，收成弃败[2]。充升擢在位之时，众人蚁附；废退穷居[3]，旧故叛去。志俗人之寡恩[4]，故闲居作《讥俗》《节义》十二篇[5]。冀俗人观书而自觉，故直露其文，集以俗言[6]。或谴谓之浅。答曰：以圣典而示小雅[7]，以雅言而说丘野[8]，不得所晓[9]，无不逆者。故苏秦精说于赵[10]，而李兑不说[11]；商鞅以王说秦，而孝公不用[12]。夫不得心意所欲，虽尽尧、舜之言，犹饮牛以酒，啖马以脯也。故鸿丽深懿之言，关于大而不通于小[13]。不得已而强听，入胸者少。孔子失马于野，野人闭不与，子贡妙称而怒，马圉谐说而懿[14]。俗晓形露之言[15]，勉以深鸿之文，犹和神仙之药以治匏欬[16]，制貂狐之裘以取薪菜也[17]。且礼有所不偫[18]，事有所不须。断决知辜[19]，不必皋陶；调和葵韭[20]，不俟狄牙[21]；闾巷之乐，不用《韶》《武》[22]；里母之祀[23]，不待太牢[24]。既有不须，而又不宜。牛刀割鸡，舒戟采葵[25]，铁钺裁箸[26]，盆盎酌巵[27]，大小失宜，善之者希。何以为辩？喻深以浅；何以为智？喻难以易。[28] 贤圣铨材之所宜，故文能为深浅之差[29]。

　　[1] 贪进忽退：重视做官的人，轻视被贬退的人。　　[2] 收：接纳，这里指巴结。成：得志的。　　[3] 被免官而困顿的时候。　　[4] 志：记载。寡

恩：忘恩负义。 [5]《讥俗》《节义》：王充的第一部著作，共十二篇，已佚。 [6]集：掺杂。 [7]雅：通"牙"，或疑为"稚"字之讹，皆指小孩。 [8]雅言：指古时贵族文人使用的典雅的语言。丘野：指居住在荒僻地区的人。 [9]他们不知道你讲的是什么。晓：告诉。 [10]精说(shuì)：以精深的道理游说。 [11]李兑：战国时赵国大臣。赵武灵王让位少子何，引起内乱。李兑和公子成一起，发兵保惠文王，杀太子章，进围沙丘宫，逼死主父（武灵王），从此独擅国政，由司寇升任相国，号奉阳君。据《战国策·赵策一》记载，苏秦曾劝说李兑，希望他采纳自己的"合纵"主张，但李兑听信舍人之言而未从。 [12]商鞅到秦国后，曾先用"帝道""王道"劝说秦孝公，秦孝公没有听从他的主张。其事参见《史记·商君列传》。[13]适用于大人君子，不适用于小人庸夫。关：通"贯"。关通：贯通，适用。 [14]憋：通"忻"，孙诒让说当作"熹"，皆高兴意。其事参见《论衡·逢遇篇》。 [15]"形"，原无，据黄晖、张宗祥说补。下文"充书形露易观"，"故形露其指，为分别之文"，皆"形露"二字连文。 [16]鼽(qiú)：伤风鼻塞，原作"瓢"，据吴承仕、刘盼遂、张宗祥、马宗霍说改。[17]取薪菜：打柴挖野菜。 [18]偫(zhì)：周备。 [19]判决罪证明显的人。 [20]葵韭：指普通的菜。 [21]狄牙：也作"易牙"，齐桓公时宠臣，善调味。 [22]《韶》：传说是舜时乐曲。《武》：传说是周武王时乐曲。 [23]里母：里社，古时乡村中供奉土地神的地方。 [24]太牢：古时君主祭祀时，牛、羊、猪具备，称为"太牢"。 [25]舒戟(jǐ)：长戟，古代兵器。 [26]铁(fū)：短柄斧子。钺(yuè)：长柄斧子。皆古代兵器。箸(zhù)：筷子。 [27]盎(àng)：瓦罐。酌：斟酒。巵(zhī)：酒杯，这里指酒。 [28]毅平按："何以为辩？喻深以浅；何以为智？喻难以易"，四句金玉良言。 [29]以上二句意谓：因为圣贤善于衡量读者接受能力的高低，所以能有针对性地写出深浅不同的文章。毅平按：第一部著作，文风浅显。

　　充既疾俗情，作《讥俗》之书；又闵人君之政，徒欲治人，不得其宜，不晓其务，愁精苦思，不睹所趋，故作《政务》之书[1]；又伤伪书俗文多不实诚，故为《论衡》之书[2]。夫贤圣殁而大义分，蹉跎殊趋[3]，各自开门[4]。通人观览，不能订诠[5]。遥闻传授[6]，笔写耳取[7]，在百岁之前[8]。历日弥久，以为昔古之事，所言近是，信之入骨，不可自解，故作是论[9]。其文盛，其辩争，浮华虚伪之语，莫不证定[10]。没华虚之文[11]，存敦庞之朴[12]，拨流失之风[13]，反宓戏之俗[14]。

[1]《政务》之书：王充的第二部著作，篇数不详，已佚。毅平按：第二部著作，献计献策。　[2]《论衡》之书：王充的第三部著作，共八十五篇，存，仅阙一篇。　[3]蹉跎：失时，指耗时长久。殊趋：朝不同的方向发展。　[4]各人自立门户，指形成不同的学派。　[5]订诠：订正，考定，原作"钉铨"，据孙诒让说改。又作"诠订"，《论衡·薄葬篇》："是非信闻见于外，不诠订于内。"　[6]久远的听闻代代相传。　[7]有用笔记的，有用耳听的。　[8]都是些上百年的东西。　[9]是论：指《论衡》。"是"，原作"实"，据《论衡注释》、张宗祥说改。　[10]证定：订正。"证"（證），原作"澄"，据吴承仕、孙人和、张宗祥说改。《论衡·问孔篇》："证定是非。"《论衡·超奇篇》："莫不证定。"皆作"证定"。然马宗霍说"澄"字亦可通。　[11]没：清除。　[12]敦庞：敦厚。朴：原始的东西，指本质。[13]矫正当时流行的不正之风。拨，矫正。　[14]反：同"返"，恢复。宓戏：即伏羲氏。宓戏之俗：指淳朴的习俗。毅平按：第三部著作，考订虚实。

充书形露易观。或曰："口辩者其言深，笔敏者其文沉[1]。案经艺之文，贤圣之言，鸿重优雅，难卒晓睹[2]，世读之者，训古乃下[3]。盖贤圣之材鸿，故其文语与俗不通。玉隐石间，珠匿鱼腹，非玉工珠师，莫能采得。宝物以隐闭不见，实语亦宜深沉难测。《讥俗》之书，欲悟俗人，故形露其指，为分别之文[4]；《论衡》之书，何为复然？岂材有浅极，不能为深覆[5]？何文之察[6]，与彼经艺殊轨辙也[7]？"

[1]笔敏者：擅长写文章的人。沉：深沉，含蓄。　[2]很难一下子看懂。　[3]必须靠注释才能读得下去。训古：训诂，注释古书字句音义。[4]分别：分明，通俗易懂。　[5]深覆：深藏不露。"深"，原无，据孙人和、刘盼遂说补。下文"故为深覆"，"深覆典雅，指意难睹"，皆作"深覆"。　[6]察：明白，浅显。　[7]殊轨辙：分道扬镳，比喻截然不同。

答曰：玉隐石间，珠匿鱼腹，故为深覆；及玉色剖于石心，珠光出于鱼腹，其犹隐乎[1]？吾文未集于简札之上，藏于胸臆之中，犹玉隐珠匿也；及出获露[2]，犹玉剖珠出乎，烂若天文之照[3]，顺若地理之晓[4]，嫌疑隐微[5]，尽可名处[6]。且名白，事自定也[7]。《论衡》者，论之平也[8]，口则务在明言，笔则务在露文。高士之文雅，言无不可晓，指无不可睹，观读之者，晓然若盲之开目，聆然若聋之通耳。三年盲子[9]，卒见父母，不察察相识[10]，安肯说喜？道畔巨树，堑边长沟，所居昭察，人莫不知。使树不巨而隐，沟不长而匿，以斯示人，尧、舜犹惑。人面色部七十有余[11]，颊肌明洁，五色分别[12]，隐微忧喜，皆可得察，占射之者[13]，十不失一。使面黝而黑丑，垢重袭而覆部[14]，占射之者，十而失九。[15]

[1]"其犹隐乎"，原作"其隐乎犹"，据黄晖、张宗祥说乙。其，通"岂"，难道。　[2]获（fū）：敷，展开。获露：展露。　[3]天文：指日月星辰。　[4]顺：有条理。地理：地的纹理，指山脉河流。　[5]嫌疑：不清楚。隐微：不明白。　[6]名：说出名目。处：作出判断。　[7]以上二句意谓：而且名目弄清楚了，事情自然也就定了。　[8]平：衡，指秤。　[9]瞎了三年的孩子。　[10]察察：清清楚楚。　[11]色：气色。部：部位。古代相面术认为，人的面孔有七十多个部位，根据这些部位的气色变化，可以预测吉凶。　[12]五色：泛指面部不同的气色。　[13]占：观察。射：猜测。占射之者：相面之人。　[14]重袭：重叠。部：即上文"人面色部"。　[15]毂平按：以上回答"形露易观"的责难，王充为自己的文风一辩。

夫文由语也[1]，或浅露分别，或深迂优雅，孰为辩者？故口言以明志，言恐灭遗，故著之文字。文字与言同趋，何为犹当隐闭指意？狱当嫌辜[2]，卿决疑事，浑沌难晓，与彼分明可知[3]，孰为良吏？夫口论以分明为工[4]，笔辩以获露为通，吏文以昭察为良。深覆典雅，指意难睹，唯赋颂耳[5]。经传之文，贤圣之语，古今言殊，四方谈异也，当言事时，非务难知[6]，使指意闭隐也[7]。后人不晓，世相离远，此名曰语异，不名曰材鸿。浅文读之难晓，名曰不巧，不名曰知明[8]。秦始皇读韩非之书[9]，叹曰："独不得与此人同时[10]！"其文可晓，故其事可思。如深鸿优雅，须师乃学[11]，投之于地，何叹之有？夫笔著者，欲其易晓而难为，不贵难知而易造；口论务解分而可听[12]，不务深迂而难睹。孟子相贤，以眸子明瞭者[13]；察文，以义可晓[14]。

[1] 由：通"犹"，如同。 [2] 当：审判定罪。嫌辜：疑难案件。[3] 和那个办得一清二楚的相比。 [4] 口论：口头论述。工：工整，完美，原作"公"，据裘锡圭说改。 [5] 赋颂：古代的两种文体。 [6] 并不是竭力要使人难懂。 [7] "意"，原无，据孙人和说补。 [8] 知明：才智高明。 [9] 其事参见《史记·老子韩非列传》。 [10] "独"上原有"犹"字，据黄晖说删。或说"犹"当作"朕"字。"与"，原无，据杨宝忠说补。毅平按：《史记·司马相如列传》："上（汉武帝）读《子虚赋》而善之，曰：'朕独不得与此人同时哉！'"王充这里误记为秦王说韩非之语。秦王原话其实是："嗟乎，寡人得见此人与之游，死不恨矣！"（《史记·老子韩非列传》）[11] 要等老师指导才能学懂。 [12] 口头论说要力求解释明白，使人可以听懂。 [13] 其事参见《孟子·离娄上》。 [14] 以上二句意谓：考察文章的好坏，要以说理是否透彻为标准。毅平按：以上回应"形露易观"的责难，王充为自己的文风二辩。

充书违诡于俗[1]。或难曰："文贵夫顺合众心，不违人意，百人读之莫谴，千人闻之莫怪。故《管子》曰：'言室满室，言堂满堂。'[2] 今论说不与世同[3]，故文剌于俗[4]，不合于众。"

[1] 违诡：违反，不合。 [2] 引文见《管子·牧民》，大意是：无论在室内还是在堂上发言，都能使所有在座的人满意。 [3] "论"，原作"殆"，据杨宝忠说改。蒋礼鸿说当作"造"。 [4] 剌（là）：违背。

答曰：论贵是而不务华[1]，事尚然而不高合[2]。论说辩然否，安得不谲常心，逆俗耳？众心非而不从[3]，故丧黜其伪而存定其真[4]。如当从众顺人心者，循旧守雅，讽习而已，何辩之有？孔子侍坐于鲁哀公，公赐桃与黍，孔子先食黍而后啖桃[5]，可谓得食序矣[6]，然左右皆掩口而笑，贯俗之日久也[7]。今吾实犹孔子之序食也，俗人违之，犹左右之掩口也。善雅歌[8]，于郑为不悲[9]；礼舞[10]，于赵为不好[11]。尧、舜之典[12]，伍伯不肯观[13]；孔、墨之籍[14]，季、孟不肯读[15]。宁危之计，黜于闾巷[16]；拨世之言，訾于品俗[17]。有美味于斯，俗人不嗜，狄牙甘食；有宝玉于是，俗人投之，卞和佩服[18]。孰是孰非，可信者谁？礼俗相背，何世不然？鲁文逆祀，去者三人；定公顺祀，畔者五人[19]。盖独是之语[20]，高士不舍，俗夫不好；感众之书[21]，贤者欣颂[22]，愚者逃顿[23]。

[1] 是：正确。华：花哨。　　[2] 尚：崇尚。然：正确。高：推崇。合：迎合。　　[3] 因为众人的意见是错误的，而我不愿顺从。　　[4] 丧：消除。黜：排斥。　　[5] "啖"上原无"后"字，据孙人和、张宗祥说补。《韩非子·外储说左下》："先饭黍而后啖桃。"《孔子家语·子路初见》："先食黍而后食桃。"并有"后"字。　　[6] 食序：进食的先后次序。　　[7] 贯：通"惯"，习惯。据《韩非子·外储说左下》记载，鲁哀公给孔子桃和黍，孔子先吃黍而后吃桃，众人掩口而笑。哀公说，黍是擦桃用的，不是让你吃的。孔子答道，五谷之中黍为上，六种水果桃为下，按照礼制，我应该先吃黍。其事又参见《孔子家语·子路初见》。　　[8] 雅歌：正声，指正规音乐。[9] 郑：春秋时郑国。古人以音悲为善，当时郑、卫两国民间乐曲流行，故不以雅歌为善。"不"，原作"人"，据黄晖说改。　　[10] 礼舞：指举行各种典礼时用的舞蹈。　　[11] 赵：战国时的赵国，在当时以地方舞蹈闻名。[12] 尧、舜之典：指《尚书》中的《尧典》《舜典》，泛指经典。[13] 伍伯（bà）：即五霸，所指不一，一般称春秋时的齐桓公、晋文公、楚庄王、宋襄公、秦穆公。　　[14] 孔子和墨子的书，泛指诸子书。[15] 季、孟：指鲁国的季孙氏、孟孙氏，此处犹如俗言张三、李四。[16] 以上二句意谓：有关国家安危的计谋，老百姓是不关心的。　　[17] 訾（zǐ）：诋毁。品俗：流俗。　　[18] 佩服：佩戴。　　[19] "去者三人，定公顺祀"，原无，据裘锡圭、《论衡注释》、马宗霍说补。《公羊传》定公八年、《论衡·定贤篇》皆有此二句。鲁文：鲁文公，春秋时鲁国君主。逆祀：据《公羊传》文公二年记载，鲁文公违反正常的祭祖顺序，在祖庙中把他生父鲁

僖公的神主牌位移到鲁闵公之上。去：离开。鲁国有三个臣子，因为不满于
"逆祀"，以礼上谏而不从，因而离开了。定公：鲁定公，春秋时鲁国君主。顺
祀：按照礼法进行祭祀，即将鲁僖公的神主牌位移到鲁闵公之下。畔：通
"叛"，离开。鲁国有五个臣子，因为已经习惯于"逆祀"，对"顺祀"反倒不
满，不以礼上谏而不从，也因而离开了。　[20]有独到见解的话。"独"，原
作"犹"，据孙人和、张宗祥说改。　[21]"感"，原作"惑"，据《论衡注
释》、张宗祥说改。　[22]颂：通"诵"，记诵。　[23]逃顿：即"逃遁"。
《论衡》"遁""钝"均作"顿"。毅平按：以上回答"违诡于俗"的责难，王充
为自己的文风三辩。

　　充书不能纯美。或曰："口无择言[1]，笔无择文[2]。文必丽以
好，言必辩以巧。言瞭于耳[3]，则事味于心[4]；文察于目[5]，则篇
留于手。故辩言无不听，丽文无不写[6]。今新书既在论譬[7]，说俗
为戾[8]，又不美好，于观不快。盖师旷调音，曲无不悲；狄牙和
膳，肴无淡味；然则通人造书，文无瑕秽。《吕氏》《淮南》[9]，悬
于市门，观读之者，无訾一言[10]。今无二书之美，文虽众盛，犹多
谴毁[11]。"

　　[1]说话没有失言。择，通"致（dù）"，败坏。　[2]作文没有败笔。
《孝经·卿大夫章》："口无择言，身无择行。"王充仿之而更换第二句。
[3]瞭：明白，这里指动听。　[4]以上二句意谓：言语动听，才能有所回
味。味，回味。　[5]察：清楚，这里指值得看。　[6]以上二句意谓：所
以雄辩的议论，人们没有不爱听的；华丽的文章，人们没有不爱传抄的。写，
传抄。　[7]新书：近作，指《论衡》。论譬：用譬喻的方式发议论。
[8]为：通"伪"。戾：乖戾，不合常理。　[9]《吕氏》：指《吕氏春秋》。
《淮南》：指《淮南子》。　[10]《吕氏春秋》撰成后，吕不韦把它公布在秦都
咸阳的市门上，并挂出千金，扬言谁能改动一字，便赏给谁，时人惧怕吕不韦
的权势，没有一个人敢改动它。其事参见《史记·吕不韦列传》。《淮南子》撰
成后，据说也曾公布在都市门上，并悬赏千金，但当时也没有人敢改动它。见
《全后汉文》卷十三引桓谭《新论》。　[11]以上二句意谓：文章虽又多又
长，还是要遭到许多人的谴责和反对。

答曰：夫养实者不育华[1]，调行者不饰辞[2]。丰草多落英[3]，茂林多枯枝。为文欲显白其为[4]，安能令文而无谴毁？救火拯溺，义不得好[5]；辩论是非，言不得巧。入泽随龟[6]，不暇调足[7]；深渊捕蛟，不暇定手[8]。言奸辞简[9]，指趋妙远[10]；语甘文峭[11]，务意浅小[12]。舀谷千钟[13]，糠皮太半；阅钱满亿[14]，穿决出万[15]。大羹必有澹味[16]，至宝必有瑕秽[17]；大简必有不好[18]，良工必有不巧；然则辩言必有所屈，通文犹有所黜。言金由贵家起[19]，文粪自贱室出[20]。《淮南》《吕氏》之无累害，所由出者家富官贵也[21]。夫贵，故得悬于市；富，故有千金副。观读之者，惶恐畏忌，虽见乖不合，焉敢谴一字！[22]

[1]实：果实。华（huā）：同"花"。　[2]修养操行的人不在言辞上下功夫。调，调理，修养。　[3]"落"，原作"华"，据黄晖说改。丰草落英，正反成义，与"茂林枯枝"句式相同，比喻华实不能得兼。　[4]显白其为：公开表明其意图。　[5]义：同"仪"，仪表，姿态。　[6]随：追逐。　[7]调足：调整步伐。　[8]顾不上决定用哪只手去抓。　[9]奸（gān）：通"干"，犯，直率。简：简捷，直截了当。　[10]指趋：旨趣。[11]峭：通"俏"，华美。　[12]内容浅薄无聊。　[13]"舀"，原作"稻"，据孙人和、张宗祥说改。　[14]阅：数。一说即"穴"，"穴钱"，窖藏之钱。　[15]钱孔开裂的超出一万。穿：孔穴，指圆钱中心的方孔。决：开裂。　[16]大羹：即太羹，古代用以祭祀的不加佐料的肉汤。　[17]至宝：最珍贵的宝玉。　[18]大简：指编连成册的竹简，借指大文章、大著作。"不"，原作"大"，据黄晖说改。本句与下句"良工必有不巧"对文。[19]一言千金是由于它出自权贵。　[20]文如粪土是由于它出自平民。[21]以上二句意谓：《淮南子》《吕氏春秋》之所以未遭受攻击责备，是因为它们都出自富家贵官。　[22]毅平按：以上回答"不能纯美"的责难，王充为自己的文风四辩。

充书既成，或稽合于古[1]，不类前人。或曰："谓之饰文偶辞[2]，或径或迂，或屈或舒；谓之论道，实事委琐，文给甘酸[3]。谐于经不验[4]，集于传不合[5]；稽之子长不当[6]，内之子云不入[7]。文不与前相似，安得名佳好，称工巧？"

[1] 稽：考查。合：对照。　[2] 饰文：修饰文字。偶辞：排比字句。　[3] 本句疑有脱误，大意是：文章中尽是些杂七杂八的东西。[4] 谐：耦合，对照。经：儒家经书。验：符合，一致。　[5] 集：杂，放在一起，指比较。　[6] 子长：即司马迁，字子长。不当：不适当。[7] 内：同"纳"。子云：即杨雄，字子云。不入：格格不入。

答曰：饰貌以强类者失形[1]，调辞以务似者失情。[2] 百夫之子[3]，不同父母，殊类而生[4]，不必相似，各以所禀，自为佳好。文必有与合，然后称善，是则代匠斲不伤手[5]，然后称工巧也。文士之务，各有所从，或调辞以巧文，或辩伪以实事。必谋虑有合，文辞相袭，是则五帝不异事[6]，三王不殊业也[7]。美色不同面，皆佳于目；悲音不共声，皆快于耳。酒醴异气[8]，饮之皆醉；百谷殊味，食之皆饱。谓文当与前合，是谓舜眉当复八采[9]，禹目当复重瞳[10]。

[1] 饰貌：修饰容貌。强类：强求类似。失形：指失去自身面貌。　[2] 调辞：修饰文辞。务似：同"强类"。失情：指扭曲本来意思。毅平按："饰貌以强类者失形，调辞以务似者失情"，二句可为好模拟者戒。　[3] 百夫：众人。　[4] 殊类：不同的族类。　[5] 代替好木匠去砍削木材而又不伤了手。斲（zhuó），砍削。《老子》第七十四章："夫代大匠斲者，希有不伤其手矣。"　[6] 不异事：不做不同的事。　[7] 不殊业：不建立不同的业绩。　[8] 一般的酒与甜酒气味不同。醴（lǐ）：甜酒。　[9] 八采：传说尧的眉毛有八种颜色。参见《白虎通·圣人》。　[10] 重（chóng）瞳：传说舜的每只眼球里有两个瞳人。参见《白虎通·圣人》。毅平按：以上回答"不类前人"的责难，王充为自己的文风五辩。

充书文重[1]。或曰："文贵约而指通，言尚省而趋明[2]；辩士之言要而达，文人之辞寡而章[3]；今所作新书出万言[4]。繁不省，则读者不能尽；篇非一，则传者不能领[5]。被躁人之名[6]，以多为不善[7]。语约易言，文重难得[8]。玉少石多，多者不为珍；龙少鱼众，少者固为神。"

[1] 文重：指文章篇幅多，分量大。　　[2] 趋（qū）：同"趋""趣"，趋向，旨趣。　　[3] 寡而章：简洁却鲜明。　　[4] 新书：指《论衡》。出万言：超出一万字。　　[5] 传者：传诵的人。领：接受。　　[6] 被：受。躁人：指性情浮躁而说话不得要领的人。《易·系辞下》："吉人之辞寡，躁人之辞多，诬善之人其辞游，失其守者其辞屈。"　　[7] 以上二句意谓：你之所以蒙受"躁人"的坏名声，是因为别人嫌你文章写得太多。　　[8] 得：得当，恰当。

答曰：有是言也。盖实言无多[1]，而华文无寡[2]。为世用者[3]，百篇无害；不为用者，一章无补。如皆为用，则多者为上，少者为下。累积千金，比于一百，孰为富者？盖文多胜寡，财富愈贫[4]。世无一卷，吾有百篇[5]；人无一字，吾有万言。孰者为贤？今不曰所言非，而云泰多；不曰世不好善，而云不能领[6]，斯盖吾书所以不得省也[7]。夫宅舍多，土地不得小；户口众，簿籍不得少[8]。今失实之事多，华虚之语众，指实定宜[9]，辩争之言，安得约径[10]？韩非之书，一条无异[11]，篇以十第，文以万数。夫形大，衣不得褊[12]；事众，文不得褊。事众文饶，水大鱼多；帝都穀击[13]，王市肩磨[14]。书虽文重，所论百种。按古太公望[15]，近董仲舒，传作书篇百有余；吾书亦才出百[16]，而云泰多。盖谓所以出者微，观读之者不能不谴呵也。河水沛沛，比夫众川，孰者为大？虫茧重厚[17]，称其出丝[18]，孰者为多[19]？

[1] 充实的文章不嫌多。"实"，原作"寡"，据黄晖说改。"实言无多"与"华文无寡"相对为文。　　[2] 空虚的文章不嫌少。　　[3] 对世道人心有用的文章。　　[4] "富"，原作"寡"，据黄晖、刘盼遂、张宗祥说改。　　[5] 百篇：王充的著作至少有四种，总篇数超过一百，但流传下来的只有《论衡》八十五篇（其中一篇有目无文）。　　[6] 以上四句意谓：如今不说我的文章哪里不对，却笼统说太多；不说世人不喜欢好文章，却说不能接

受。　[7]这正是我的著作不能写得太简略的原因啊。　[8]簿籍:指户口册。　[9]指实:指明真实情况。定宜:判断是非。　[10]约径:简约直接。　[11]主题只有一个。　[12]褊(biǎn):狭小。　[13]毂(gǔ)击:车碰车,形容车多,原作"谷(毂)多",据杨宝忠说改。　[14]肩磨:通"肩摩",肩碰肩,形容人多。"毂击""肩摩"秦汉常连用,形容都市的热闹繁华。　[15]太公望:姜尚。《汉书·艺文志》道家著录《太公》二百三十七篇,其中谋八十一篇,言七十一篇,兵八十五篇。　[16]出百:超过一百篇。　[17]虫茧:蚕茧。　[18]称:量轻重。出丝:缫出的蚕丝。[19]"孰者为多",原作"孰为多者",据黄晖、张宗祥说乙。毅平按:以上回答"文重"的责难,王充为自己的文风六辩。

　　充仕数不耦[1],而徒著书自纪[2]。或戏曰[3]:"所贵鸿材者[4],仕宦耦合,身容说纳,事得功立,故为高也;今吾子涉世落魄[5],仕数黜斥,材未练于事,力未尽于职,故徒幽思,属文著记[6]。美言何补于身?众多欲以何趋乎?"

　　[1]数(shuò):屡次。耦:遇合,受上司赏识。　[2]纪:通"记",记载。　[3]戏:戏弄,嘲笑,原作"亏",据孙诒让说改。　[4]有大才的人之所以可贵。　[5]吾子:指王充。　[6]属(zhǔ)文:连缀文字,撰写文章。著记:著书立说。

　　答曰:材鸿莫过孔子。孔子才不容,斥逐,伐树[1],滫浙[2],见围[3],削迹[4],困饿陈、蔡,门徒菜色。今吾材不逮孔子,不偶之厄,未与之等,偏可轻乎?且达者未必知,穷者未必愚,遇者则得,不遇失之。故夫命厚禄善[5],庸人尊显;命薄禄恶,奇俊落魄。必以偶合称材量德,则夫专城食土者材贤孔、墨[6]。身贵而名贱,则居洁而行墨,食千钟之禄,无一长之德,乃可戏也。若夫德高而名白[7],官卑而禄泊[8],非才能之过,未足以为累也。士愿与宪共庐[9],不慕与赐同衡[10];乐与夷俱旅[11],不贪与跖比迹[12]。高士所贵,不与俗均,故其名称不与世同。身与草木俱朽,声与日月并彰，行与孔子比穷，文与杨雄为双，吾荣之！身通而知困，官大而德细，于彼为荣，于我为累。偶合容说[13]，身尊体佚，百载之后，与物俱殁，名不流于一嗣[14]，文不遗于一札，官虽倾仓[15]，文德不丰，非吾所臧；德汪涉而渊懿[16]，知滂沛而盈溢[17]，笔泷漉而雨集[18]，言濿淈而泉出[19]，富材羡知，贵行尊志，体列于一世[20]，名传于千载，乃吾所谓异也。[21]

[1] 伐树：前492年，孔子从卫国前往陈国，路过宋国时，在一棵大树下与弟子们演习周礼，宋国的司马桓魋赶来要杀孔子，孔子与弟子们慌忙逃走，桓魋便把那棵树砍掉了。《庄子》之《让王》《天运》："伐树于宋。" [2] 濿浙（jiàng xī）：漉干淘过的米，原作"接淅"，据孙诒让、张宗祥说改。前517年，孔子在齐国时，有人要杀他，他听到后来不及做饭，匆匆忙忙地把刚淘过的米漉干，带着逃走了。其事参见《孟子·万章下》《史记·孔子世家》。[3] 见围：前496年，孔子从卫国到陈国去，曾在匡这个地方被当地人围困了五天。其事参见《论语·子罕》《史记·孔子世家》。 [4] 削迹：一次，孔子到卫国去游说，卫国人很厌恶孔子，孔子刚离开卫国，就把他的车辙印铲平了。《庄子》之《让王》《天运》："削迹于卫。" [5] 命、禄：均指"禄命"，王充认为这是人的胚胎在母体中时，承受了不同的气，而先天形成并决定命运的。 [6] 专城食土者：指地方长官和有爵位封地的人。贤：超过。 [7] 白：清白，一说显赫。 [8] 泊：通"薄"，少。 [9] 宪：指孔子的弟子原宪，是一个安贫乐道的人。共庐：同住一屋。 [10] 赐：即端木赐。衡：车前横木，此处代指车。同衡：同乘一车。 [11] 俱旅：同其进退。 [12] 比迹：同走一路。 [13] 容说（yuè）：指受到重用和宠幸。 [14] 嗣：世，代。 [15] 官：指俸禄。倾仓：满仓，形容俸禄多。 [16] 汪涉（huì）：深广。渊懿：深厚美好。 [17] 滂沛：水势盛大，形容富于才智。 [18] 下笔洋洋洒洒，像大雨倾注似的。泷漉（lóng lù），雨势很大。 [19] 濿淈（jué kū）：泉水涌出的样子，形容口若悬河。"濿"，原作"溶"，据孙人和、张宗祥说改。 [20] 身体虽然只活了一世。 [21] 曹丕《典论·论文》："盖文章经国之大业，不朽之盛事。年寿有时而尽，荣乐止乎其身，二者必至之常期，未若文章之无穷。"

充细族孤门。或㕮之曰[1]："宗祖无淑懿之基[2]，文墨无篇籍之遗，虽著鸿丽之论，无所禀阶[3]，终不为高。夫气无渐而卒至曰变[4]，物无类而妄生曰异[5]，不常有而忽见曰妖，诡于众而突出曰怪。吾子何祖？其先不载。况未尝履墨涂，出儒门，吐论数千万言[6]，宜为妖变，安得宝斯文而多贤[7]？"

[1] 啁（cháo）：同"嘲"，嘲笑。　　[2] 宗祖：祖祖辈辈。淑：善。基：根基。　　[3] 禀阶：承受，凭借，这里指家学渊源。　　[4] 渐：逐渐发展，指发展的过程。变：灾变。　　[5] 无类：因变异而不能归类。妄：胡乱。异：怪异。　　[6] "数千万"，杨宝忠说当作"数十万"。　　[7] 宝：珍视。多：推崇。贤：赞美。

答曰：鸟无世凤皇[1]，兽无种麒麟[2]，人无祖圣贤[3]，物无常嘉珍。才高见屈，遭时而然[4]。士贵故孤兴[5]，物贵故独产。必当因祖有以效贤[6]，是则醴泉有故源[7]，而嘉禾有旧根也。屈奇之士见[8]，倜傥之辞生，俗度不与协[9]，庸角不能程[10]。是故罕发之迹[11]，记于牒籍；希出之物，勒于鼎铭[12]。五帝不一世而起，伊、望不同家而出[13]。千里殊迹[14]，百载异发[15]。士贵雅材而愤兴[16]，不因高据以显达[17]。母骊犊骍[18]，无害牺牲[19]；祖浊裔清，不牓奇人[20]。鲧恶禹圣[21]，叟顽舜神[22]。伯牛寝疾[23]，仲弓洁全[24]；颜路庸固，回杰超伦[25]；孔、墨祖愚，丘、翟圣贤；杨家不通[26]，卓有子云[27]；桓氏稽古[28]，遹出君山[29]。更禀于元[30]，故能著文。[31]

[1] 世：世代相传。　　[2] 传宗接代。　　[3] 祖：祖祖辈辈。[4] 以上二句意谓：才高者受压制，是时运造成的。　　[5] 人才高贵，所以单独出现。　　[6] 如果一定要靠祖先才能产生贤人。本句原作"文孰常在有以放贤"，文意费解，据杨宝忠说改。《酉阳杂俎》续集卷四"贬误"引《论衡》作"必当因祖有以效贤"。　　[7] 醴（lǐ）泉：甘泉，古人认为是一种瑞物。"醴"，原作"澧"，据孙人和、刘盼遂、张宗祥说改。然马宗霍说"澧"即"醴"之借字，不烦改。　　[8] 屈（jué）：通"崛"，特出的样子。　　[9] 世俗的尺度不能度量它。本句原作"度不与俗协"，据蒋礼鸿说

255

乙。俗度：世俗的尺度。协：适合。　　[10]普通的量器不能衡量它。庸角：普通的量器。程：衡量。　　[11]罕发之迹：罕见的事迹。　　[12]传说禹铸九鼎，曾将许多罕见之物的形象刻在鼎上。其事参见《左传》宣公三年、《论衡·儒增篇》。　　[13]伊、望：伊尹、姜太公吕望。　　[14]地区相距千里，事迹各不相同。　　[15]时代相隔百年，产生的人才不一样。　　[16]愤兴：积满发动，这里指出人头地。"愤"，原作"慎"，据蒋礼鸿说改。　　[17]高据：出身高贵。　　[18]骊：通"犁"，黄黑杂色的牛。骍（xīng）：纯赤色的牛。周朝以赤色为贵，所以祭祀时也用赤色的牲畜。　　[19]牺牲：古代用以祭祀的牲畜的总称，要求用毛色纯的，不用毛色杂的。《论语·雍也》："犁牛之子骍且角，虽欲勿用，山川其舍诸？"意谓父母虽不善，不碍其子之美。[20]不妨碍后代成为奇人。牓：通"妨"，妨碍。　　[21]鲧（gǔn）：传说是禹的父亲，因治洪水失败而被舜处死。　　[22]叟：指瞽叟，传说是舜的父亲，曾企图谋害舜。顽：愚昧。　　[23]寝疾：厉疾，癞病，麻风病。伯牛因患恶疾避不见人，其事参见《论语·雍也》。　　[24]仲弓：冉雍，字仲弓，伯牛的儿子，也是孔子弟子。洁全：皮肤健康清洁。　　[25]回：颜回，即颜渊，颜路之子。超伦：超群。　　[26]杨家：指杨雄家族。不通：不显达。[27]卓：卓越，绝伦。子云：杨雄，字子云。　　[28]桓氏：指桓谭家族。稽古：即"稽故""稽固"，滞留不进，官运不通，原作"稽可"，据《论衡注释》、张宗祥说改。杨宝忠、马宗霍说当作"稽固"，义同。　　[29]通（yù）：通"聿（yù）"，用锥子穿透东西。通出：脱颖而出。君山：即桓谭。　　[30]元：指元气。王充认为人及万物的区别，在于各自先天禀气的不同。　　[31]毅平按：王充是反"血统论"的先驱，古正人君子最看不惯此段，从唐代刘知幾到清人，都据此而责难王充"不孝"。

充以元和三年徙家[1]，辟难扬州部丹阳、九江、庐江[2]。后入为治中[3]。材小任大，职在刺割[4]，笔札之思，历年寝废。章和二年[5]，罢州家居[6]。年渐七十，时可悬舆[7]。仕路隔绝，志穷无如[8]。事有否然[9]，身有利害。发白齿落，日月逾迈。俦伦弥索[10]，鲜所恃赖。贫无供养，志不娱快。历数冉冉[11]，庚辛域际[12]，虽惧终徂，愚犹沛沛[13]，乃作《养性》之书[14]，凡十六篇。养气自守，适食节酒[15]，闭明塞聪，爱精自保，适辅服药引导[16]，庶冀性命可延，斯须不老。[17]既晚无还，垂书示后。上自黄、唐[18]，下臻秦、汉而来，折衷以圣道，枸理于通材[19]，如衡之平，如鉴之开[20]，幼老生死古今，罔不详该。[21]惟人性命，长短有期，人亦虫物，生死一时。年历且讫[22]，孰使留之？犹入黄泉，消为土灰。命以不延，吁叹悲哉！[23]

[1] 元和：汉章帝的年号，84—86年。元和三年：86年。　[2]"难"，原作"诣"，据黄晖、刘盼遂说改。杨州部：即扬州部。汉武帝分全国为十三个监察区，叫十三刺史部，简称十三部，又称为十三州，扬州部为其中之一。东汉时，州逐渐变成郡的上级行政区。丹阳：郡名，属扬州部，在今安徽东南部。九江：郡名，属扬州部，在今安徽中部和东部。庐江：郡名，属扬州部，在今安徽西南部。东汉扬州部一共六郡，此外还有豫章、吴、会稽三郡。毅平按：祖先的经历在王充身上重演。　[3] 治中：即"治中从事史"，是州刺史自己征聘的属官，主管官吏任免升降等事宜，所以王充说自己"职在刺割"。《后汉书·王充传》："刺史董勤辟为从事，转治中，自免还家。"可能初聘是在其他部门，然后才转任治中从事。　[4] 刺割：检举弹劾。　[5] 章和：汉章帝的年号，87—88年。章和二年：88年。　[6] 罢州：指辞去扬州治中从事史的官职。　[7] 悬舆：把车子吊起来不再乘坐，指告老退休。　[8] 无如：无奈。　[9] 否（pǐ）然：顺利与不顺利。　[10] 俦（chóu）伦：同辈的朋友。弥索：越来越稀少。　[11] 历数：岁月。冉冉：慢慢地过去。[12] 庚：指庚寅年（汉和帝永元二年，90年）。辛：指辛卯年（汉和帝永元三年，91年）。域际：交接之际。　[13] 沛沛：形容心潮激荡，充满活力。　[14]《养性》之书：又作《养生》之书，王充的第四部，也是最后一部著作，共十六篇，已佚。　[15] 饭不过饱，酒不过量。"节"，原作"则"，据刘盼遂说改。古"则""即"同声通用，"节（節）"从"即"声。　[16] 引导：即"导引"，古代的一种健身术，通过活动肢体，使身体健康。　[17] 毅平按：第四部著作，养生之道。　[18] 黄、唐：黄帝、唐尧。以下八句原在"消为土灰"后，据蒋礼鸿说移此，具体说明所垂者为何书。　[19] 枸（xī）：同"析"，分解，剖开。通材：博古通今之人。　[20] 鉴：镜子。开：明亮。　[21] 毅平按："上自黄、唐"以下八句，是王充对自己一生所有著作的概括，而尤其适用于《论衡》。　[22] 寿命将尽。"且"，原作"但"，据裘锡圭说改。"讫"，原作"记"，据孙诒让说改。　[23] 毅平按：最后十句是王充对人终有一死的慨叹。刘盼遂推测说是王充自撰的绝命之辞。

◎ 研读

本篇可以分为三大部分，从开头到"处卑与尊齐操，位贱与贵比德，斯可矣"为第一部分，王充介绍了自己的家世、游学、仕宦、操行、交游等，借此展现了自己的思想、性格、操守、价值观；从"俗性贪进忽退，收成弃败"到"更禀于元，故能著文"为第二部分，王充介绍了自己三部著作的写作动机与内容特征，并为自己的文风作了辩护，借此全面阐明了自己对于文章的看法；从"充以元和三年徙家"到结尾为第三部分，王充介绍了自己元和三年以后十余年间的生活、思想及最后一部著作《养性》之书的写作，对自己的一生作了总结。

本篇最受后人诟病的一点，是所谓的"不孝"，也就是说了父祖辈一些"坏话"。对此的批评始自唐代的刘知幾，其《史通·序传篇》说："王充《论衡》之《自纪》也，述其父祖不肖，为州间所鄙，而己答以瞽顽舜神，鲧恶禹圣。夫自叙而言家世，固当以扬名显亲为主，苟无其人，阙之可也。至若盛矜于己，而厚辱其先，此何异证父攘羊、学子名母？必责以名教，实三千之罪人也！"入清后，更是招致骂声一片，如四库馆臣说："至于述其祖父顽很，以自表所长，慎亦甚焉！"（《四库全书总目》卷一二○子部杂家类《论衡》提要）钱大昕说："《自纪》之作，訾毁先人，既已身蹈不韪。"（《潜研堂文集》卷二七《跋〈论衡〉》）又说："其答'或人之咽'，称'鲧恶禹圣，瞽顽舜神。颜路庸固，回杰超伦。孔、墨祖愚，丘、翟圣贤'，盖自居于圣贤，而訾毁其亲，可谓有文无行，名教之罪人也！充而称孝，谁则非孝？"（《十驾斋养新录》卷六"王充"条）杭世骏说："扬己以丑其祖先……《论衡》之书虽奇，而不孝莫大。"（《道古堂文集》卷二二《论王充》）但从今天来看，王充说话坦率，刻画父祖传神，本篇仍不失为自传名篇，在中国自传史上甚有影响。

但莫伯骥从自传的虚构性角度，对本篇的可信度提出了疑问："郭氏登峰编《历代自叙传文抄》一百四十篇，《论衡·自纪》亦在其中……金王若虚《文辨》第四云：'古人或作自传，大抵姑以托兴云尔，如五柳、醉吟、六一之类可也。子由著《颍滨遗老传》，历述平生出处言行之详，且诋訾众人之智以自见，始终万数千言，可谓好名而不知体矣……'按此可知自传文有时固不甚可信也。"（《五十万卷楼群书跋文》子部一《〈论衡〉通津草堂本跋》）他所引王若虚批评苏辙《颍滨遗老传》语，无疑有影射本篇之意，因为本篇也多有自夸与訾人的内容。我们今天自不必重复指摘王充"不孝"的老调，却也不妨从诸如"虚构性"的角度去重新认识本篇，因为王充精心构撰本篇，确实是为了向后人传达自己心目中的自我形象的。

王充以本篇总结了自己的生活经历与创作道路，并非为《论衡》一书而作，但因其主要著作是《论衡》，所以他将本篇附丽于《论衡》。古人自有这种做法，正如翟灏所说："《周易·序卦》与《诗》《书》之序，旧俱列篇第数中，而退居于策尾。今《诗》《书》序分题于各篇章，传注家所移置耳。周秦两汉书籍，如《庄子·天下》《史记·自序》《淮南子·要略》《越绝书·叙外传记》《潜夫论·叙录》《盐铁论·大论》《文心雕龙·序志篇》，皆属斯列。若《汉书》之《叙传》、《华阳国志》之《序志》后语，大序后复有小序也。《论衡》以《对作篇》为序，其后更有《自纪》一篇，则附传也。"（《四书考异》下编《条考》二二《论语·尧曰》按语）后世也继承了这一做法，如葛洪《抱朴子外篇》的《自叙篇》，便是模仿王充此篇而作，且附丽于《抱朴子外篇》的。

此外，汉代文人喜欢写作自传，也是为了供史官采掇之用，如《史记》的《司马相如列传》，就是用了司马相如的自传写成的。王充作本篇，恐怕也出于同样的目的。后来史家撰《后汉书》的《王充传》，也正是采用了本篇而作成的。

主要参考文献

《论衡》,《四部丛刊初编》影印明通津草堂本,1922年。

《论衡》,上海:上海人民出版社,据通津草堂本排印,1974年。

《宋本论衡》,《国学基本典籍丛刊》本,北京:国家图书馆出版社,2017年。

北京大学历史系《论衡》注释小组:《论衡注释》,北京:中华书局,1979年。

吴承仕:《论衡校释》,《吴检斋遗书》本,北京:北京师范大学出版社,1986年。

孙人和:《论衡举正》,上海:上海古籍出版社,1990年。

黄晖:《论衡校释》(附《刘盼遂集解》),《新编诸子集成》本,北京:中华书局,1990年。

袁华忠、方家常:《论衡全译》,《中国历代名著全译丛书》本,贵阳:贵州人民出版社,1993年。

程湘清等编:《论衡索引》,北京:中华书局,1994年。

邵毅平:《论衡研究》,韩国蔚山:蔚山大学校出版部,1995年;上海:复旦大学出版社,2009年修订版,2018年修订第二版。

杨宝忠:《论衡校笺》,石家庄:河北教育出版社,1999年。

郑文:《论衡析诂》,成都:巴蜀书社,1999年。

时永乐、王景明编:《论衡词典》,北京:人民出版社,2005年。

张宗祥:《论衡校注》,《中华要籍集释丛书》本,上海:上海古籍出版社,2010年。

马宗霍：《论衡校读笺识》，《新编诸子集成续编》本，北京：中华书局，2010年。

黄晖：《王充年谱》，收入其《论衡校释》附编二。

蒋祖怡：《王充卷》，郑州：中州书画社，1983年。

蒋祖怡：《王充年谱》，收入其《王充卷》。

钟肇鹏：《王充年谱》，济南：齐鲁书社，1983年。

（清）熊伯龙：《无何集》，北京：中华书局，1979年。

（清）孙诒让：《札迻》（附胡怀琛《札迻正误》），《学术笔记丛刊》本，北京：中华书局，1989年。

刘文典：《论衡斠补》，收入其《三余札记》（卷二），《安徽古籍丛书》本，合肥：黄山书社，2011年。

杨守敬：《论衡校录》（校宋本），黄晖《论衡校释》引。

朱宗莱：《论衡校录》（校元本），黄晖《论衡校释》引。

胡适：《论衡校录》（手校本），黄晖《论衡校释》引。

齐燕铭：《论衡札记》（稿本），黄晖《论衡校释》引。

吴则虞：《〈论衡〉的构成及其唯物主义的特点》，载《哲学研究》1962年第4期。

蒋礼鸿：《读〈论衡集解〉》，载《杭州大学学报》1962年第2期。

蒋礼鸿：《读〈论衡校释〉》，载《杭州大学学报》1979年第1—2期、第3期。

裘锡圭：《论衡札记》，载《文史》第5辑，北京：中华书局，1978年。

郭在贻：《论衡札记》，收入其《训诂丛稿》，上海：上海古籍出版社，1985年。

陈霞村：《〈论衡集解〉识疑》，载《文献》1993年第1期。